热烈庆祝

西藏博物馆新馆建成开馆

此为故宫博物院2021年开放课题"中央政府治藏文物调查——基于西藏自治区收藏文物的中华民族共同体历史研究"(202111038)成果

本项目得到"中国青基会梅赛德斯——奔驰星愿基金""北京故宫文物保护基金会"公益资助

雪域长歌
——西藏历史与文化

主　编：何晓东　尼玛仓觉

副主编：(排名不分先后)

洛桑尼玛　旦增拉姆　朗珍曲桑

田小兰　崔粉亚　索娜措　边巴拉姆

展览总策划：　　　　　　　何晓东　尼玛仓觉　丁勇

展览执行（排名不分先后）：　历史组：洛桑尼玛　旦增拉姆　朗珍曲桑

　　　　　　　　　　　　　　　田小兰　黄燕　唐聪丽　扎桑　三知加

　　　　　　　　　　　　　　当代组：崔粉亚　黄燕　索娜措　次仁央宗

　　　　　　　　　　　　　　　边巴拉姆　唐聪丽

协助执行（排名不分先后）：　卫国　边巴次仁　轰巴宅曲　加洋措

　　　　　　　　　　　　　　谭斌　达娃　次仁央啦　卓玛次仁

　　　　　　　　　　　　　　索太吉　旺珍　次仁珍玛　王藏毛

　　　　　　　　　　　　　　拉毛东知　平措旺堆　格桑朗杰　丹增曲杰

鸣谢：

中国第一历史档案馆

中国第二历史档案馆

西藏自治区党委宣传部

西藏自治区档案局(馆)

青海省博物馆

新疆维吾尔自治区博物馆

拉萨市文物局

日喀则市文化(文物)局

山南市文化(文物)局

昌都市文化(文物)局

林芝市文化(文物)局

阿里地区文化(文物)局

拉萨驻藏大臣衙门陈列馆

扎什伦布寺

萨迦寺

夏鲁寺

白居寺

特别鸣谢(以姓氏笔画为序)：　巴桑旺堆　次旦扎西　何宗英　张云　陈祖军

程越　霍巍

序一

西藏自古就是伟大祖国不可分割的一部分。在浩瀚的历史长河中,西藏各民族与国内其他兄弟民族共同开发西藏、建设西藏、保卫西藏、稳固西藏,为国家统一、边疆稳定和西藏社会发展进步做出了伟大贡献,共同谱写了中华民族历史的西藏篇章!

《雪域长歌——西藏历史与文化》,是西藏博物馆向社会公众奉献的大型基本陈列,也是首个以文物史料叙事的西藏通史陈列。该展览以"铸牢中华民族共同体意识"为主线,通过对西藏地方史及其与祖国关系史、西藏文化与中华文明的全面映衬与深度契合,绘就了一幅反映西藏与祖国不可分割关系的生动历史画卷。

(一)雪域长歌,是西藏与祖国不可分割关系的颂歌

《雪域长歌——西藏历史与文化》,以大量历史事实叙述了西藏与祖国其他地区源远流长的历史关系、历代中央政府有效治理西藏、西藏各民族与各兄弟民族血浓于水的悠久历史,阐释了西藏与伟大祖国密不可分的紧密关系。

原始古老的石器、工艺拙朴的陶器、鲜卑风格的金银器,生动还原了西藏高原与国内其他地区的早期联系;彰显皇权的诰敕、象征权威的玺印、昭示荣耀的封册,客观见证了历代中央政府对西藏地方行使主权和有效施政的史实;高贵典雅的明清瓷器、晶莹剔透的宫廷玉器、五彩斑斓的丝绸匹料,直观呈现了西藏和国内其他兄弟民族之间文化的交融互鉴与相互汲取;驱逐廓尔喀、江孜抗英、对印自卫反击战,深刻揭示了国内各兄弟民族共同经营西藏、保卫西藏的史实,以及西藏各族人民为缔造祖国统一历史做出的杰出贡献。

(二)雪域长歌,是西藏优秀传统文化的颂歌

《雪域长歌——西藏历史与文化》,系统呈现了西藏地区灿烂辉煌、异彩纷呈的民族文化,揭示了西藏文化是中华文化重要组成部分的本质关系,歌颂了西藏各族人民与祖国人民一道为缔造中华文明做出的历史贡献。

原始质朴的岩画艺术、卷帙浩繁的文献典籍、别具一格的传统建筑、多姿多彩的歌舞戏曲、生动传神的佛教造像、独具特色的唐卡艺术,无不凝聚着西藏优秀传统文化精髓,为我们留下了弥足珍贵的文化财富和精神滋养,令我们真切领略到西藏各民族独特的审美情怀和中华传统文化的博大精深与丰富多彩。

(三)雪域长歌,是社会主义新西藏发展进步的颂歌

《雪域长歌——西藏历史与文化》,全面回顾了和平解放 70 多年来,西藏社会制度实现历史性跨越、经

济社会实现全面发展的光辉历程,歌颂了中国共产党领导下的社会主义新西藏取得的伟大成就。

一件件真实的展品、一幅幅震撼的画面、一个个生动的故事,为我们还原了西藏历经和平解放、民主改革、自治区成立、社会主义建设、改革开放、进入新时代的生动历史场景;为我们呈现了在党中央坚强领导下,在全国人民无私支援下,西藏各族干部群众艰苦奋斗、顽强拼搏,社会制度实现历史性跨越,经济社会实现全面发展,创造了"短短几十年、跨越上千年"的人间奇迹。

(四)雪域长歌,是西藏文博事业日新月异的颂歌

《雪域长歌——西藏历史与文化》,是在自治区党委政府正确领导下,在国家文物局关心支持下,由自治区文化和旅游厅、自治区文物局组织实施,聚西藏博物馆全馆之力、全馆之智的精品力作,是西藏博物馆藏品保护、学术研究与陈列展示各项成果之集大成,也是我区各项文博事业发展成就的一次集中呈现和检阅,反映了我区文物博物馆事业日新月异、长足发展的良好态势。

西藏文物资源丰富、特色浓郁、底蕴深厚,是中华民族五千年文明史的西藏缩影。在党中央、区党委的坚强领导和关心支持下,西藏文物工作必将呈现新气象、取得新成效、展现新作为。

西藏自治区文化和旅游厅党组成员、区文物局党组书记　　赵兴邦

西藏自治区文物局党组副书记、局长　　曲　珍

序二

　　中国是一个历史悠久的统一多民族国家,中华民族是一个命运共同体。一部中国史就是中国各民族交融汇聚成多元一体中华民族的历史,就是中国各民族共同缔造、发展、巩固统一的伟大祖国的历史。

　　西藏位于祖国西南边陲,自古就是中国不可分割的一部分,西藏各族人民是中华民族大家庭的重要成员。千百年来,生活在这里的藏族先民与祖国各兄弟民族共同开发了这片高原热土,创造了独特的物质文明和灿烂的精神文明,书写了底蕴深厚、气势恢宏、灿烂辉煌的西藏历史与文化。

　　历史上,西藏地方与祖国其他地区在政治上密切关联,经济上相互依存,文化上水乳交融,风俗习惯上相互吸收借鉴。考古发现证明,史前时期的藏北细石器文化、昌都卡若文化、拉萨曲贡文化,与同时期的长江、黄河流域文明有着广泛而密切的联系。唐宋时期,随着唐蕃联姻的实现和唐蕃古道的开通,西藏与国内其他地区的政治、经济和文化联系进一步密切。元代以来,历代中央政府对西藏地方的主权行使与有效治理,不仅稳定了西藏社会,促进了西藏社会的发展进步,更进一步推动了西藏民族与国内其他兄弟民族的交往交流交融。清末民国时期,中华民族遭遇外敌入侵,国家陷入山河破碎境地。面对危机,西藏各族人民与全国人民一道,共御外侮、同赴国难,用血肉之躯捍卫中华民族的独立和国家的统一与完整,共同书写了中华民族艰苦卓绝、气壮山河的伟大史诗。这些历史事实充分印证了西藏历史是中国各民族共同书写的、藏族和其他各兄弟民族在政治经济文化上的交流贯穿了西藏历史发展始终、藏族就是在中国各民族交往交流交融中形成发展的科学论断。

　　西藏博物馆是见证西藏悠久历史和保护、传承西藏优秀传统文化的神圣殿堂,也是开展爱国主义教育、铸牢中华民族共同体意识的思想阵地,全面展示西藏历史文化,诠释其与中华民族历史和中华文明的一体性、不可分割性,是西藏博物馆责无旁贷的历史使命。

　　为深入贯彻落实习近平总书记关于西藏工作的重要指示和新时代党的治藏方略,书写好铸牢中华民族共同体意识的西藏篇章,在党中央的关心支持下,在自治区党委、政府高度重视下,被列为"十三五"期间自治区最重要的文化惠民工程之一、国家总投资达 6.6 亿元的西藏博物馆新馆改扩建工程于 2017 年年底正式启动。西藏通史陈列《雪域长歌——西藏历史与文化》策展工作同时启动,最终于 2022 年 7 月正式向公众免费开放。

　　在五年的策展过程中,西藏博物馆的藏品整理和学术研究亦取得了一定的突破,为传承其器,赓续其魂,我们通过凝练展览主题、梳理展览叙事脉络、全方位阐析重点展品,隆重推出《雪域长歌——西藏历史与文化》图录。该图录不仅仅是对文物的解读和阐释,更是对展览的记录和延伸,深度诠释了展览主旨,满足了公众多元化的需求,彰显了博物馆的社会职能。

文物不言，自有春秋。《雪域长歌——西藏历史与文化》图录以西藏地方史为主线，以大量珍贵历史文物为佐证，从政治、经济、文化、社会等方面，系统呈现了西藏的悠久历史和璀璨文化，反映了历代中央政府对西藏地方的主权行使以及西藏人民与国内各兄弟民族之间的交往交流交融，阐释了西藏各族人民在推动中华民族统一、国家发展以及缔造中华文明历史进程中的伟大贡献；揭示了西藏自古就是中国不可分割的一部分、西藏文化是中华文化重要组成部分的客观史实，集中展现了西藏人民与其他各兄弟民族一道休戚与共、抵御外侮的家国情怀，奏响了一曲气势恢宏、跌宕起伏的雪域长歌。

　　文化兴则国运兴，文化强则民族强。文物和文化遗产承载着中华民族的基因和血脉，是不可再生、不可替代的中华优秀文明资源。党的十八大以来，以习近平同志为核心的党中央高度重视文物工作，提出了一系列立意高远、内涵丰富的重要论述，为赓续中华文脉注入了固本培元、立根铸魂的思想力量。当前，我区博物馆事业蓬勃发展，我们将继续深入学思践悟习近平文化思想和习近平总书记在文化传承发展座谈会上关于中华优秀传统文化保护利用工作的重要论述，把牢新时代文物事业发展方向和实践导向，准确把握中华文明的突出特性，有效挖掘展示西藏历史文化，全方位揭示西藏与祖国不可分割的历史关系，全面正确宣传西藏历史文化，有力驳斥境外敌对势力散布的种种谎言，为不断铸牢中华民族共同体意识，引导各族群众树立正确的国家观、历史观、民族观、文化观、宗教观，增强文化自信，谱写中华民族伟大复兴中国梦西藏篇章而注入强大文化力量。

　　西藏博物馆必将不负使命，砥砺前行，继续书写中华民族共同体的雪域华章！

西藏博物馆党委书记、副馆长　　拉巴次仁

西藏博物馆党委副书记、馆长　　米玛卓玛

导览图
ལམ་སྟོན་གསལ་རིས།
Guide Map

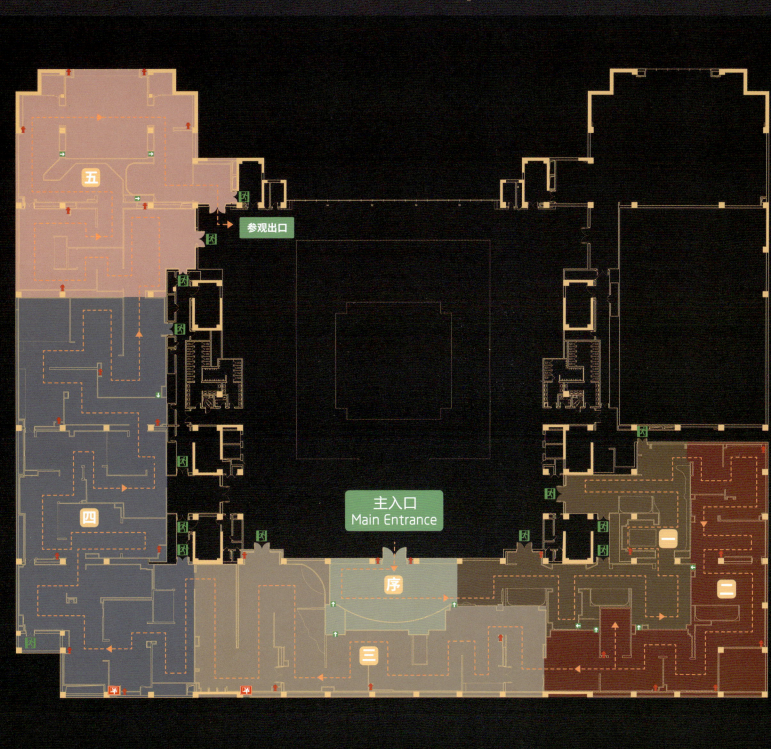

参观出口

主入口
Main Entrance

五

四

序

三

一

二

序 厅

一 泱泱华夏 高原初曙

疏散通道

二 唐宋迭代 吐蕃盛衰

三 元明相继 万户争雄

紧急出口

逃生窗暗门

四 清民鼎革 噶厦风云

五 中华屹立 西藏新篇

消防栓门

参观路线

序厅浮雕墙——西藏历史画卷

第一部分

泱泱华夏 高原初曙

距今约4万年—公元7世纪初

Part One. Great China, the First Dawn of the Plateau
About 40,000 years ago-7th Century A.D.

史前厅一瞥

唐宋厅一瞥

元明厅一瞥

清代民国厅一瞥

当代厅一瞥

前言

高山之巅、大河之源，是雄踞世界屋脊的西藏高原。千百年来，繁衍生息在这里的中华儿女，以他们超凡的智慧和勇气书写了悠久的历史，创造了灿烂的文化，为浩瀚的中华文明注入了丰饶的养分和强大的生命力！

西藏自古就是中国不可分割的一部分，历代中央政府始终对西藏行使主权并有效管辖，西藏各民族始终高扬爱国主义旗帜，致力于维护国家统一与民族团结，始终与祖国同呼吸、共命运，与各族人民共同谱写中华历史的壮丽篇章！

让我们共同领略万涓成海的祖国统一历史潮流是何等的波澜壮阔、奔流不息，感悟万古长青的中华传统文化之树是何等的根深叶茂、气度非凡！

སྐྱེད་གཞི།

རི་བོ་ཀུན་གྱི་རྗེ་མོ། ཆུ་མོ་ཐམས་ཅད་ཀྱི་འབྱུང་ཁུ། གནས་འདི་ནི་འཛམ་གླིང་གི་ཡང་རྗེར་ཆགས་པའི་བོད་ལྗོངས་ས་མཐོ་
ཡིན། བོད་ངོ་ལྗོངས་ཕྱུག་རིང་། ས་འདིར་འཚོ་ལྗོངས་བྱེད་མཁན་ཀུན་དུའི་བུ་ཕྱུག་ཚོས་རང་ཉིད་ཀྱི་ཁྱད་དུ་འཕགས་པའི་བློ་རིག་དང་སྟོབ་
སྟོབས་ལ་བརྟེན་ནས་དུས་ཡུན་རིང་མོའི་བོ་རྒྱལ་བཙལ་ཞིང་། བོད་ལྗོང་འགྲོ་བའི་རིག་གནས་གཏོད་དེ་ཡངས་ཤིང་རྒྱ་ཆེ་བའི་ཀུན་
དུའི་ཤེས་དཔལ་ལ་ཕུན་སུམ་ཚོགས་པའི་ཉིད་བཏུད་དང་གསོན་ཤུགས་ཆེན་པོ་སྤྲིན་ཡོད།

བོད་ལྗོངས་འདི་ཉིད་གནའ་སྔ་མོ་ནས་བཟུང་། ཀུད་གོའི་ཁ་འབྲལ་དུ་མི་དུང་བའི་ཆ་ཤས་ཤིག་ཡིན་པ་དང་། ཀུང་དབུང་
སྲིད་གཞུང་རིས་བྱུང་གིས་ཐོག་མཐའ་བར་གསུམ་དུ་བོད་ལྗོངས་ལ་བདག་དབང་སྤྱོད་པ་དང་བདག་སྤྱོད་ནུས་ཤུན་བྱས་ཤིང་། བོད་
ལྗོངས་ཀྱི་མི་རིགས་ཁག་གིས་ཀུང་ཐོག་མཐའ་བར་གསུམ་དུ་རྒྱལ་གཅེས་རིང་ལུགས་ཀྱི་དར་ཆ་མཐོར་བོར་བསྐྱེངས་ཏེ་རྒྱལ་ཁབ་
གཅིག་གྱུར་དང་མི་རིགས་མ་ཕུན་སྤྲེལ་ལ་སྲུང་སྐྱོང་གང་ཐུབ་དང་། ཐོག་མཐའ་བར་གསུམ་དུ་མེས་རྒྱལ་དང་དབུགས་མཉམ་གཏོང་
དང་བདེ་སྐྱིད་མཉམ་སྤྱོད་གིས་མི་རིགས་ཁག་གི་མི་དམངས་དང་མཉམ་དུ་ཀུང་དུའི་བོ་རྒྱལ་ཀྱི་བཟེད་ཆེའི་ཞི་ལུ་བཅུམས།

ང་ཚོས་རྒྱ་མཚོ་བཞིན་བསྐལ་བརྒྱར་གནས་པའི་མེས་རྒྱལ་གཅིག་གྱུར་ཀྱི་བོ་རྒྱས་རྣབས་རྒྱུན་ནི་རེ་འདིའི་ཞིག་རྣབས་འབྱུར་
ཞིང་དག་ཏུ་རྒྱག་པ་ཞིག་ཡིན་པ་དང་། ནམ་ཡང་རྒྱབ་ཏུ་མེད་པའི་ཀུང་དུའི་སྲོལ་རྒྱན་ཀྱི་རིག་གནས་ལྗོང་བོའི་རེ་འདའི་རྒྱ་བ་བརྟན་
ཞིང་བོ་འདབ་རྒྱས་པ་དང་། བརྟེད་ཉམས་ལྷུན་པ་ཞིག་ཡིན་པ་ཚོར་བར་བྱེད་དགོས།

Foreword

Xizang Plateau, it is the roof of the world, the apex of the mountains and the source of the rivers. For thousands of years, it has bred Chinese people who have been born and lived here, who have made their long history, created their splendid culture and injected rich nutrients and strong vitality into the vast Chinese civilization with their extraordinary intelligence and courage.

Xizang has always been an inalienable part of China since ancient times and successive Central Government have exercised sovereignty and effective jurisdiction over the region, and also, all ethnic groups in Xizang have always held high the banner of patriotism, committed to safeguarding national unity and ethnic unity, have always breathed together and shared a common destiny with the motherland, composing a magnificent chapter in Chinese history with all ethnic groups.

Let's appreciate the magnificent historical trend of the reunification of the motherland, and realize how deep-rooted and magnificent the evergreen tree of Chinese traditional culture is.

目录

第一部分

泱泱华夏 高原初曙

距今约 5 万年—公元 7 世纪初

ཞེ་ཏུ་དང་པོ།

གདོད་མའི་དུས་སྐབས།

ད་ལྟའི་བར་དུ་ལམ་ལོ་ཁྲི་ངས་སྟེ་ལོའི་དུས་རབས་བདུན་པའི་འགོ་བར།

Part One

The Prehistoric Age

About 50,000 years ago - early 7th Century A.D.

中国是最早出现古人类的地区之一。我国西藏在距今5万年以前的旧石器时代晚期就已经有人类活动，距今10000年前后进入了新石器时代，距今3000年前后进入了早期金属时代。

大量考古资料显示，早在史前时期，西藏高原与祖国其他地区的先民们就有明显的血缘以及经济、文化联系。

གུང་གོའི་གནའ་བོའི་མིའི་རིགས་འཚོ་སྐྱོད་བྱེད་སྲ་སོས་ཀྱི་ས་ཁུལ་གྲས་ཤིག་ཡིན། རང་རྒྱལ་གྱི་བོད་ལྗོངས་འདིར་ད་ལྟའི་བར་ལོ་ཁི་དགོང་གི་རྡོ་ཆས་རྙིང་པའི་དུས་རབས་ཀྱི་དུས་མཇུག་སྣམས་ནས་མིའི་རིགས་འཁྱིལ་སྐྱོད་བྱེད་ཅིང་། ད་བར་ལོ་10000ཡས་མས་སུ་རྡོ་ཆས་གསར་བའི་དུས་རབས་སུ་སྐྱེབས་པ་དང་། ལོ་3000ཡས་མས་སུ་ལྕགས་རིགས་ཀྱི་དུས་རབས་སྔ་མར་སྐྱེབས་ཡོད།

གནའ་རྫས་རྟོག་ཞིབ་ཀྱི་འབྱུང་གཞིའི་ཡིག་རིགས་འབོར་ཆེན་ཞིག་ལས་མངོན་པ་ལྟར་ན། གདོད་མའི་དུས་སྐྱབས་ནས་བོད་ལྗོངས་ས་མཐོ་དང་མེས་རྒྱལ་གྱི་ས་ཁུལ་གཞན་དག་གི་མེས་པོའི་དབར་ལ་ཁྲག་ཉྱུད་དང་། དེ་བཞིན་དཔལ་འབྱོར་དང་རིག་གནས་ཀྱི་འབྲེལ་བ་མངོན་གསལ་དོད་པོ་ཡོད།

China is one of the areas where ancient humans first appeared. There were traces of human activities in Xizang 50,000 years ago in the late Paleolithic Age. The ancient humans there entered the Neolithic Age about 10,000 years ago and the early Metal Age about 3,000 years ago.

A large number of archaeological data show that as early as in prehistoric times, there were obvious consanguineous, economic and cultural ties between the ancient people on the Plateau and those of other parts of China.

鹦鹉螺化石

距今约4—5亿年

　　20世纪70年代，在西藏地区发现了距今5亿多年前的古地层，出土了鹦鹉螺化石。此后在青藏高原陆续发现的大量海洋生物化石可以证明青藏高原的形成起始于5亿年前，并且以海洋为起点，经过漫长的地质变化而成。

第一单元 旧石器时代

距今约 5 万年—1 万年

　　旧石器时代晚期，已经有人类在西藏高原生存，奏响了开发西藏大地的序曲。迄今为止，考古人员不仅在日土、定日、吉隆、申扎、班戈等8处地点采集了大量5万年前的打制石器，而且在具有明确地层年代依据的尼阿底遗址发掘了多种类型的打制石器，其年代距今4-3万年。

ས་བཅད་དང་པོ། རྡོ་ཆས་རྙིང་པའི་དུས་རབས།

ད་ལྟའི་བར་ལོ་ཁྲི་5ནས་ཁྲི་1བར།

རྡོ་ཆས་རྙིང་པའི་དུས་མཇུག་ནས་བོད་ལྗོངས་ས་མཐོའི་རིགས་ཐ་ཚོ་སྤོང་ཅུ་ལ་རིགས་བཞིན་བོད་ལྗོངས་འདི་ཉིད་གསར་དུ་ཟིན་ཅིན་འགོ་ཚུགས་ལོན། ད་བར་གནའ་རྫས་ཚོལ་ཞིབ་པས་དུ་པོག་དང་། དེ་རི། སྐྱིད་རོང་། ཤན་ཁ། དཔལ་མགོན་སོགས་ས་ཁ་ཁག8ནས་ལོ་ཁྲི5གོང་བཟོས་པའི་རྡོ་ཆས་འབོར་ཆེན་ཞིག་འཚོལ་སྡུད་བྱ་བ་མ་ཟད། ས་རིམ་ལོ་རབས་ཀྱི་གཞི་འཛིན་ས་མཚོན་གསལ་བོད་ཡོད་པའི་ཉི་དུ་ཡི་གནའ་ཤུལ་ནས་རྡོ་ཆས་རིགས་སྣ་ཚོགས་གསར་རྙེད་བྱུང་བ་དང་། དེ་དག་ལ་ད་བར་ལོ་ཁྲི4ནས་3བར་གྱི་ལོ་རྒྱུས་ལྡན་ཡོད།

Unit One　　The Paleolithic Age

About 50,000-10,000 years ago

　　In the late Paleolithic Age, there were already human beings living on the Xizang Plateau, who played the prelude to the development of the land. So far, archaeologists have collected a large number of chipped stone tools age dating back to 50,000 years ago, from eight sites, including Rutog, Tingri, Gyirong, Xainza and Bangoin. Moreover, they have excavated various types of chipped stone tools from the Nwya Devu Site, which has a clear basis of strata age dating back to 40,000 to 30,000 years ago.

尖状器

旧石器时代晚期
日喀则吉隆县曲德塘采集

西藏旧石器的工具类型主要有刮削器、砍砸器、尖状器、切割器、砍斫器等，在总体特征上属于"东方文化传统"，与我国华北旧石器系统具有显著相同的文化因素，这件尖状器即是其中的代表。

手斧

旧石器时代晚期
阿里日土县夏达措湖畔采集

尼阿底石器

旧石器时代晚期
那曲申扎县尼阿底遗址出土

　　尼阿底遗址位于西藏那曲羌塘草原，是迄今发现的西藏地区最早的旧石器时代遗址，出土的文化遗物均为石器，全部由黑色板岩打制而成，绝大多数是石核、石叶和石片的石器毛坯，真正经过修理和加工的石器数量比较少，也未发现石器使用过的痕迹，因此可以证明尼阿底遗址为一个大型的石器加工制造场。

第二单元 新石器时代

距今约 10000 年—3000 年

距今10000至3000年前后，西藏高原先民创造了以卡若文化、曲贡文化等为代表的以农耕为主的新石器时代文化，以及以夏达措遗址、梅龙达普洞穴遗址等为代表的以狩猎采集为主的新石器时代文化。这一时期，磨制石器、陶器开始出现并普遍使用，农业、畜牧业等经济形态和定居生活方式逐步形成。

ས་བཅད་གཉིས་པ། རྡོ་ཆས་གསར་མའི་དུས་རབས།

ད་ལྟའི་བར་ཧ་ལམ་ལོ་10000ནས་3000བར

ད་བར་ལོ་10000ནས་3000བར་གྱི་ཡས་མས་སུ། བོད་ལྗོངས་ས་མཐོའི་མེས་པོ་རྣམས་ཀྱིས་ཁ་རུབ་རིག་གནས་དང་ཆུ་གོང་རིག་གནས་སོགས་ཀྱིས་ཚབ་མཚོན་བྱས་ཤིང་། ཞིང་ལས་གཙོ་བོར་བྱེད་པའི་རྡོ་ཆས་གསར་མའི་དུས་རབས་ཀྱི་རིག་གནས་གསར་གཏོད་བྱས་ཡོད་ལ། དེ་བཞིན་ཤར་གཏད་མཚོའི་གནའ་ཤུལ་དང་མེ་ལོང་སྟག་ཕུག་གནའ་ཤུལ་སོགས་ཀྱིས་མཚོན་པའི་རྔོན་རྒྱག་གཙོ་བོར་བྱེད་པའི་རྡོ་ཆས་གསར་མའི་དུས་རབས་ཀྱི་རིག་གནས་ཡང་གསར་གཏོད་བྱས་ཡོད། དུས་སྐབས་དེའི་རིང་། བརྡར་རྡོ་དང་རྫ་ཆས་རིགས་བཟོ་འགོ་ཚུགས་ནས་རྒྱ་ཁྱབ་དང་སྤྱོད་བཞིན་ཡོད་ལ། ཞིང་འབྲོག་ལས་སོགས་དཔལ་འབྱོར་གྱི་རྣམ་པ་དང་གཞིས་ཆགས་ཀྱི་འཚོ་བ་སྐྱེལ་སྟངས་རིམ་བཞིན་གྲུབ་ཡོད།

Unit Two The Neolithic Age

About 10,000-3,000 years ago

About 10000-3000 years ago, the ancestors living on the Xizang Plateau created the Neolithic culture, which was represented by the Karuo Culture and Qugong Culture dominated by farming, and the Xardai Co Ruins and Melondup Cave Site dominated by hunting. In this period, polished stone tools and pottery started to appear and were widely used, and agriculture, animal husbandry and other economic forms as well as a settled lifestyle gradually came into being.

穿孔石球

新石器时代
拉萨城关区曲贡遗址出土

　　这组穿孔石球表面磨制光滑，中间有一较为规则的圆孔。一般认为穿孔石球有投掷猎物和点播种子两种用途，广泛存在于代表不同经济形态的西藏新石器时代文化中，具有普遍性和广泛性。

穿孔石刀

新石器时代

昌都卡若区卡若遗址出土

　　石刀为切割工具，器物上的穿孔主要用于穿系绳索并捆绑把柄，有两种不同的形成方式，一种是利用尖锐器物两面对钻，形成一个较规则的圆孔；另一种则是用工具在石刀上摩擦，形成一个长条形的孔槽。图中三件为两面对钻法穿孔，一件为刻槽穿孔。

陶塑猴面贴饰

新石器时代
拉萨城关区曲贡遗址出土

此件贴饰是附贴于陶器表面的一种装饰物。猴面形象生动，眼、鼻孔、嘴均以锥刺形成。此类贴饰都是根据人们的喜好或信仰，先用泥团塑出动物形象后，再将其粘附到陶器表面，对器物起到装饰作用。

玉锛

新石器时代
昌都卡若区卡若遗址出土

骨针

新石器时代

昌都卡若区卡若遗址出土

骨锥

新石器时代

昌都卡若区卡若遗址出土

　　骨锥体积相对骨针较大，一般和骨针配合使用，用于在动物皮毛上打孔，骨针则用于引线缝合。这些骨针的大小长短和现在缝衣的钢针无异，穿线的针鼻完整无缺，清晰可见，针尖锋利，磨制精美，说明当时人们已经开始缝制动物皮毛作为衣物御寒，骨器制作工艺也已经达到较高水准。

石项饰

新石器时代
昌都卡若区卡若遗址出土

　　西藏高原新石器时代的装饰品大多出土于昌都卡若遗址，有骨质、石料、贝壳等多种质地，饰件种类有笄、璜、环、珠、镯、牌、坠等。从装饰用途看，有发饰、胸饰、腕饰、项饰等几类。卡若遗址出土装饰品数量最为丰富、形态最富变化，这串由石片和骨管交错相间串连而成的项饰，不仅制作精美，而且从质地、形制的组合上都体现出变化与统一。

小恩达遗址出土器物

新石器时代

昌都卡若区小恩达遗址出土

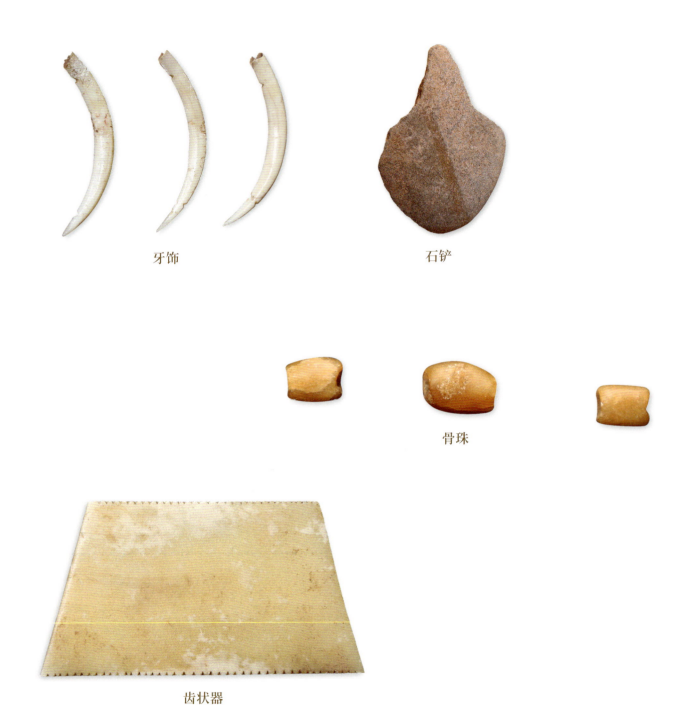

牙饰

石铲

骨珠

齿状器

　　小恩达遗址位于昌都卡若区，面积约 8000 平方米。遗址出土了大量打制石器、磨制石器、骨器、陶器等。其中几件牙饰、骨齿状器磨制光滑，制作尤为精美。通过与卡若遗址出土物对比，证明两者存在近似和类似的情况，因此小恩达遗址同属于卡若文化类型。

石磨盘、磨石

新石器时代

拉萨城关区曲贡遗址出土

石磨盘

磨石

　　曲贡遗址出土有大量加工谷物的石磨盘、磨石等生产工具。磨盘在所有出土石器中体积最大，一般用大块花岗岩制成。磨盘与磨石搭配使用，这组磨盘磨槽深凹，磨石光滑圆润，显然经过长期使用。

石斧

新石器时代
昌都卡若区卡若遗址出土

图中这件石斧由中性火山岩制成，柄部仍保留部分原石坯的断裂痕迹，器身呈梯形，柄部略弧，刃部有使用痕迹。此类器物器身较为狭长，中锋弧刃，通体磨光。昌都卡若遗址共出土有 11 件这类石斧。

研色盘

新石器时代
拉萨城关区曲贡遗址出土

在石器上涂红是曲贡文化的一大特色，"涂红石器"在曲贡遗址中出土较多，同时有用来研磨颜料的大量研色盘、专用于盛贮红颜料的小陶瓶和作为调色盘使用的大陶片等，可见当时红色颜料的用量非常大，表达了曲贡先民希望通过涂红的生产工具产生非凡的力量同大自然进行抗争的意愿。这两件研色盘规整光滑，而且附着有大量经证实为赤铁矿的红色颜料，历经几千年仍未褪色。

青稞碳化粒

新石器时代
山南贡嘎县昌果沟遗址出土

　　青稞具有产量高、生长期短、适应范围广、种植海拔上限高等特征，因此最适宜在高原上种植。这些青稞碳化粒的出土，证明早在3000多年前，西藏部分地区的史前先民就已经认识到青稞的特性，并把青稞作为主要栽培作物，使之成为西藏历史上最重要的传统农作物品种。

磨光黑陶单耳罐

新石器时代

拉萨城关区曲贡遗址出土

拉萨曲贡遗址出土的磨光黑陶器，不仅亮如黑釉，而且通常在腹部或肩部勾勒一条不太宽的菱形纹，构成一种典雅、别致的磨花装饰图案。这种磨花装饰工艺非常精致而独特，在国内史前考古中极为少见。

石网坠

新石器时代晚期
拉萨城关区曲贡遗址出土

史前时期的网坠大多数为灰陶烧制，这枚网坠则用石头打磨而成，中间形成对称的绳槽，用于把网坠固定在网上。这枚网坠的出土，证明3000多年前拉萨河谷地区的史前人类已经将捕鱼作为重要谋生手段之一。

小口鼓腹罐

新石器时代晚期
昌都卡若区卡若遗址出土

第三单元 早期金属时代

距今约 3000 年—公元 7 世纪初

进入早期金属时代以后，随着金属器具的使用和游牧业的发展，西藏高原的社会生产力水平得到了提高，文化面貌丰富多样。象雄、雅砻、苏毗等部落联盟形成并不断发展壮大，吐蕃地方政权已在孕育之中，西藏社会即将迈入历史时期。

ས་བཅད་གསུམ་པ། ལྱགས་རིགས་ཀྱི་དུས་རབས་སྔ་མ།

ད་ལྟའི་བར་དུ་ལས་ལོ་3000དན་སྐྱེ་ལོའི་དུས་རབས་7པའི་དུས་འགོ་བར།

ལྱགས་རིགས་ཀྱི་དུས་རབས་སུ་མར་སྣེབས་རྗེ། ལྱགས་རིགས་ཡོ་ཆས་ཀྱི་སྤྱོད་དང་འབྲོག་ལས་གོང་དུ་འཕེལ་བ་དང་ཆབས

ཅིག བོད་ལྗོངས་ས་མཐོའི་སྤྱི་ཚོགས་ཀྱི་ཐོན་སྐྱེད་དུས་ཕུགས་གོང་འཕེལ་བྱུང་ལོད་ལ། རིག་གནས་ཀྱི་རྣམ་པ་ཡང་ཕུན་སུམ་རྗེ་ཚོགས

སུ་སོང་ལོད། ཞང་ཞུང་དང་། ཡར་ཀླུང་། སུམ་བ་སོགས་ཚོ་པ་ཁག་དབང་མནན་འཕེལ་ཆགས་པ་མ་ཟད་འཕེལ་རྒྱས་རྗེ་ཆེར་སོང་ན

དང་། སྤྱར་རྒྱལ་ས་གནས་སྲིད་དབང་ཡང་སྐུ་ལུ་འབུས་ཕོད། བོད་ལྗོངས་སྤྱི་ཚོགས་འདི་ཉིད་ལོ་རྒྱུས་དུས་སྐབས་སུ་སྐྱོབས་ལ་ཉེ།

Unit Three   The Early Metal Age

About 3000 years ago—early 7th Century A.D.

Thanks to the use of metal appliances and the development of nomadism after entering the early Metal Age, the social productivity level on the Xizang Plateau has been improved and the cultural outlook is enriched and diversified. Tribal alliances like Shangshung, Yarlung and Sumpa were formed and developed. This was the gestation of the Tubo regime which would bring the ancient Xizang society up to a new historical stage.

"豹追鹿"岩画

早期金属时代
阿里日土县遗存

  西藏史前时期的岩画题材十分丰富，有日月星辰、植物、动物形象，还有人类社会生产生活的各个方面，如狩猎、畜牧、征战、演武、神灵崇拜、舞蹈等。此幅岩画中，豹身用复杂的条形纹和涡旋纹刻绘，公鹿则采用流畅的线条刻绘出高耸的鹿角以及蹄、嘴、眼等细部特征。岩画中两种动物追逐奔跑，公鹿还在奔跑的间隙回首观望，瞬间的动感刻画得淋漓尽致。

康玛石构遗迹

早期金属时代
阿里改则县遗存

　　西藏的石构遗迹主要分布在藏西的阿里、藏北的那曲以及日喀则的西北部地区。其形制包括列石、独石、石圈、石框，或者相互组合存在。其功能可大致分为墓葬、祭祀、崇拜、纪念、标志等，在整个亚洲石构遗迹中居于十分重要的地位。康玛石构遗迹东西长 1138 米，南北宽 150 米，面积约 17 万平方米，由 3 组列石遗迹和 6 处石框遗迹组成。

铁柄铜镜

早期金属时代
拉萨城关区曲贡遗址出土

　　该铜镜出土于曲贡遗址晚期文化中，镜面为铜，饰有两鸟相向而立图案；柄为铁质，呈两竹节形。根据材质、造型、工艺和图案纹饰推测，这件铜镜可能与中亚斯基泰文化有一定的关系。

铜釜与茶叶（故如甲木寺收藏）

公元3世纪
阿里噶尔县故如甲木墓地出土

　　阿里故如甲木墓地共出土 9 件铜釜，其中一件铜釜中残存有茶叶，通过碳 14 测定其年代为距今 1800 年左右，大致属于汉晋时代，由此证明这一时期丝绸之路的一条支线一度辐射到了藏西的古象雄地区。

"王侯"文鸟兽纹锦 （故如甲木寺收藏）

公元3世纪
阿里噶尔县故如甲木墓地出土

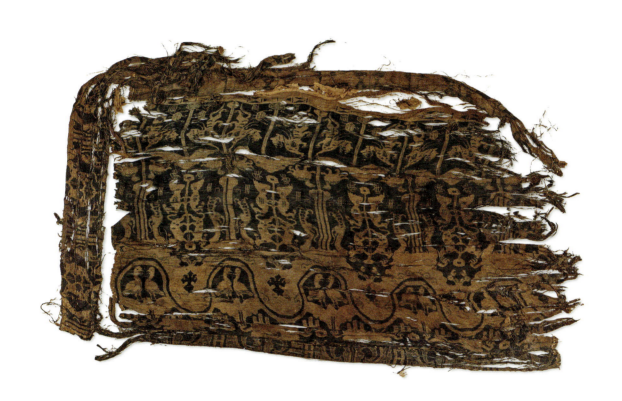

　　此幅丝织物以藏青和橙黄双色呈现图案，其构图大致可分为三层，分别描绘有波浪、植物、如意树、双龙、双凤、双羊、狮子等纹饰。在每组动物纹饰的空白处都有正反面的"王侯"四个篆体汉字，证明此锦来自祖国内地，由此也推断西藏阿里地区在汉晋时期即成为丝绸之路的辐射区域，并通过古丝绸之路与祖国内地开展文化、商贸的交流往来。

黄金面具（阿里札达县文物局收藏）

公元3世纪
阿里札达县曲踏墓地出土

　　这件面具薄如纸片，由冠部和面部两部分连缀而成。冠部呈长方形，錾刻有祭坛、穹顶、仙鹤、羊等图案。面部五官轮廓分明，顶端重叠在冠部之下。冠部和面部周缘多为两两一组的小圆孔，孔上还残留有打结的系带，且背后衬有多层丝织物，说明面具的冠部和面部可能通过这些小圆孔彼此连缀并与丝织物相连。

金银饰件（山南博物馆收藏）

公元4—6世纪
山南浪卡子县工布学乡、多却乡墓葬出土

雪域长歌·西藏历史与文化

　　近年在山南浪卡子县工布学乡和多却乡墓葬中出土了一大批金银饰件，形制和加工方法具有显著的匈奴、鲜卑文化特征。表明这一时期西藏腹地与其北部的吐谷浑草原文化有着频繁的交流与互鉴，一定程度上反映了吐蕃文明初兴时期的多元特性，以及悉补野部落崛起时期的社会面貌和对外来文明的包容、开放态度。

·027·

方形金牌饰

管状金饰

金箔

金耳饰

金指环

镂空金饰

镀金铜扣件

马形金饰

羊形金饰

银指环

圆形金饰

萨珊银币 （山南博物馆收藏）

公元3—7世纪
山南浪卡子县达热墓地出土

　　伊朗古称波斯，早在公元前247—224年的安息王朝时期，便与我国互有往来。到了西汉中叶，两国之间的交往更加密切，不但经济贸易互通有无，文化艺术等方面也相互影响。到了萨珊王朝（公元224—651年），连接两国的重要交通要道——丝绸之路更是畅通无阻，中国的丝绸和其他物品沿着这条大通道源源不断西运，波斯特产也沿此路进入中国，包括琉璃器、香料、宝石、金银器、毛织品等，以及数量相当可观的萨珊银币。近年来，我国各地屡有萨珊银币出土，西藏山南发现的这批萨珊银币则说明，在尚属于史前时期的我国西藏地区，已通过古丝绸之路，直接或间接地与萨珊王朝有着经济贸易和文化往来。

第二部分

唐宋迭代 吐蕃盛衰

公元 7 世纪—13 世纪

ཞེ་དུ་གཉིས་པ།

ཐང་སུང་གི་དུས་སྐབས།

སྤྱི་ལོའི་དུས་རབས་7ནས་13བར།

Part Two

In the Tang and Song Dynasties

7th-13th Century A.D.

唐朝初期，松赞干布统一了西藏高原，建立了奴隶制的吐蕃地方政权，西藏与祖国其他地区在政治、经济、文化等方面的交往交流交融得到全方位拓展。

唐朝晚期，吐蕃地方政权覆灭，西藏进入长达近四个世纪的分治状态，开始从奴隶制社会向封建农奴制社会过渡。这一时期，吐蕃旧部与宋朝和西夏等仍然保持着密切联系。

ཐང་རྒྱལ་རབས་ཀྱི་དུས་འགོར། བཙན་པོ་སྲོང་བཙན་སྒམ་པོས་བོད་ལྗོངས་ས་མཐོ་གཅིག་གྱུར་གནང་བ་དང་། བྲན་གཡོག་ལས་ལུགས་ཀྱི་སྤྱུར་རྒྱལ་གྱི་ས་གནས་སྲིད་དབང་བཙུགས་པས་བོད་ལྗོངས་དང་མེས་རྒྱལ་གྱི་ས་ཁུལ་གཞན་དག་དབར་ཆབ་སྲིད་དང་། དཔལ་འབྱོར། རིག་གནས་སོགས་ཀྱི་ཐད་འབྲེལ་འོང་དང་། ཕྱོགས་རེས་སོགས་ཐད་འབྲེལ་འོང་དང་། ཕྱོགས་རེས། མཚམས་འབྲེལ་བཅས་ཕྱོགས་ཡོངས་ནས་རྒྱ་སྐྱེད་སོང་ཡོད།

ཐང་རྒྱལ་རབས་ཀྱི་དུས་མཇུག་ཏུ། སྤྱུར་རྒྱལ་གྱི་ས་གནས་སྲིད་དབང་རྩ་མེད་དུ་སོང་ཞིང་། བོད་ལྗོངས་འདི་ཉིད་གྲངས་དུ་ཕྱུན་དུ་རབས་བཞི་ལ་ཉེ་བའི་རིང་བྱུར་སྒུར་བ་མ་ཟད། བྲན་གཡོག་ལས་ལུགས་ཀྱི་སྤྱི་ཚོགས་ནས་བཀགས་གཏོང་རྒྱུད་འཛིན་ཞིང་བྲན་ལས་ལུགས་ཀྱི་སྤྱི་ཚོགས་སུ་བར་བསྐལ་བྱེད་འགོ་ཚུགས། དུས་སྐབས་འདི་རིང་། སྤྱུར་རྒྱལ་གྱི་དེ་སྔའི་མངའ་འོག་རྣམས་ཀྱིས་སུང་རྒྱས་བཞིན་སུང་རྒྱལ་རབས་དང་། ཤི་ཞ་སོགས་དང་དར་ནས་ནན་གྱི་འབྲེལ་བ་རྒྱུན་མ་ཉམས་དུ་འཇོག།

In the early Tang dynasty, Songtsen Gampo unified the Xizang Plateau and established the Tubo regime of slavery. The political, economic and cultural exchanges and integration between Xizang and other parts of the motherland were expanded in an all-round way.

In the late Tang dynasty, the local regime of Tubo collapsed. Xizang entered into a state of being partitioned in the next four centuries and began to transform from a slavery society to a feudal serfdom society. In this period, the former subordinates of Tubo still maintained a close relationship with the Song dynasty and Western Xia.

第一单元 吐蕃政权

公元7世纪前后, 崛起于雅砻河谷的悉补野部落先后征服了苏毗、象雄等部落, 统一了西藏高原大部区域, 建立了吐蕃地方政权。此后, 经过两百余年持续不断的发展和扩张, 吐蕃地方政权一度极为强盛。然而, 由于连年征战和横征暴敛, 百姓备受苦难, 社会内部矛盾日益激化, 在赞普被弑、贵族内讧和平民起义的不断打击和削弱下, 吐蕃地方政权最终走向灭亡, 西藏历史进入了分治时期。

ས་བཅད་དང་པོ།   སྤུར་རྒྱལ་གྱི་སྲིད་དབང་།

སྤྱི་ལོའི་དུས་རབས་7པའི་ཡས་མས་སུ། ཡར་ཀླུང་གཞུང་གི་སྤུར་རྒྱལ་ཚོ་པས་སུ་རིམ་སུ་སུམ་པ་དང་ཞང་ཞུང་སོགས་ཀྱི་ཚོ་པ་རྣམས་དབང་དུ་བསྒུས་ནས་བོད་སྟོངས་ས་མཐོའི་ས་ཁུལ་མང་ཆེ་བ་གཅིག་གྱུར་བྱས་པ་དང་། སྤུར་རྒྱལ་གྱི་ས་གནས་སྲིད་དབང་བཙུགས། དེ་རྗེས་ཀྱི་ལོ་ཉིས་བརྒྱ་ལྷག་ཙམ་རིང་རྒྱུན་མ་ཆད་གོང་འཕེལ་དང་རྒྱ་བསྐྱེད་བཏང་བར་བརྟེན། སྤུར་རྒྱལ་གྱི་ས་གནས་སྲིད་དབང་དེ་རེ་ཞིག་ཤིན་ཏུ་སྟོབས་འབྱོར་ལྡན་པར་གྱུར། ཡིན་ནའང་ལོ་མང་བསྟུད་མར་དམག་འཐབ་དང་བཅའ་བསྡུ་བཙན་ཤེད་བྱས་པའི་ཆེན་ཀྱིས་མི་སེར་རྣམས་སྡུག་བསྔལ་ཆད་མེད་མྱོང་བ་དང་། སྤྱི་ཚོགས་ནང་ཁུལ་གྱི་འགལ་བ་ཉིན་རེ་བཞིན་རྡོག་ཏུ་སོང་བ། བཙན་པོ་བཀྲོངས་པ། སྐུ་དྲག་ནང་ཁུལ་མི་འཆམ་པ། འབངས་ཕྱུན་གྱི་ལོག་ཟ་བ་སོགས་ཀྱི་རྔོག་རྡུང་ལོག་བོད་རྒྱས་ཉམས་ཉེས་མཐར་སྤུར་རྒྱལ་ས་གནས་སྲིད་དབང་དེ་ཚ་མེད་དུ་སོང་བ་དང་བོད་ཀྱི་ལོ་རྒྱུས་ཀྱང་སིལ་བུའི་དུས་སྐབས་སུ་སླེབས་འགོ་ཆགས།

Unit One   The Tubo Regime

Around the 7th century A.D., the Pugyal Tribe that rose in Yarlung successively conquered the Sumpa and Shangshung tribes, unified most regions on the Xizang Plateau and established the Tubo local regime. After more than two hundred years of constant development and expansion, the regime flourished for a time. However, as a result of successive wars and exacting rules, the people suffered a lot and the internal contradictions of society were further intensified. Under the constant attacks and being weakened by Tsenpo's assassination, aristocratic infighting and civilian uprisings, Xizang gradually entered into a state of partition and the Tubo regime came to an end.

敦煌文献《650—671 年间吐蕃大事纪年》（法国国家图书馆藏）

8—9世纪

纸　　　藏文

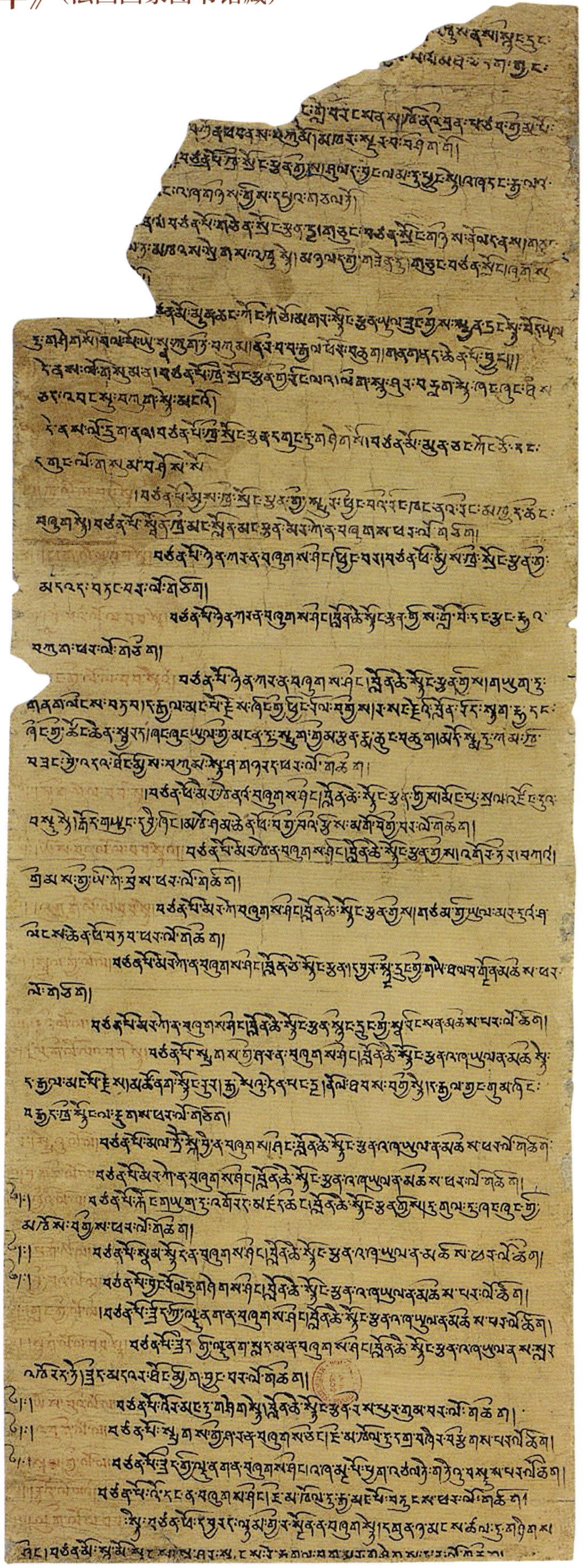

　　《吐蕃大事纪年》原藏敦煌莫高窟 17 号窟藏经洞，以编年纪事体为主，主要记述了 650—748 年间吐蕃政治、军事等重要事件，是研究唐代吐蕃历史不可或缺的重要资料。此卷为《吐蕃大事纪年》前半部分，记载了 650—671 年间吐蕃联姻、对外战事、冬夏两季赞普牙帐驻扎地、召开盟会等重大事件。

德乌穷摩崖石刻

9世纪　藏文
山南市洛扎县遗存

　　德乌穷摩崖石刻共有两处，分别位于山南市洛扎县洛扎镇吉堆村和门当村，均毗邻吐蕃吉堆墓群，且石刻内容相近。主要记述了吐蕃赞普赤德松赞嘉勉大臣德乌穷及其家族的情形："为德乌穷之父洛朗之子孙繁衍，若社稷永固，其所属奴户、封地决不减少，德乌穷之营葬应法事优隆。在任何赞普后裔掌政期间，其墓如有毁坏，由东岱（千户）专事修建。"上图为位于吉堆村的德乌穷摩崖石刻。

　　鉴于德乌穷摩崖石刻附近的吉堆墓群位于吐蕃时期德乌穷家族封地范围内，且墓葬规模大、规制高。因此推测吉堆墓群即为德乌穷家族墓地。

"克吾"印章

唐代(吐蕃时期)

骨质　　藏文

　　"克吾"印章出土于林芝市朗县列山大墓西区墓地，印面为阴文，由立马图像和藏文组成，藏文为"ཁུ་གུ་ཞང་ཟིག"，音译为"克吾相叟"，似为人名。列山墓地初步推定为吐蕃名门琛氏家族墓群，故此印章的持有者似应为琛氏家族成员。

　　琛氏家族为吐蕃著名的大贵族之一，家族代表人物曾为小邦首领，后归入悉补野部落。吐蕃政权建立之后，琛氏多次与吐蕃王室联姻，成为吐蕃最有权势的四大舅父家族（吐蕃称为"尚"）之一，家族成员多出将入相，采邑集中在今林芝朗县、山南加查一带。

噶琼寺石碑

9世纪　藏文
拉萨堆龙德庆区遗存

噶琼寺石碑位于今拉萨市柳梧新区噶琼寺内，刻立于赞普赤德松赞在位时期（798—815）。碑文主要记述了赤德松赞于危难之际，得到佛教势力护持取得王位，因此在拉萨河岸修建噶琼多吉英寺，并与臣工贵族宣誓立盟保护佛教而勒石立碑，以示酬谢的历史。

吾香拉康碑座

9世纪
拉萨曲水县遗存

据藏文史料记载，赤祖德赞在位时期（815—836），在曲水才纳地方建造了吾香扎西格培寺，有九层和九重飞檐，蔚为壮观。龟形碑座发现于寺庙原址附近，其形制与唐蕃会盟碑的碑座如出一辙，但碑身已不存。

第二单元 吐蕃社会

　　吐蕃地方政权建立之初即创制了藏文,吐蕃社会步入文明发展的新时期。同时,吐蕃加强了与唐朝以及天竺、泥婆罗等相邻地区的政治、经济和文化交流,以开放的态度借鉴先进的制度文化、医学天文、生产技术和风俗习惯,不断提升吐蕃社会的发展水平,丰富了吐蕃文明的内涵。

ས་བཅད་གཉིས་པ། སྤྱིར་རྒྱལ་གྱི་སྤྱི་ཚོགས།

སྤྱིར་རྒྱལ་གྱི་ས་གནས་སྲིད་དབང་བཙོ་མར་བཙུགས་མ་ཐག བོད་ཡིག་གསར་བཟོ་མཛད་པ་ནས། སྤྱིར་རྒྱལ་གྱི་སྤྱི་ཚོགས་ཤེས་དཔལ་དར་སྤྲེལ་འགྲོ་བའི་དུས་སྐབས་གསར་པ་ཞིག་ཏུ་སྤྲེབས་འགྲོ་ཚུགས། དེ་དང་དུས་མཚུངས། སྤྱིར་རྒྱལ་བཙན་པོས་ཐང་རྒྱལ་རབས་དང་། རྒྱ་གར། བལ་ཡུལ་སོགས་ཉེ་འཁོར་ས་ཁུལ་དབར་ཆབ་སྲིད་དང་། དཔལ་འབྱོར། རིག་གནས་བཅས་སྤྲེལ་རེས་བྱ་རྒྱར་ཤུགས་སྣོན་བརྒྱབ་པ་དང་། སློ་བྲིའི་རྣམ་པའི་ཐོག་ནས་སྙོན་པོ་གྱི་ལམ་ལུགས་རིག་གནས་དང་། གསོ་རིག་གནམ་དཔྱད། བོད་སྤྲེད་ལག་རྩལ། ཡུལ་སྲོལ་གོམས་གཤིས་བཅས་དཔྱད་གཞིར་བཟུང་ནས་སྤྱིར་རྒྱལ་སྤྱི་ཚོགས་རྒྱུན་ཆད་མེད་པར་དང་འཕེལ་སོང་བ་དང་སྤྱིར་རྒྱལ་གྱི་ཤེས་རིག་གི་ནང་དོན་ཡང་ཕྱུར་སྤྲས་དེ་ཚོགས་སུ་སོང་ཡོད།

Unit Two　The Tubo Society

The Tibetan language was created at the beginning of the Tubo local regime, which brought the Tubo society into a new period of civilization. Meanwhile, Tubo strengthened political, economic, and cultural exchanges with the Tang dynasty and neighboring regions like ancient India and Nepal, and introduced in advanced institutional culture, medicine, astronomy, production technology and customs with an open attitude. All of these had continuously promoted the development of Tubo society and enriched the connotation of Tubo civilization.

《医疗成就精华》

9—10世纪

纸　　　藏文

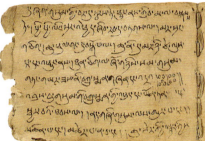

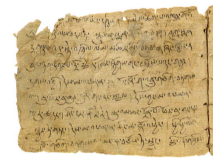

　　此医典出土于山南市措美县当许镇噶塘蚌巴塔，装帧方式为"蝴蝶装"，由苯教徒编写而成，汇集了西藏和周边地区医学实践经验。其主要内容是方剂组成、配法、用法、适应症、辅助疗法等，较为系统，实用性较强，反映了吐蕃时期藏医学特色，为研究吐蕃时期藏医药学、古代医药交流史等提供了宝贵材料。

石刻围棋盘及棋子

唐代(吐蕃时期)
石

　　藏式围棋称为"密芒"，早在唐代吐蕃人就有下围棋的风尚，迄今为止已在阿里札达、日喀则吉隆、拉萨曲水多地发现早期历史遗留下来的石质藏式围棋盘和棋子。

　　此石刻棋盘出土于拉萨市墨竹工卡县境内，呈长方形，棋盘两端各有一处放置棋子的凹坑，盘面纵横 17×17 路、289 个点位，与隋唐时期祖国内地流行的围棋棋盘如出一辙。

　　两组棋子出土于拉萨市当雄县当曲卡墓葬，分为黑、白两色，打磨极为精致，而且大小规整一致，与当代围棋子别无二致。

那龙墓葬出土器物

唐代（吐蕃时期）
铜、铁、绿松石

那龙墓葬

那龙墓葬位于山南市浪卡子县多却乡洞加村那龙山坡一带，为吐蕃早期墓葬，出土有一大批随葬品，包括冠饰、金饰、纺织物、铜器、木器、铁器、料珠等遗物，集中反映了吐蕃社会生产生活面貌，对研究吐蕃社会结构、丧葬习俗有非常重要的意义。

青铜饰件

铜花扣式

当曲卡墓葬出土器物

唐代(吐蕃时期)

绿松石饰件

玛瑙饰件

金耳勺

当曲卡墓葬位于拉萨市当雄县当曲卡镇,目前已发掘的 5 座中型封土墓葬均由地上封土和地下墓室建筑组成,封土平面大体呈近圆形或方形,立面均呈覆斗状。墓室形制主要为穹窿顶石室墓和竖穴土坑石室墓,均为多室墓。出土有金银器、玛瑙和绿松石饰件,以及陶片、铜器、铁器残件等遗物,对进一步研究吐蕃时期西藏腹心地区封土墓文化、丧葬制度、唐蕃关系以及物质文化交流等具有重要价值。

金银饰件

铜环

铁器残件

铜铃

铜锥状器

古格武器装备

10—17世纪

　　古格故城遗址位于阿里札达县托林镇札布让村象泉河南岸，是西藏宫殿建筑中保存较为完好的早期建筑之一。公元10世纪初，吐蕃王系吉德尼玛衮后裔在此建立了古格地方政权。该政权曾强盛一时，控制区域一度达到阿里全境，直到公元17世纪上半叶才被拉达克势力所灭。1683年，甘丹颇章地方政权打败拉达克势力，收回了对古格地方的管辖权。

　　古格地方政权偏居一隅，政局长期动荡不安，战事频繁。古格故城遗址出土的这些种类丰富、材质多样、制作精良的兵器，即是古格地方政权处于乱世而图存求强的反映。

藤盾

皮盾

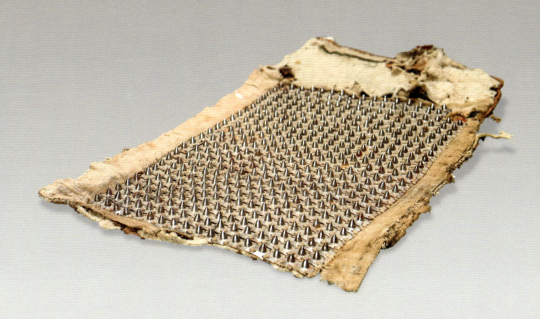

铁甲衣

战刀

铁箭镞

箭杆

头盔

铁矛

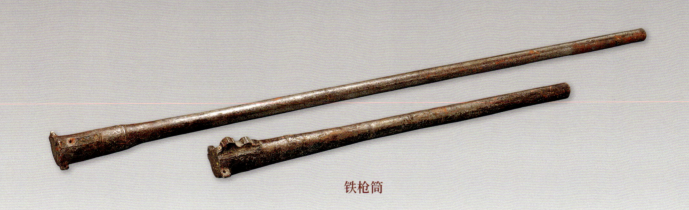

铁枪筒

普兰观音碑

10世纪　藏文
阿里普兰县遗存

　　普兰观音碑位于阿里地区普兰县普兰镇细德村，为公元 10 世纪吐蕃名门没庐氏后裔所
立，是迄今所知阿里境内年代最早的一通石碑。碑身正面浮雕莲花手观音立像，左右两侧
皆有阴刻古藏文。左侧藏文 19 行，记述了没庐·赤赞轧贡布杰为祈愿众生平安修造观音造
像的历史。右侧藏文 24 行，讲述了向圣观音顶礼和虔敬供奉的功德，并祈愿众生解脱于二
障，圆满获得二资粮，最终没庐·赤赞轧贡布杰及众生一道成为无上佛陀。

古格生产生活用具

10—17世纪

古格地处阿里高原，属于高原亚寒带干旱气候区，特殊的地理环境和气候特征决定了畜牧为主并兼有农耕的生产方式和生产活动。古格故城遗址采集和出土的大量生产生活用具，包括铁马掌、铁锅、石锅、铁犁、铁锄等，反映了古格社会生产力发展水平和人们的生存状态。

铁锄

铁犁

铁马掌

铁锅

石锅

古格故城木柱及托木

第三单元 和同一家

　　唐蕃关系是我国统一多民族国家演进历史的重要组成部分。公元634年,吐蕃赞普松赞干布遣使入唐,拉开了唐蕃两百余年密切交往的序幕。此后,唐蕃双方通过联姻、交聘和会盟等方式积极发展友好关系,有力推动了吐蕃社会的发展,极大加强和促进了唐蕃之间的政治、经济、文化交流,形成了"和同为一家"的"舅甥"关系。

ས་བཅད་གསུམ་པ། ཕྱིས་ཚང་གཅིག་ལྟར་མཛའ་མཐུན་རབ།

ཐང་བོད་ཀྱི་འབྲེལ་བ་ནི་རང་རྒྱལ་གྱི་གཅིག་སྒྱུར་གྱི་མི་རིགས་མང་པའི་རྒྱལ་ཁབ་བྱུང་རིམ་གྱི་ལོ་རྒྱུས་ཀྱི་བྱུང་ཆ་གལ་ཆེན་ཞིག་ཡིན། སྤྱི་ལོ་634ལོར་སྤྱང་རྒྱལ་གྱི་བཙན་པོ་སྲོང་བཙན་སྒམ་པོས་ཐང་རྒྱལ་རབས་ལ་ཕོ་ཉ་མངགས་ཏེ་ལོ་ཉིས་བརྒྱ་ལྷག་ཚུན་ཐང་བོད་དབར་འབྲེལ་ཐབ་མཉེའི་སྒོ་མུ་ཡོད། དེའི་རྗེས་ཐང་བོད་ཕྱོགས་གཉིས་ཀྱིས་གཉེན་འབྲེལ་དང་། ཕོ་ཉ་གཏོང་རེས། མཛའ་འབྲེལ་གསོས་ཀྱི་ཐབས་ལམ་བརྒྱུད་དེ། མཛའ་མཐུན་གྱི་འབྲེལ་བ་ལྷུར་ནས་རེ་ཐབ་ཏུ་བཏང་བས་སྤྱང་རྒྱལ་སྤྱི་ཚོགས་ཀྱི་འཕེལ་འགྲོ་རྒྱལ་སྤྱལ་འདེད་ནུས་ལྡན་བྱུང་བ་མ་ཟད། ཐང་བོད་དབར་ཆབ་སྲིད་དང་། དཔལ་འབྱོར། རིག་གནས་བཅས་སྦྱེལ་རེས་དེ་ནས་ལུགས་ཆེར་བོ་བ་དང་སྒུལ་སྤེལ་ཕུགས་ཆེ་ཟབས་ནས་"ཕྱིས་ཚང་གཅིག་ལྟར་མཛའ་མཐུན་མཉམ་གནས་"ཀྱི་"དབོན་ཞང་"གི་འབྲེལ་བ་ཆགས་ཡོད།

Unit Three　United as One Family

The relationship between Tang and Tubo was an essential page in the evolutionary history of China's unified multi-ethnic country. In 634 A.D., Tubo Tsenpo Songtsen Gampo sent an envoy to the Tang dynasty to pay tribute, starting the prelude to close contact between Tang and Tubo for more than 200 years. Henceforth, Tang and Tubo established and developed friendly relations, promoted the political, economic and cultural links each other, which developed the Tang-Tubo relationship in all directions and finally formed the "united as one family" affinity relationship.

"大唐天竺使之铭"石刻（拓片）

汉文

　　该石刻位于日喀则市吉隆县城北崖壁上，是唐高宗显庆三年（658）唐朝使节王玄策出使天竺，途经吉隆时凿刻的题记，现存 24 列，约 311 字，宣扬了大唐皇帝的功业，表达了使团不远万里出使他国、不辱使命的情怀，描绘了壮美的雪域高原风光，是研究中印关系、唐蕃关系的重要历史物证。

　　王玄策，生卒年不详，唐代著名外交家，曾数次出使天竺。"大唐天竺使之铭"是其第三次出使天竺时所铭刻。

唐代乐器

木、皮

唐蕃两次联姻开创了西藏与祖国其他地区经济、文化全面交流与融合的局面。据相关史料记载，文成公主与金城公主远嫁吐蕃时均曾携带百工伎艺，其中金城公主就携带有来自西域的龟兹乐队，这些文物似为当年金城公主带进吐蕃的中原和西域乐器。

《新唐书》"吐蕃传"载，唐中宗许嫁金城公主时"给龟兹乐"。又载"唐使者始至，给事中论悉答热来议盟，大享于牙右，饭举酒行，与华制略等，乐奏秦王破阵曲，又奏凉州、胡渭、录要、杂曲，百技皆中国人。"

琵琶

龙头三弦琴

西域根恰琴　　　　　　　西域箜篌

崇宁重宝（朋仁曲德寺藏）

北宋　铜

西藏林芝市朗县朋仁曲德寺遗址出土的"崇宁重宝"，是北宋末年比较重要的钱币之一，为北宋徽宗崇宁年间（1102—1106）铸造和流通，币质有铜、铁、银。面文"崇宁重宝"隶书对读，古朴方正，多为光背，少数有星、月、十字等图案。此次在西藏境内发现宋代钱币，有力佐证了北宋时期西藏与祖国内地交流交往的历史。

第四单元 佛教传播

佛教传入吐蕃后,与当时占主流地位的苯教进行了旷日持久的斗争,并相互汲取与融合。此后,在吐蕃王室"扬佛抑苯"政策的大力扶持下,佛教得以在吐蕃立足和发展,进入本土化和中国化的进程。吐蕃地方政权解体后,噶当派、宁玛派、萨迦派、噶举派等教派陆续创立,藏传佛教开始形成,并不断渗透到分治时期吐蕃旧部的政治、经济、文化等各个方面,产生了深远的社会影响。

ས་བཅད་བཞི་པ། ནང་བསྟན་ཁྱབ་སྤེལ།

ནང་བསྟན་སྔར་རྒྱལ་དུ་དར་རྗེས། སྐབས་དེ་དུས་གནས་བབ་གཙོ་བོ་བཟུང་མཁན་བོན་ཆོས་དབར་ཡུན་རིང་རྒྱུ་སྲིད་ཀྱི་འཐབ་རྩོད་བྱས་པ་མ་ཟད། བར་ཆུན་བརྫུ་ཞིང་དང་མཆམས་འརྗེས་བྱས་ཡོད། དེ་རྗེས་སྔར་རྒྱལ་རྒྱལ་རྒྱུད་ཀྱི"ནང་བསྟན་ཁྱབ་སྤེལ་དང་བོན་ཆོས་འགོག་པའི"སྲིད་ཇུས་ཀྱི་ལྕུགས་ཆེའི་རྒྱབ་སྐྱོར་འོག ནང་བསྟན་དེ་ཉིད་སྔར་རྒྱལ་དུ་ཆ་ར་ཆགས་པ་དང་གོང་འཕེལ་བྱུང་ནས་རང་ས་ཅན་དང་རྒྱ་གོ་ཅན་གྱི་འཕེལ་རིམ་དུ་སྐྲབས་ཡོད། སྔར་རྒྱལ་གྱི་ས་གནས་སྲིད་དབང་འཆོར་ཞིག་ཏུ་སོང་རྗེས། རིམ་གྱིས་བཀའ་གདམས་གནམས་པ་དང་། རྙིང་མ་པ། ས་སྐྱ་པ། བཀའ་བརྒྱུད་པ་སོགས་གྲུབ་མཐའ་འཆིག་རྗེས་གཉིས་མ་སྐྱུ་དུ་བྱུང་སྟེ་བོད་བརྒྱུད་ནང་བསྟན་གྲུབ་འགོགས་པ་མ་ཟད། སིལ་བུའི་དུས་སྐབས་ཀྱི་སྔར་ཁོལ་སྔར་རྒྱལ་རྒྱུ་ཆ་སྲིད་དང་། དཔལ་འབྱོར། རིག་གནས་སོགས་ཕྱོགས་གང་ཅིའི་ནང་ལ་རྒྱུན་ཆད་མེད་པར་སིམ་འཛུལ་བྱས་སྐྲབས་གཏིང་ཟབ་ཅིང་ཡུན་རིང་བའི་སྤྱི་ཚོགས་ཀྱི་ཤུགས་རྐྱེན་བཟས་ཡོད།

Unit Four   The Spread of Buddhism

After being introduced to Tubo, Buddhism fought a protracted battle against the dominant religion of Bon also with mutual absorption and confluence. Thereafter, with the strong support of the Tubo royal family's policy of "promoting Buddhism and suppressing Bon", Buddhism stood still and developed in Tubo, and entered the process of localization and sinicization. After the demise of Tubo, the Nyingma, Kagyu, Kadam, Sakya and other schools were founded and there started Tibetan Buddhism which continued to penetrate into politics, economy, culture and other social aspects, exerting profound impact on Tubo society.

《声明要领二卷》

成书于9世纪　纸　　　藏文

　　吐蕃时期，在崇佛政策推动下，译经事业得到空前发展。但由于译经数量的不断增多，出现了术语、格式不统一和失译、重译等现象。为了匡正译风，统一术语，在吐蕃赞普赤德松赞与赤祖德赞大力倡导和主持下，吐蕃大规模开展了梵藏文佛经翻译原则与规范的梳理、总结，《声明要领二卷》由此诞生。该著作的问世，为梵藏文翻译提供了完整的理论支撑，被吐蕃历代翻译家奉为梵藏文佛经翻译的金科玉律。

《旁塘目录》

成书于9世纪　纸　　藏文
噶瓦·白孜等编纂

　　《旁塘目录》《丹噶目录》《钦浦目录》是吐蕃时期最重要的佛经目录，被称为"三大目录"。其中的《旁塘目录》于吐蕃赞普赤祖德赞执政期间，由噶瓦·白孜等译师编纂而成，收集了960种佛教典籍，内容为般若波罗蜜多等经题及卷数，为研究吐蕃时期佛教发展提供了重要的线索，具有十分珍贵的文献价值。

《苯教仪轨集》

9—11世纪　纸　　藏文

　　苯教是产生于西藏本土的一种古老宗教，在西藏早期历史中发挥着相当重要的作用。2006 年，西藏山南市措美县当许镇噶塘蚌巴塔出土了数量可观的佛教和苯教经卷，其中就有以巫术、解秽为主要内容的苯教仪轨类文献，是研究西藏古代社会历史、宗教仪轨、语言文化的珍贵资料。

　　这部《苯教仪轨集》保存基本完整，根据文字保持了藏文第三次厘定前的书写特征推断，该书应为公元 11 世纪前版本。

桦树皮经书

唐代(吐蕃时期)

该书呈方形,利用桦树皮光滑平整的里层,两张相合,双面书写经文,封面封底为皮质,采用模压图案制成,十分精致。

《八千颂》贝叶经

11—12世纪 梵文

贝叶经源于古印度，是在贝多罗树树叶上书写的佛教经典，是迄今为止最为古老和珍贵的佛教典籍，是研究佛教发展史的重要资料。

早期贝叶经书写文字有巴利文和梵文。公元 7 世纪，梵文贝叶经随佛教传入吐蕃成为藏文译经的蓝本，西藏也由此成为世界上保存贝叶经最多、最丰富的地区之一。此为《八千颂》即《般若经》的略本《小般若经》。

贝叶经制作工艺考究，流程复杂，具有不易干裂、虫蛀、霉变等特点，虽然历经千年之久，此贝叶经依然页面平整如新，图案色彩艳丽，树叶纹理清晰可见，保存十分完好。

造像

唐代（吐蕃时期）

　　自公元 7 世纪从古印度和祖国内地输入吐蕃后，佛教受到吐蕃王室的礼遇和优待，建寺立像之风开始在吐蕃各地盛行，逐渐代替了原来苯教的地位。这些佛教造像深受外来艺术影响，逐渐形成了印度、尼泊尔、斯瓦特、克什米尔和我国内地等多种风格艺术交融互存景象。

合金释迦牟尼坐像

7—8世纪
印度风格

合金莲花手观音坐像

7—8世纪
印度风格

合金金刚勇识像

7—8世纪
印度风格

铜鎏金释迦牟尼立像

8世纪
印度风格

铜鎏金释迦牟尼坐像

6世纪
内地风格

此尊造像为北魏宣武帝正始三年（506）造，青铜材质，通体鎏金，披袈裟，袒右肩，说法状，结跏趺坐于四足须弥座上，为典型的北魏风格造像。

造像底座刻有若干供养人像与汉字铭刻，大致可识读为"正始三年四月八日弟子高阿兴为七世父母所生父母建造真容缘此敬因愿前往生处所离三途不遭八难龙华树会以为首广及一切共同斯愿"。

该造像应为吐蕃时期传入西藏，反映了唐蕃关系的密切以及内地佛教文化对吐蕃社会的影响。

合金释迦牟尼立像

9—10世纪
克什米尔风格

合金狮吼文殊菩萨坐像

9—10世纪
印度风格

合金度母立像

9—10世纪
印度风格

造像
分治时期

分治割据的数百年，是西藏文化艺术承前启后的重要时期，藏传佛教各派争相建寺立像，从而促进了西藏绘画、铸造艺术的发展，佛像艺术在盛行祖国内地、印度、尼泊尔和克什米尔等多种艺术风格的同时，西藏本土艺术因素开始出现，反映了佛教造像艺术本土化的肇始。

合金文殊菩萨坐像

10—11世纪
印度风格

合金莲花手观音立像

11—12世纪
印度风格

合金弥勒佛立像

11—12世纪
印度风格

合金无量寿佛坐像

11—12世纪
印度风格

合金无量寿佛坐像

11—12世纪
尼泊尔风格

艾旺寺泥塑菩萨头像

11—12世纪
于阗风格

　　艾旺寺建于 11 世纪中叶至 12 世纪初，地望位于日喀则市康马县境内。艾旺寺泥塑像独具特色，汇集了汉地、南亚、于阗不同的艺术风格。其中正殿的释迦牟尼及其六弟子塑像文雅清秀，广袖宽袍，轻盈质朴，受汉地文化影响十分明显，具有云冈、龙门石窟中北魏至唐代佛教造像遗风，见证了中原与西藏地方佛教艺术交融的史实。

　　艾旺寺东配殿造像为于阗风格，多为菩萨形象，头冠皆毁，脸型长方，额前一排垂发，额中点白毫，长眉弯细，眼敛低垂，凤眼微张，直鼻薄唇，面带微笑。该头像虽发现于主殿，但诸特征与东配殿完全契合，故应为东配殿菩萨造像，反映了该时期西域佛教艺术对西藏腹地的影响。

唐卡
12—13世纪

忿怒天王唐卡

分治时期，随着佛教从藏西向卫藏地区的再度弘传，盛行于阿里一带的克什米尔画风开始传播到西藏腹心地带，并与当地流行的尼泊尔、印度风格相融合，进而影响到唐卡的绘制，尼泊尔画派、齐乌岗巴画派开始形成。

这一时期的唐卡画心部分大都近于方形，主尊占据画面位置较大，笔法细腻，主要以色调划分层次与轮廓，绘制手法则质朴、拘谨。画面着色较为单一，多以红、黄等暖色调为主，辅之以蓝色和绿色，画面感沉稳、厚重。

金刚亥母唐卡

释迦牟尼唐卡

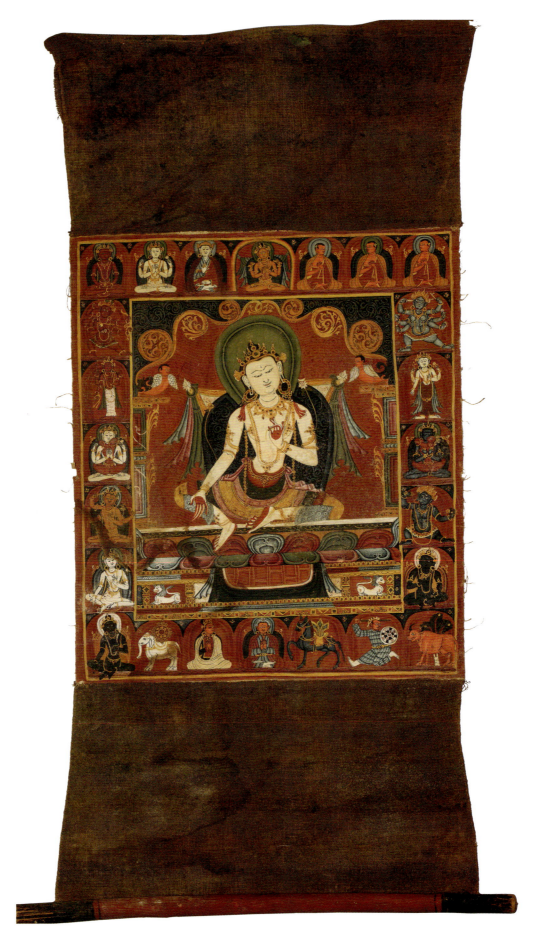

除盖障菩萨唐卡

第三部分

元明相继 万户争雄

公元 13 世纪—17 世纪

ལེའུ་གསུམ་པ།

ཡོན་མིང་གི་དུས་སྐབས།

སྤྱི་ལོའི་དུས་རབས་13ནས་དུས་རབས་17བར

Part Three

In the Yuan and Ming Dynasties

13th-17th Century A.D.

公元13世纪中叶，"凉州会谈"顺利举行，西藏地方成为元朝中央政府直接管辖的一个行政区域。1368年明朝建立后，通过遣使招抚和缴换印信的方式，延续了元朝对西藏地方的管辖。

这一时期，元、明中央政府始终对西藏地方有效行使主权和实施管辖，萨迦地方政权和帕木竹巴地方政权相继建立，西藏地方社会相对稳定，生产力发展水平得到提升，文化艺术成就斐然，与祖国其他地区的交往交流交融更加广泛深入。

སྐྱེ་བོའི་དུས་རབས་13པའི་དུས་དཀྱིལ་དུ་"ལང་ཇུའི་གྲོས་མོལ"ལམ་ལྗོངས་སུ་བྱུང་སྟེ། བོད་ལྗོངས་ས་གནས་འདི་ཞིང་ཡོན་རྒྱལ་རབས་གྱུང་དྲུང་སྲིད་གཞུང་གིས་ཐད་ཀར་བདག་སྐྱོང་བྱེད་པའི་སྲིད་འཛིན་ས་ཁོངས་ཤིག་ཏུ་གྱུར། 1368ཡོན་མིང་རྒྱལ་རབས་བཙུགས་ཏེས་བོ་ཙ་མངགས་གཏོང་གིས་འཛུམ་འགུག་དང་ཐམ་ཡིག་སྤྲོད་ལེན་གྱི་བྱེད་ཐབས་ལ་བརྟེན་ནས་ཡོན་རྒྱལ་རབས་ཀྱི་རྒྱལ་བསྒྱུངས་ཏེ་བོད་ལྗོངས་ས་གནས་ལ་བདག་སྐྱོང་བྱས།

དུས་སྐབས་དེའི་རིང་། ཡོན་དང་མིང་གྱུང་དབུང་སྲིད་གཞུང་གིས་རྟོག་མཐའ་བར་གཤུས་ཏུ་བོད་ལྗོངས་ས་གནས་ལ་བདག་དབང་ཉུས་སྤྱད་པ་དང་བདག་སྐྱོང་བྱས་ལ་མ་ཟད། ས་སྐྱའི་ས་གནས་སྲིད་དབང་དང་ཕག་གྲུའི་ས་གནས་སྲིད་དབང་སྟེ་རྫེ་སུ་བཙུགས་པར་བརྟེན་བོད་ལྗོངས་ས་གནས་ཀྱི་སྤྱི་ཚོགས་འཚོས་བཅས་ཀྱིས་བརྟན་སྟེང་བྱུང་བ་དང་། བོད་སྤྱད་ནུས་ཕུགས་གོང་འཕེལ་བྱུང་བ། རིག་གནས་སྒྱུ་རྩལ་གྱི་གྲུབ་འབྲས་མཚོན་ཆེར་ཐོན་པ། མེས་རྒྱལ་གྱི་ས་ཁུལ་གཞན་དག་དབར་འགྲོ་འོང་དང་། སྦྱེལ་རེས། མཉམ་འདྲེས་བཅས་སྤྱ་ར་བས་རྒྱ་ཆེར་དང་གཏིང་ཟབ་ཏུ་བོད་ཡོད།

In the middle of the 13th century, "the Liangzhou Talk" was successfully held, and Xizang became an administrative area under the direct jurisdiction of Yuan dynasty's central administration. After the establishment of the Ming dynasty in 1368, it inherited the ruling of the Yuan dynasty over the Xizang and ascertained Xizang as the affiliation of Ming by replacing official seals.

In this period of time, the Central Governments of the Yuan and Ming dynasties had always effectively exercised sovereignty and jurisdiction over Xizang. The Sakya and Phagdru local authorities were successively established. The social stability and productivity development levels in Xizang were promoted with remarkable cultural and artistic achievements. The association, communication and integration between Xizang and other parts of the motherland have been more extensive and in-depth.

第一单元 元代治藏

　　"凉州会谈"举行后，元朝中央政府采取"独尊一派"的政策，扶植萨迦派建立了政教合一的萨迦地方政权并设立乌思藏纳里速古鲁孙等三路宣慰司，开始对西藏地方进行有效管理。

ས་བཅད་དང་པོ།　ཡོན་རྒྱལ་རབས་ཀྱིས་བོད་སྐྱོང་བ།

"ལང་ཀྲུའི་གྲོས་མོལ"གནང་རྗེས། ཡོན་རྒྱལ་རབས་ཀྲུང་དབུང་སྲིད་གཞུང་གིས "བྲུབ་མཐའ་གཅིག་ཁོན་གཅིགས་སུ་འཛིན་པའི"སྲིད་ཇུས་ལག་ལེན་བསྟར་བ་དང་། ས་སྐྱའི་གྲུབ་མཐར་རྒྱབ་སྐྱོར་བྱས་ཏེ་ཆོས་སྲིད་ཟུང་འབྲེལ་གྱི་ས་སྐྱའི་ས་གནས་སྲིད་དབང་བཙུགས་པ་མ་ཟད། དབུས་གཙང་དང་མངའ་རིས་སྐོར་གསུམ་སོགས་ཀྱི་ཁུལ་ཁག་གསུམ་ལ་ཉེས་སྤྱོན་གྱི་དོ་དམ་བྱེད་འགོ་ཚུགས།

Unit One　Yuan's Governance over Xizang

After "the Liangzhou Talk", the Central Government of the Yuan Central Government adopted the policy of "solely support one sect", supporting Sakya school to build the local authority with theocracy and set up the Pacification Commissioner's Offices in U-Tsang and Ngariglusun, and started to effectively govern Xizang.

阔端敦请萨迦班智达·贡噶坚赞令旨

收录于藏历土蛇年(1629)萨迦法台阿旺·贡噶索南著《萨迦世系史》
纸　　　藏文

　　自1236年起，元太宗窝阔台次子孛儿只斤·阔端（1206—1251）镇守凉州，其封地在西夏故地，建宫帐于凉州府，即今甘肃武威市凉州区。1247年，在阔端的主导下，"凉州会谈"顺利举行，西藏地方归附元朝。

　　在"凉州会谈"之前，阔端约于1239年派部将多达那波进军西藏，详细了解当地情况。《西藏王臣记》记载：多达那波接触西藏各教派后，"派使者到宫廷去奏请：在边远的吐蕃地方，僧伽以噶当派为最大，达隆法王最会讲情面，止贡寺京俄的权势最大，萨迦班智达对教法最精通，迎请何人请明白指示。蒙古之王下令说：在这瞻部洲，今生的富贵圆满要按成吉思汗的法度行事，为了后世的利乐，应该迎请指示解脱和遍知道路的上师。因此派使臣来迎请萨迦班智达的命令"。阔端遂颁发该令旨，由多达那波送至萨迦地方，敦请萨迦班智达·贡噶坚赞前往凉州会谈。

萨迦班智达·贡噶坚赞致蕃人书

收录于藏历土蛇年（1629）萨迦法台阿旺·贡噶索南著《萨迦世系史》
纸　　　　藏文

　　1247年"凉州会谈"顺利举行后，萨迦班智达·贡噶坚赞致书西藏各地僧俗首领，公告西藏归顺元朝事宜。其内容主要有归附者官仍原职；任命萨迦派人员为达鲁花赤，西藏各地头人必须听命；缮写各地官员姓名、百姓数目、贡品数额等，分别呈送阔端、萨迦和各地长官；呈送归附区域与未归附区域之地图；朝廷官员将来藏会同萨迦人员议定税目；等等。

合金萨迦班智达·贡噶坚赞像

13—17世纪

　　萨迦班智达·贡噶坚赞（1182—1251），藏传佛教萨迦派五祖中的第四祖。他精通大小五明，著述颇多，被尊称为萨迦班智达，意为萨迦派大学者，是宋元时期藏传佛教最著名的宗教人物之一，他主持的萨迦派在当时后藏地区实力最强。1247年，他代表西藏地方势力与阔端举行"凉州会谈"，商定西藏地方归顺事宜。1251年，萨班在凉州圆寂之际，将衣钵传给其侄八思巴。

大朝国师统领诸国僧尼中兴释教之印

13世纪　木　　　汉文

　　"大朝"是1271年元朝建立之前的自称。在元代西藏地方，汉字印文通常仅在1269年颁行八思巴蒙古新字之前使用，因此该印当为元朝建政之前封授西藏政教首领之印。这一时期西藏地方被封授国师称号且被授予"统领诸国僧尼"职权的仅有八思巴一人，因此该印应为元朝建立之前，1260年忽必烈封授八思巴"国师之印"的仿制印，用于日常钤盖，是目前唯一能够确认的八思巴用印，具有重要的历史价值。

"萨"字象牙印

元代（萨迦地方政权时期）　藏文

该印印钮缺失，印面上部为代表佛教的"三宝"图案，下部为藏文的"萨"字，代表萨迦派。据记载，元朝中央政府曾先后赐给八思巴和第三任帝师达玛巴拉各一枚"萨"字印。此印似为元朝中央政府授予达玛巴拉之印。

白兰王印

元代
八思巴蒙古新字

　　白兰王是元朝在西藏所封世俗宗王的称号，一直延续到元朝末期，受封者多为宗室驸马，因此具有"宗王出镇"的性质。藏文史籍记载元朝在西藏所封白兰王共四人，与萨班一同前往凉州的恰那多吉（1239—1267）是第一任白兰王。由于该印印文为八思巴蒙古新字，故此印应为1268年八思巴蒙古新字创立之后，元朝中央政府封授后世白兰王之印。

忽必烈颁拉杰僧格贝圣旨

元代　纸、丝绸
八思巴蒙古新字

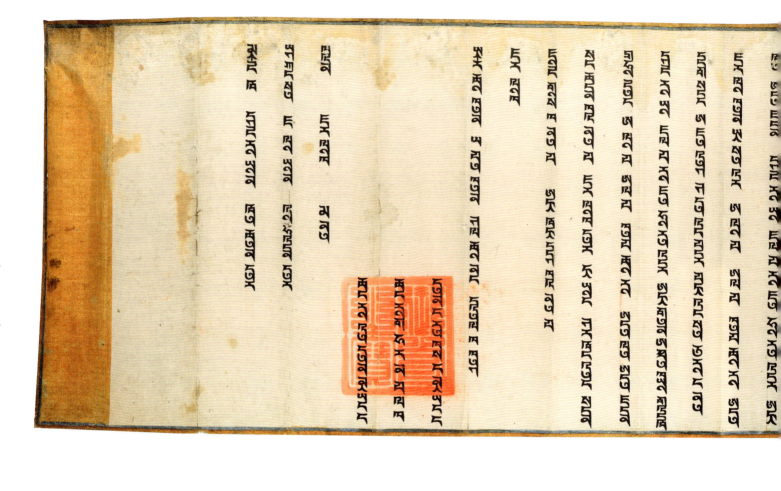

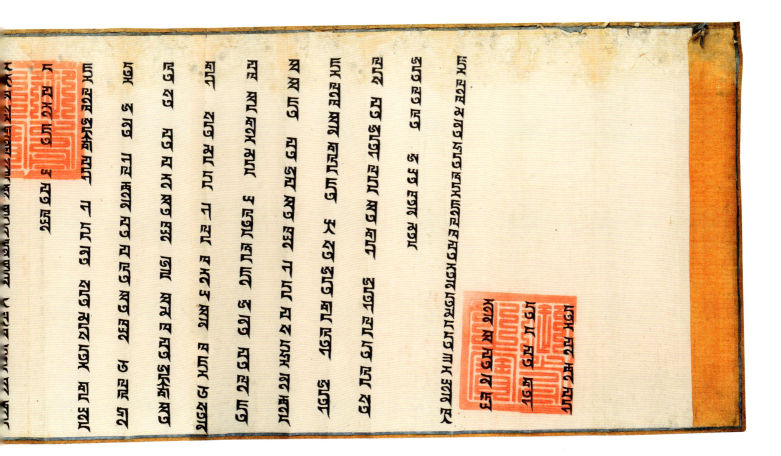

  此为元世祖忽必烈颁发给拉杰僧格贝（即邬坚巴·仁钦贝）的圣旨，命令其所属寺院"不承担任何差发"，所有人等不得侵害其权益，是西藏地区现存颁发时间最早的元代圣旨。

  元朝建立后，由于地域广袤、民族众多，为维护政权的稳定，统治者对各民族的宗教信仰都采取了开放包容的政策，对各大教派都加以优待和礼遇，规定各类宗教场所和职业宗教人员不需要承担额外差役和赋税。在西藏地方，由于藏传佛教势力的强大及其在西藏归顺元朝过程中发挥的重大作用，元朝中央政府不仅对各大教派的寺院和僧人权益不遗余力地进行保护，而且为各大宗教集团划属了庞大的寺院属地与属民，即所谓"拉德"，规定这些寺属民户只向所属寺庙提供供养而无需向中央和各级地方政府以及世俗领主承担额外差役和赋税。

八思巴肖像唐卡

元代(萨迦地方政权时期)

　　八思巴,又名八思巴·罗追坚赞,萨迦五祖之一。公元1244年,八思巴随同叔父萨迦班智达赴凉州,1260年被忽必烈封为国师,赐玉印,1268年创制蒙古新字,1270年被授予帝师尊号。八思巴毕其一生追随元世祖忽必烈左右,致力于国家统一大业,开创了政教合一的萨迦地方政权,并第一次大规模地将藏传佛教传播到祖国其他地区,为畅兴藏传佛教,保持西藏地方社会政治局势稳定和促进西藏地方与祖国其他地区的文化交流做出了卓越贡献,他本人也因此受到元朝帝室的推崇,享有极高的政治和宗教地位。

　　这幅元代八思巴肖像唐卡,构图严谨,绘制考究,为典型的尼泊尔画派风格,整幅作品具有较高的艺术成就,是一件极其珍贵的西藏唐卡经典之作。

统领释教大元国师之印

元代 玉
八思巴蒙古新字

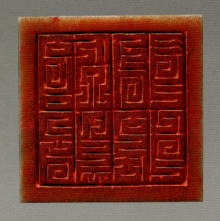

大元帝师统领诸国僧尼中兴释教之印

元代 玉

八思巴蒙古新字

　　"帝师"即帝王之师，元代的"帝师"是皇帝授予佛教领袖的尊号，是帝王宗教上的导师。1270年，忽必烈晋封八思巴为帝师，元代帝师制度由此产生。元代帝师领宣政院事，管理全国的佛教和西藏地方事务。终元一朝，元朝中央政府册封的14任帝师均出自藏传佛教萨迦派。

　　《元史》记载，1295年，元成宗命"造双龙钮白玉印和宝玉五方佛冠赐之（帝师扎巴俄色）"，印文即为"大元帝师统领诸国僧尼中兴释教之印"。该印形制和印文均与上述历史记载相符，因此应为元成宗封授第五任帝师扎巴俄色之印。

桑杰贝帝师之印

元代　玉
八思巴蒙古新字

仁钦坚赞帝师颁多吉旺曲法旨

藏历龙年（1304） 纸、丝绸 藏文

此为元朝第六任帝师绛央仁钦坚赞于上都开平（今锡林郭勒盟正蓝旗）颁给夏鲁万户长多吉旺曲的法旨，要求乌斯藏宣慰司下辖人众一律不得侵害多吉旺曲属民和财产权益。

绛央仁钦坚赞于1304—1305年继扎巴俄色任元成宗帝师，属于少数非萨迦昆氏家族系统的帝师之一。"多吉旺曲"在汉文史料中被称为"朵儿只汪术"，夏鲁万户第三和第五任万户长，曾将其妹嫁与帝师仁钦坚赞之侄为妻。1304年，多吉旺曲正担任夏鲁第三任万户长，因而帝师仁钦坚赞颁该法旨于他。法旨中的"两个甲措"，应为夏鲁家族的世袭领地，可能就是现在日喀则市桑珠孜区甲措雄乡一带。根据帝师贡噶罗追坚赞贝桑布于元至治六年（1321）颁发给夏鲁寺的另一护持法旨记载，这里的"两个加措"即为"门卓结却"和"甲巴如擦"。

桑杰贝帝师颁仁钦岗巴法旨

藏历猴年（1308）纸、丝绸　　　藏文

　　此为元朝第七任帝师桑杰贝（1267—1314）颁发的一件法旨，卷首部分缺失，但参照历任帝师法旨体例，缺损处当为"遵奉皇帝圣旨，——帝师法旨，向——晓谕"。

　　"仁钦岗巴"当为人名，即"仁钦岗"一带的领主。鉴于该法旨中列举诸地名与1320年答吉皇太后颁给夏鲁万户长扎巴坚赞懿旨中提及的地名完全一致，故上述地域属于夏鲁万户辖区，因此"仁钦岗巴"当为夏鲁"介氏"家族成员。该法旨的目的和内容同样为保护夏鲁万户"介氏"家族的权益。

枢密院行院之印

元代　铜
八思巴蒙古新字

　　该印印文为八思巴蒙古新字，译成藏文为"枢密院"发音。按元制，宣政院和枢密院用印均为银质三台，遇有重大军情事务由宣政院和枢密院临时设置行院或分院往镇。该印形制虽为三台，但系铜质，显然并非宣政院或枢密院之印。但历史上元宣政院与枢密院曾多次会同处理西藏乱事，因此该印疑为元朝廷处理西藏事务所遗之宣政院或枢密院行（分）院之印。

亦思麻儿甘军民万户府印

元延祐三年（1316） 铁
八思巴蒙古新字

　　"亦思麻儿甘"是"芒康"的藏文发音，即今西藏昌都市芒康县、察雅县境一带。元代"亦思麻儿甘军民万户府"隶属"吐蕃等路宣慰使司都元帅府"治下，其职能不仅负责管辖芒康一带百姓，而且下辖四川碉门、鱼通、长河西"管军万户府"，负责管理上述三处蒙古驻军。在铸造该印同年发布的一件元仁宗颁给亦思麻儿甘军民万户府圣旨中，明确该地方万户长为斡色儿坚赞，因而这枚印章应是元朝中央政府封授圣旨中提及的万户长斡色儿坚赞之印。

金字圣牌 （扎什伦布寺藏）

元代　铁
八思巴蒙古新字

《元史·刑法志》载："诸朝廷军情大事，奉旨遣使者，佩以金字圆符给驿，其余小事，止用御宝圣旨。诸王公主驸马亦为军情急务遣使者，佩以银字圆符给驿，其余止用御宝圣旨。若滥给者，从台宪官纠察之。"

这枚金字圣牌刻5列阳刻鎏金八思巴字铭文"靠长生天的气力，皇帝圣旨，谁若不从，即要问罪！"当为金字使者驰驿赴藏办理朝廷军情大事时遗留。

答吉太皇太后颁夏鲁万户长懿旨

元延祐七年（1320）　纸、丝绸
八思巴蒙古新字

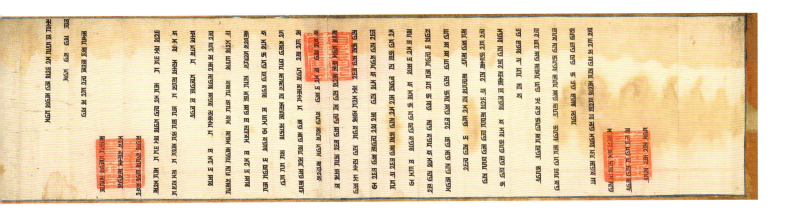

　　这是元英宗继位之初答吉太皇太后颁发给夏鲁万户长的懿旨，大意是保护古香·扎巴坚赞政教地位和权益，旁人不得侵犯。在元代，夏鲁地方的古香家族因与当政的萨迦昆氏家族多次联姻，而成为炙手可热的地方权贵，屡次受到元朝皇室和帝师的封授，家族代表人物世代担任夏鲁万户长一职。懿旨中提及的古香·扎巴坚赞即是该家族代表人物之一，时任夏鲁万户长，同时兼乌思藏纳里速古鲁孙等三路宣慰司都元帅副使、同知，曾将其妹旬奴贝嫁给萨迦昆氏家族，并前往大都觐见元仁宗，被颁赐金册、玉印和敕书。在他的大力支持下，藏传佛教的一支小宗派夏鲁派得以创建并迅速兴盛，夏鲁万户势力也迅速扩张。答吉太皇太后是元武宗、元仁宗两朝皇太后和英宗朝太皇太后，曾长期执掌朝政大权，故有此"懿旨"之颁授。

妥欢帖木尔皇帝任命察瓮格奔不地方招讨使圣旨 （西藏自治区档案馆藏）

元至正二十二年（1362）　纸、丝绸
八思巴蒙古新字

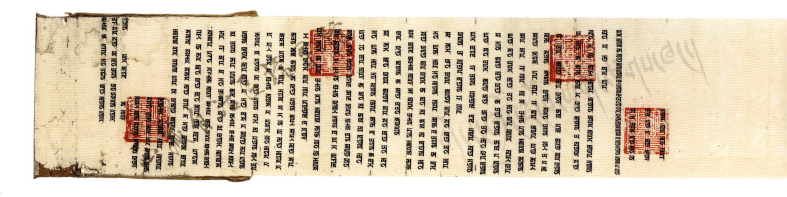

　　这是元顺帝妥欢帖木尔于至正二十二年（1362）封授云丹坚赞为朵甘宣慰司属下的察翁格和奔不儿亦思甘地方招讨司招讨使的圣旨。

　　"察翁格"今译"擦瓦岗"，位于怒江和澜沧江中间地带，今西藏自治区昌都市八宿、左贡县境内。"奔不亦思甘"也常被简称为"奔不""绷波岗"，大致在今四川巴塘、理塘和云南西部一带。史料记载，管辖上述地区的"奔不儿亦思甘地方招讨司"设有达鲁花赤二员、招讨使一员、经历一员、镇抚一员。同时，通过圣旨中列举的该招讨司下辖的大量地名，可知该机构的领辖范围甚广，囊括了今西藏、四川和云南三省交界之处众多地域。圣旨中明确了该招讨司的主要职能，即"监督完成一切差发、站户、军户、地税、商税的征收等诸项事宜"，也就是说该招讨司的主要职能是管理驿站、军人，负责差役、征收税赋。与此同时，圣旨也要求该招讨司要与朵甘宣慰司商量行事，实际上也就是要服从其上级机构即朵甘思宣慰司的管理。

至元通行宝钞

元代　纸　　汉文
双面印制

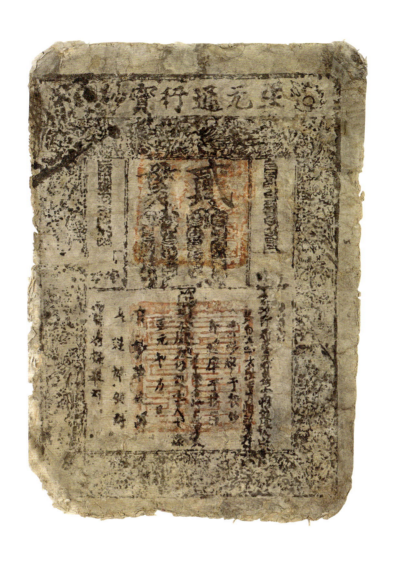

　　在元代，分别有元世祖忽必烈和元顺帝妥欢帖木尔使用过"至元"年号，鉴于元顺帝至元年间并无发行该年号钞币的记载，故该钞币为元世祖忽必烈至元年间所印制。

　　该钞币并未标注印制年份，只能根据其发行时间与元代"尚书省"的存续时间，笼统地将其年代框定为1287年至1311年间。这一时期属于元朝的定鼎和守成阶段，政治稳定，万国来朝，经贸通达，来自西藏地方的朝贡团队和民间商队不绝于途。无论在政治还是经济上，远在后藏的萨迦地方已经被紧密地纳入全国大一统的社会、经济和政治格局之中，难以计数的元代货币通过赏赐和经济贸易被发往西藏地方流通，该钞币在萨迦寺的发现即是这一历史的佐证。

第二单元 明代治藏

明朝对西藏地方的治理，一方面充分利用元朝对西藏地方的施政基础，采取"因其故俗"的政策，以当地僧俗首领充任武卫机构官员，号令地方，起到"传檄而治"的作用；另一方面调整元代治藏政策，施行"多封众建""贡市羁縻"等举措，对西藏各主要教派和地方势力首领均予以册封，从而确保了西藏政局的稳定，进一步密切了西藏地方与祖国其他地区的关系。

ས་བཅད་གཉིས་པ།　མིང་རྒྱལ་རབས་ཀྱིས་བོད་སྐྱོང་བ།

མིང་རྒྱལ་རབས་ཀྱིས་བོད་སྐྱོང་ས་གནས་བཅོས་སྐྱོང་བྱེད་ཕྱོགས་ཐད།　ཕྱོགས་གཅིག་ནས་ཡོན་རྒྱལ་རབས་ཀྱིས་བོད་སྐྱོང་ས་གནས་ལ་ སྲིད་འཛིན་པའི་རྣ་གཞི་གང་ལེགས་སྤྱོད་པའི་ཐོག　ས་གནས་ཀྱི་རྒྱུན་སྲོལ་སྲིད་དུས་གཞིར་བཟུང་།　ཡུལ་དེ་གའི་སེར་སྐྱའི་འགོ་པ་རྣམས་ཚུ་ལྷའི་ སྐྱིག་གཞིའི་དཔོན་པོར་བསྐོས་ཏེ་བཀའ་རྒྱའི་ཕོག་ནས་འཛིན་སྐྱོང་བྱེད་པའི་ནུས་པ་བོན་པར་བྱེད་པ་དང་།　ཕྱོགས་གཞན་ཞིག་ནས་ཡོན་རྒྱལ་རབས་ ཀྱི་བོད་སྐྱོང་སྲིད་དུས་ལེགས་སྒྲིག་བྱས་ཏེ་"དྲུ་གནས་མང་སྐྱལ"དང་"རྗེན་འབུལ་ཚོང་འབྲེལ"ཕོགས་ཀྱི་བྱེད་ཐབས་ལག་བསྟར་ཀྱིས་བོད་སྐྱོང་གི་ ཚོས་ལུགས་གྲུབ་མཐའ་གཙོ་བོ་ཁག་དང་ས་གནས་སྟོབས་ཤུགས་ཀྱི་འགོ་གཙོ་ཚང་མར་ཚོ་ལོ་བསྩལ་ཏེ་བོད་སྐྱོངས་ཀྱི་ཆབ་སྲིད་དུས་བབ་བརྟན་སྐྱིང་ལ་ འགན་ལེན་དང་།　བོད་སྐྱོངས་ས་གནས་དང་མེས་རྒྱལ་ས་ཁུལ་གཞན་དག་དབར་གྱི་འབྲེལ་བ་སྤྱར་ནས་ཐབ་ཏུ་བཏང་ཡོད།

Unit Two　Ming's Governance Over Xizang

The Ming dynasty's governance over Xizang, on the one hand, made full use of the Yuan dynasty's administrative foundation in Xizang by adopting the policy of "Exerting Autonomous Administration According to Its Old Customs". In this way, the government would appoint leaders of local monks and laymen to serve as officials in military institutions so as to order localities, which played the role of "Ruling by Decree". On the other hand, it adjusted the Yuan dynasty's policy toward Xizang by means of implementing measures such as "Massive Enfeoffment and Establishment", and "Controlling by Reward and Trade", which conferred on all powerful religious schools and local leaders, hence to ensure the stability of the political situation in Xizang, and further strengthened the relationship between Xizang and the other parts of the motherland.

第悉释迦坚赞护持夏鲁日布修行地文告

藏历水鼠年（1372）
纸、丝绸　　藏文

　　这是帕竹第悉释迦坚赞护持夏鲁寺所属之"日布"修行地的文告，大意是要求各色人等不得干扰该地的宗教活动，损害修行者的权益。

　　释迦坚赞是西藏帕竹地方政权第二任第悉（即"执政官"，也称为"第司"）。元至正二十五年（1365），释迦坚赞被元朝封为大司徒、昌国公、灌顶国师，并赐印信。明洪武五年（1372），释迦坚赞又被明太祖朱元璋再次封授上述名号并赐玉印。

　　文告中的"日布"地方位于夏鲁寺附近，藏传佛教夏鲁派创始人布顿仁钦珠在此修建了德钦颇章（即德钦宫），作为他率众闭关静修和举办法会之地。五世达赖喇嘛所著《西藏王臣记》记载，释迦坚赞曾从布顿仁钦珠在此听法，该令旨对"日布"修行地予以保护即侧面证实了这一记述。

　　文告末尾特别注明发布于萨迦大殿，可见此时萨迦地方政权已被帕竹地方政权推翻，其政教中心萨迦寺亦为帕竹第悉所占据。

洪武皇帝封授俄力思军民元帅府元帅圣旨（西藏自治区档案馆藏）

明洪武六年(1373)
纸、丝绸　　　汉文

　　"俄力思"为明代阿里地区的音译，元时译作"纳里速古鲁孙"（即"阿里三围"），开始在这一地区设置"纳里速古鲁孙元帅府"。明朝中央政府为加强阿里地区的防务，于洪武初年即在阿里一带设置军政机构，《明实录》记载，洪武六年（1373）二月即在阿里设置"元帅府一"。洪武八年（1375）更明确"诏置俄力思军民元帅府"，其辖境大致在今西藏阿里地区及拉达克一带。这件文档即是洪武六年明朝中央政府封授搠思公失监为怀远将军和俄力思军民元帅府元帅的诏书。这里的"搠思公失监"应即为第十二任帕竹万户长，也就是西藏帕木竹巴地方政权第二任第悉释迦坚赞。说明此时的阿里为帕竹地方政权的辖地，俄力思军民元帅府则隶属于帕竹地方政权控制之下的乌思藏都指挥使司。

　　该文档是西藏现存最早的明代诏书，也是现存唯一的有关明朝中央政府治理阿里地区的实物资料。

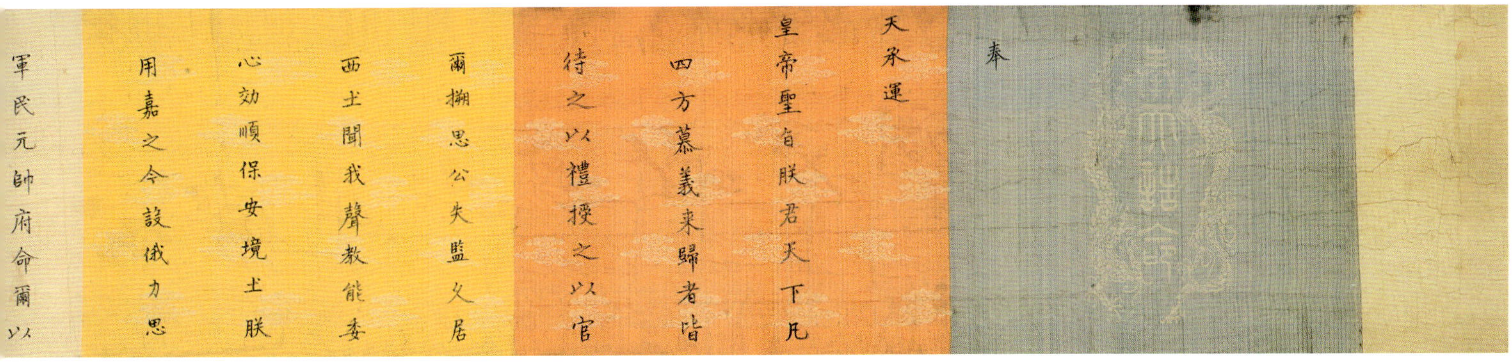

奉

天承運

皇帝聖旨朕君天下凡

四方慕義來歸者皆

待之以禮授之以官

爾撇思公失監久居

西土間我聲教能委

心効順保安境土朕

用嘉之令設俄力思

軍民元帥府命爾以

阐化王扎巴绛曲坚赞贝桑布颁发的护持文告

藏历土马阳年（1378）

纸、丝绸　　藏文

这是一件帕竹第悉扎巴绛曲坚赞贝桑布（1356—1386）颁发给班丹喇嘛堪钦曲吉仁波切的护持文告，大意是要求众人不得打扰他修法。

文告发布于今山南乃东，其时为帕竹地方政权所在地。扎巴绛曲坚赞贝桑布为帕竹地方政权第三任第悉，他于1371年开始担任帕竹噶举派主寺——丹萨梯寺法座，1374年兼任帕竹第悉。因其醉心于佛学，在其执政时期，勤于研习各派经典，维护寺院和僧众利益，并于1381年辞去第悉职务，专注于佛学研究。

洪武皇帝封授加麻万户长圣旨

明洪武十二年（1379）

纸、丝绸　　汉文

　　"加麻万户"即甲玛万户，是元朝中央政府设立的卫藏十三万户之一，其管辖范围大致在今拉萨墨竹工卡县一带，与嘉域万户共管5900户属民，各有其半。该万户治所在今墨竹工卡县甲玛乡赤康村，"赤康"在藏语中即"万户府"之意。明承元制，仍在此地设置万户府。此件圣旨即为洪武十二年（1379），封授元朝加麻万户府世袭万户长端竹监藏为明代首任加麻万户长、信武将军，并准予世代承袭的诏书。

洪武皇帝封授长河西土官百户长敕谕

明洪武十七年(1384)

纸、丝绸　　　汉文

　　这是一件明太祖朱元璋封授今康定一带藏族土司八刺鹊为"昭信校尉"和"管军百户"敕谕。明朝初年，太祖朱元璋在天下大定之后，通过军事征伐和持节招抚的办法加快了统一西南、西北少数民族地区的进程。在恩威并施之下，原属于元朝残留力量控制之下的西北和西南地区少数民族首领纷纷缴纳故元印信号纸，归顺新政。洪武十五年（1382），川西地区今大渡河以西直至康定一带少数民族大土司、故元右丞刺瓦蒙率先遣使归顺，被授予长河西鱼通宁远等处安抚司安抚使之职。随即，在其示范和感召之下，当地各部落首领纷纷归顺，先后被明朝中央政府授予千户、百户等官职。这件敕谕中封授的酋长"八刺鹊"即是此例，反映了明朝初年对我国西南少数民族地区的招抚和治理过程与特点。

普度明太祖长卷图

明永乐五年(1407)

纸、丝绸　　汉文、藏文等

　　永乐五年（1407），明成祖朱棣在南京灵谷寺为明太祖朱元璋夫妇设普度大斋，五世噶玛巴却贝桑波因其深厚的佛学造诣和崇高声望受到明成祖召请，负责主持此次法事活动。

　　此次荐福超度活动非常盛大并得以顺利举行，引起了朝野的轰动。永乐皇帝遂命宫廷画师对法事活动开展情形进行了描绘，以汉、藏、蒙等五种文字加以详细记注，并赏赐给却贝桑波。此后，该长卷被却贝桑波带回西藏而流传至今。

雪域长歌·西藏历史与文化

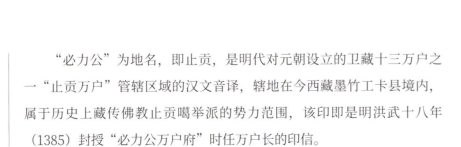

　　"必力公"为地名，即止贡，是明代对元朝设立的卫藏十三万户之一"止贡万户"管辖区域的汉文音译，辖地在今西藏墨竹工卡县境内，属于历史上藏传佛教止贡噶举派的势力范围，该印即是明洪武十八年（1385）封授"必力公万户府"时任万户长的印信。

　　明朝中央政府于洪武六年（1373）在乌思藏、朵甘地区正式设置"卫指挥使司"，归属西安行都指挥使司管辖，次年均升为行都指挥使司，分别设都指挥使二员，都指挥同知二员，都指挥佥事四员。其中"朵甘行都指挥使司"管辖范围大致包括今甘肃、青海和四川等涉藏地区及西藏昌都一带。明朝中央政府封授率先朝贡的当地首领剌兀监藏为朵甘都指挥使，他去世后，其子南葛监藏先后兼领朵甘卫都指挥使和赞善王职衔，这枚银印即是永乐五年（1407）封授南葛监藏为朵甘卫都指挥使之印。

第三部分 ｜ 第三单元 ｜ 明代治藏

永乐五年（1407），第五世噶玛巴却贝桑波受明成祖朱棣之请，先后前往南京灵谷寺和山西五台山为去世的明太祖夫妇及明成祖皇后举办荐福法事活动。此后他与永乐皇帝频繁交往，双方建立了亲密关系，彼此致书不断。这件颁五世噶玛巴的敕书即是其中之一，大意是说，由于永乐皇帝夜晚梦见释迦牟尼佛像及诸多祥瑞之兆，遂令人用黄金铸造佛像，并派遣宦官侯显送给噶玛巴。信中还提及和描述了郑和下西洋时，在属于古代南印度的斯里兰卡征服邪恶国王、礼请佛牙等情形，为考证和诠释郑和下西洋这一重大历史事件提供了极为重要的佐证。

这是一件明成祖朱棣命西藏地方首领挫失吉承袭其父职，为明威将军、乌思藏卫都指挥使司指挥佥事的诰书。

"乌思藏都指挥佥事"是明代设立的乌思藏卫都指挥使司属官，是仅次于乌思藏都指挥使和指挥同知，协助指挥使处理卫藏地区军政事务的重要官员。由于乌思藏指挥使职务实际上由帕竹势力长期掌控，因此，诰书中被封为佥事的冷真监藏与挫失吉父子应为帕竹地方政权属官，具有家臣和下属的双重身份。

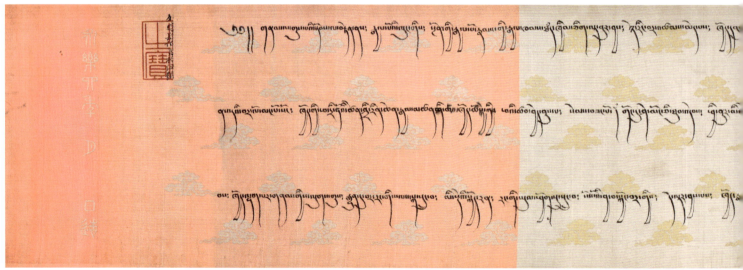

阐教王印

明永乐十一年(1413)
银镀金　　汉文

　　"阐教王"是明中央封授止贡噶举派首领的封号，为明代西藏地方"五大教王"之一，其势力范围主要在今拉萨东北的墨竹工卡县境内。由于止贡地处乌思藏农牧区交界的交通要冲，元、明时期均在这一地区设立有万户。至明初，止贡噶举派仍为乌思藏重要的地方势力之一，因此明朝中央政府于永乐十一年（1413），封授止贡梯寺（止贡噶举派主寺）第十二任法座领真巴儿监藏为首任"阐教王"并颁赐诰、印。该印即为当时颁赐之印。

灌顶净慈通慧国师印

明永乐九年(1411)
银镀金　　汉文

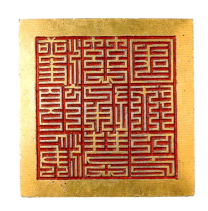

《明实录》永乐十一年（1413）二月乙未条记载:"命簇尔卜掌寺端竹斡薛儿巴里藏卜为灌顶净慈通慧国师，赐诰、印及彩币表里"，这里的"簇尔卜"即噶玛噶举派主寺楚布寺，"端竹斡薛儿巴里藏卜"即顿珠维色，这枚印信即是当时颁赐之印。

顿珠维色是西藏著名的天文学家，他曾在1425年编制了著名的《楚布历书》，并于1477年丰富和完善了噶玛巴·让炯多吉的《星算广集》一书，进一步推进了藏历的发展。史料记载，永乐六年（1408），受大宝法王却贝桑波的举荐，顿珠维色被明成祖封授为国师，永乐十一年又被"升号"为"灌顶净慈通慧国师"。此印铸造时间为永乐九年，可见铸造在前，两年之后才有此授。

永乐皇帝封授喃渴烈思巴为辅教王诰书

明永乐十一年(1413)

纸、丝绸　　汉、藏文

　　"辅教王"是明朝中央政府封授萨迦派领袖的封号，为明初西藏地方"五大教王"之一。鉴于萨迦派在元朝时期的巨大影响力，明太祖早在明朝建国之初就封授元代末任帝师喃迦巴藏卜为炽盛佛宝国师，以示安抚。永乐十一年（1413），明成祖在册封萨迦派另一支系首领昆泽思巴为大乘法王的同时，封授炽盛佛宝国师喃迦巴藏卜之子喃渴烈思巴为辅教王，派遣中官杨三保、侯显等进藏赐金印，使其成为偏居一隅的萨迦派残余势力的合法首领，是为辅教王名号之始。这道圣旨即是当时册封他的诰敕。

司徒之印

明永乐十一年(1413)

银　　汉文

　　西藏的"司徒"职衔始自元末，元顺帝于1358年封授帕竹地方政权第一任第悉绛曲坚赞为大司徒。明朝建国之初，有多位元朝封授西藏地方的司徒或亲自觐见或遣使来朝请求缴换印信，以获得新的封授。据记载，仅在永乐十一年（1413），明成祖就封授锁巴头目、掌巴头目札巴八儿、土官锁南巴、仰思都巴头目公葛巴等多位西藏地方头领为司徒并颁赐银印及诰命。这枚司徒之印即是此次封授之印，但具体持有人待考。据《噶厦印谱》记载，清初该印曾被西藏甘丹颇章地方政权第五任第巴桑结嘉措使用。

多笼僧纲司印

明永乐十二年（1414）
铜　　汉文

　　自洪武十五年（1382）始，明朝中央政府在全国各地设置了"僧录司""僧纲司"等四级宗教管理机构，推行僧纲制度，在西藏地方的萨迦寺等一些较大寺院也设置了僧纲司，管理本寺事务。这枚"多笼僧纲司印"中的"多笼"应为地名，似在今拉萨市堆龙德庆区一带。

永乐皇帝颁高日斡锁南观敕谕

明永乐十三年(1415)

纸、丝绸　　　　汉、藏文

　　"高日斡"是藏传佛教僧人学识等级的一种称谓，敕谕中的锁南观即具有此身份，但其生平事迹待考。据《明实录》记载，早在永乐八年明中央就开始了对"高日斡"这一级别藏传佛教僧人的封授，"命蕃僧班丹藏卜为净觉弘济国师，高日斡为广慧普应国师……，各给诰印"。此后的永乐十三年，又封一名"高日斡"喇嘛为"慧善禅师"；永乐十八年，又护持一名"高日斡"喇嘛；正统元年，再封一名"高日斡"喇嘛为"弘慈广善国师"。以上4次记载封授的名号均不相同，包括喇嘛、禅师和两个国师称号。

　　按照明代对藏传佛教僧人位秩由低到高的排序，即喇嘛、禅师、国师、大国师、灌顶大国师、西天佛子、法王，该敕谕中的"高日斡"喇嘛锁南观被封为"禅师"名号，其位秩较低。但显然是因为他忠顺朝廷并在当地具有一定影响力，才有此封授,是明朝中央政府对西藏地方施行"多封众建"和"高封厚赏"政策的体现。

奉

天承運

皇帝勅曰朕惟佛氏之教以寂

靜為宗以慈悲為用上足

以陰翊皇度下足以開導

羣迷自昔有國者莫不崇

獎維持興隆其教爾高日

斡鎮南觀精明了悟願力

弘深恪守毘尼心存清浄

化誘善類普勸有情眷兹

永乐皇帝封喃葛加儿卜为领思奔寨行都指挥佥事诰书

明永乐十四年(1416)

纸、丝绸　　　汉、藏文

　　"领思奔寨"是明代对今仁布县的音译，因仁蚌家族而得名。领思奔寨行都指挥使司是乌思藏行都指挥使司的下级机构。据《明实录》记载，永乐十四年（1416）五月，"设西番领思奔寨行都指挥使司，以头目喃葛加儿卜为行都指挥佥事。遣使诰命"。封诰中提到的"喃葛加儿卜"今译南喀杰布，是明朝中央政府册封的首任领思奔寨行都指挥佥事。

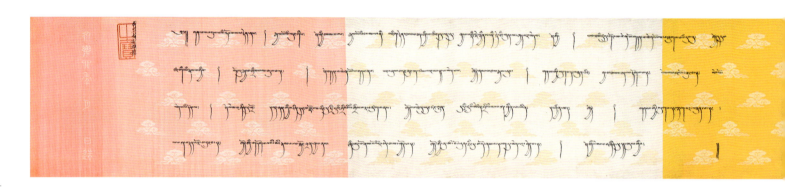

宣德皇帝封领占巴为乌思藏都指挥佥事诰书

明宣德元年(1426)

纸、丝绸　　　汉、藏文

　　史料记载，宣德元年（1426）十月，升乌思藏扎葛尔卜寨官领占巴为指挥佥事，并赐银印、诰命。这道诏敕中的"扎葛尔卜寨"即"扎噶宗"，统辖范围在今拉萨市达孜县东北一带。"领占巴"即仁钦贝，是阐化王扎巴坚赞执政时期帕竹地方政权的勋贵。其父亲仲钦·协饶扎西为大司徒绛曲坚赞近侍，因功被绛曲坚赞封赏扎噶庄园，即诰书中所说的扎噶尔卜寨，命其世代掌管，是为明代的首任扎噶尔卜寨官，即"宗本"（相当于县长）。

　　这件敕谕中封授的仁钦贝即为协饶扎西之子，他在扎巴坚赞担任阐化王时期继承了其父的扎噶尔卜寨官职务，并被明朝中央政府册封为"乌思藏都指挥佥事"。

奉
　敕
皇考太祖高皇帝臨御之
時爾烏思藏怙遵王
化歸向朝廷暨朕即
位以來虔修職貢回
有不恭爾喃葛加兒
卜克敬承於
天道克識達於事幾輪賜
誠烟克劬勞勤朕深
嘉獎令特設領思奉
寨行都指揮使司以
爾為昭勇將軍都指
揮僉事爾尚益順
天心永堅臣節撫安爾眾
各遂其生俾爾子孫
世享無窮之福欽哉

奉
天承運
皇帝制曰帝王致治天下為家故
一視同仁無間遠邇爾公
哥兒泰官兒外徂世辰西
陲恪遵王化既克敬承於
天道允能識達於事機循職奉
貢益久益虔益茲誠悃良
足徂嘉令特命爾為昭勇
將軍烏思藏都指揮僉事
爾尚益順
天心永堅臣節撫安爾眾各遂
其生俾爾子孫世享無窮
之福欽哉
　　　月初二日

宣德皇帝封公哥儿忍昝巴为乌思藏都指挥佥事诰书

明宣德元年（1426）

纸、丝绸　　　汉、藏文

　　忍昝巴为明代西藏帕竹地方政权官员，任贡嘎宗"寨官"，即宗本。宣德皇帝继位后根据帕竹地方政权的举荐，任命了一批乌思藏"寨官"为"都指挥佥事"，并准其世袭继承，忍昝巴也是其中之一。相关史料记载，忍昝巴之父朵尔只扎什在元末时曾为帝师贡使，被元帝室授以都元帅之职。这件敕谕是宣德元年（1426）封授"忍昝巴"为"昭勇将军"和"乌思藏都指挥佥事"职衔的诰书。

宣德皇帝封那儿卜藏卜为领思奔寨行都指挥使司佥事诰书

明宣德元年（1426）

纸、丝绸　　　汉、藏文

　　诏书中提到的"那儿卜藏卜"今译诺布桑布，是明朝中央政府册封的首任领思奔寨行都指挥佥事喃葛加儿卜之子，此诰书即是宣德元年（1426）封授他承袭其父领思奔寨行都指挥使司佥事的诰书。他承袭父职后，进一步壮大了家族势力，架空了阐化王和帕竹地方政权。

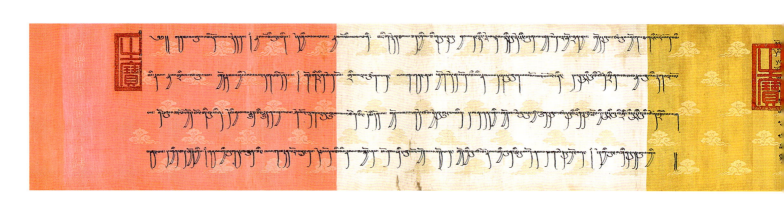

妙缘清净印（赐也失藏卜）

明永乐十四年(1416)

象牙　　汉文

　　明朝中央政府除册封藏传佛教上层僧侣"法王""教王""国师""禅师"等常见名号并授予相应的印信外，也颁赐一些具有佛教意涵的"图记"类印信。这类印信质地多为象牙，形制基本一致且印文为明代常见的叠篆文，但此类印章的印文并不是封号或职位，与常见的官职印、封号印不同。

　　这里的妙缘清净印和圆修般若印分别是永乐十四年（1416）和宣德二年（1427）赐给藏传佛教僧人"也失藏卜"和"剌麻桑哩结藏卜"的印信，相关人物及其历史背景待考。

圆修般若印（赐剌麻桑哩结藏卜）

明宣德二年（1427）
象牙　　　汉文

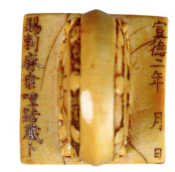

都纲之印（一）

明代

木、铁　　汉文

"都纲"是明代"僧纲司"的主管官员，是明朝僧官系统中最低的职位。据相关史料记载，至少在永乐、正统、景泰、天顺、成化、弘治、嘉靖等朝均封授过乌思藏僧人为都纲。这两枚"都纲之印"即是这一制度在西藏实施的明证。

都纲之印（二）

明景泰四年（1453）
铜　　　汉文

灌顶广善慈济国师印

明景泰七年（1456）
银镀金　　汉文

根据印章背款可知，该印于景泰七年（1456）六月铸造。《明代宗实录》载："命藏番葛藏为灌顶广善慈济国师，赐印及诰命"，因此该印当系明代宗朱祁钰（1428—1457）封授给藏僧葛藏的封号和印信。

葛藏，初被封为净修禅师，景泰三年（1452）因奉旨入藏有功，明代宗朱祁钰降旨由禅师升号为广善慈济国师，赐银印。景泰七年（1456）"命番僧葛藏为灌顶广善慈济国师，烈藏为静觉持正国师……各赐印及诰命。俱从礼部尚书胡濙奏请也。"

戒定善悟灌顶国师印

明成化二十一年（1485）
银镀金　　　汉文

　　灌顶国师是元明两朝封赐给佛教僧人的尊号。在元代和明初，通常均为"灌顶国师"四字，不附加其他名号。但是大致从永乐朝开始，经常要附加授予的具体法号，如"灌顶广善慈济大国师"或"弘慈妙觉灌顶大国师"，其地位也要高于普通灌顶国师。

　　该印原藏于萨迦寺，因此当为封授萨迦派僧人之印。根据款识可知，其铸制时间为成化二十一年（1485）九月。《明实录》载："成化二十二年六月丙申，赐戒定善悟灌顶大国师扎失班著尔等九人诰命"，因此该印当系成化皇帝封授萨迦派僧人扎失班著尔的印信，其于成化二十一年封为灌顶国师，次年即升号为灌顶大国师。

弘治皇帝命锁南坚参巴藏卜承袭国师诰书

明弘治九年（1496）

纸、丝绸　　　　汉、藏文

　　此为弘治皇帝命藏僧锁南坚参巴藏卜承袭其叔父完卜迭列葛剌失坚灿巴藏卜之净修圆妙国师名号的圣旨。

　　史料记载，锁南坚参巴藏卜在此次封授之后不久又再度升号为"灌顶大国师"，并于明武宗正德十年（1515）作为八世噶玛巴贡使赴京朝贡，随即再次升号为"佛子"。在其返藏时，正德皇帝派遣司礼太监刘允等人与其随行，一道前往西藏迎请八世噶玛巴进京。在刘允进藏时携带的正德皇帝颁八世噶玛巴敕谕中，明确指出锁南坚参巴藏卜是噶玛巴的"高弟"，可见锁南坚参巴藏卜及其叔父完卜迭列葛剌失坚灿巴藏卜均为噶玛噶举派黑帽系的高僧。

奉
天华運
皇帝制曰朕惟佛氏之道清
净慈悲上以陰翊皇度
下以化導羣品有能奉
其教者朝廷必獎榮之
爾鎖南堅粲巴藏卜乃
爭脩圓妙國師完卜迷
列葛利失堅粲巳歲下

嘉靖皇帝命劄思巴劄失坚参承袭阐化王敕谕

明嘉靖四十一年（1562）

纸、丝绸　　　汉、藏文

管事特命　有疾不能　父既年老　良足嘉尚尓　化誘善類　恪守毘尼　鳳承梵教　巴藏卜之男　劄巴堅參　汪束劄失　闡化王阿吉　頂大國師　怕木竹巴灌　乃烏思藏　劄失堅參　之尔劄思巴　廷必褒嘉　其教者朝　徒有觥承　悟羣迷其

灌顶国师阐化王印

明嘉靖四十二年（1563）

象牙　　　汉文

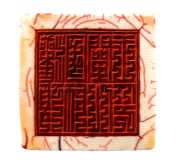

　　"阐化王"是明中央封授西藏帕竹地方政权首领"帕木竹巴"的封号，位居明代西藏地方"五大教王"之首。"帕木竹巴"本是元代在卫藏地区设立"帕竹万户"的万户长，元末，该万户取代萨迦地方政权的统治地位，建立了帕竹地方政权，首领遂称为"第悉"（执政官）。永乐四年（1406），明朝中央政府封第五任第悉扎巴坚赞为"灌顶国师阐化王"，赐螭钮玉印。此后，该封号为历任第悉所承袭。

　　圣旨中的阿吉汪束劄失劄巴坚参巴藏卜即阿旺扎西扎巴，为西藏帕竹地方政权第九任第悉。劄思巴劄失坚参即夏仲阿旺扎巴，为第十任第悉。史料记载，阿旺扎西扎巴12岁时登上第悉之位，1512年受封为阐化王。但由于处理家庭内部矛盾不当，被迫让位于其子夏仲阿旺扎巴，其阐化王之位亦由夏仲阿旺扎巴承袭，这件明嘉靖四十一年发布的圣旨即反映了这一历史。不过封诰中将封授阿旺扎巴为阐化王的原因解释为其父"年老有疾，不能管事"，显然是帕竹政权内部向明中央隐瞒了事实真相。

　　不过时隔不到一年，阿旺扎西扎巴又再次复任第悉，并于次年遣使请封，明朝中央政府遂"循故事，遣番僧二十二人为正副使"往封，这枚阐化王象牙印即是当时明朝中央政府再次册封他时所赐之印。

果累千户所印 / 大觉禅师图记

明万历七年（1579）
象牙　　汉文

　　大觉禅师是明神宗赐给帕木竹巴阐化王之子扎释藏卜的封号。明万历六年（1578），三世达赖喇嘛索南嘉措在青海与顺义王俺答汗会晤期间，其弟子帕竹噶举派阐化王之子扎释藏卜派人前来求见，请其托俺答汗向朝廷代贡方物，并请求敕封。明朝中央政府遂应三世达赖喇嘛和俺答汗之请，于万历七年（1579）封授扎释藏卜"大觉禅师"名号和"果累千户"职衔。该印即为当时所赐，印文为"果累千户所印"，背款刻"钦赐大觉禅师图记"，可见受封者兼具宗教人物和行政官员双重身份，在一定程度上反映了以阐化王为代表的帕木竹巴地方势力虽然已经名存实亡，但仍然希望借助明朝中央政府的封授巩固其既有地位的目的。

乌思藏宣慰司分司印

明代　铜　　汉文

　　元朝建元伊始，便在涉藏地区设置了"乌思藏纳里速古鲁孙等三路宣慰司""吐蕃等路宣慰司""吐蕃等处宣慰司"机构，直辖于宣政院。明沿用元朝旧制，在洪武六年（1373）二月，设置隶属于乌思藏行都指挥使司之下的乌思藏宣慰司，《明实录》中常将其机构简作"分司"，辖地大致在帕竹地方政权有效控制的拉萨、山南一带，这枚铜印即为明朝中央政府颁赐给乌思藏宣慰司之印。

乌思藏俺不罗卫行都指挥使司印

明代　铜、铁　　汉文

"俺不罗"即明代对"羊卓"地方的称谓，在今西藏浪卡子县一带，元时为十三万户之"卓巴"万户辖地。明初在该地设立乌思藏俺不罗卫，洪武十八年（1385）升行都指挥使司，隶属于乌思藏行都指挥使司治下，命原任卫指挥使古鲁坚赞为指挥佥事，并依照明朝地方土官制度，由其家族世袭担任。此印似为明朝中央政府当时颁授之印。

如来大宝法王之印

明代 玉 汉文

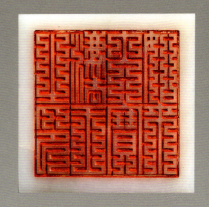

　　在明朝中央政府"多封众建"治藏政策实施过程中，明初"三大法王"的封授最具代表性。其中，由于噶玛噶举派在西藏地方的重大影响以及第五世噶玛巴却贝桑波在南京灵谷寺为明太祖夫妇成功主持了荐福超度活动，得到了明成祖的赏识，于永乐五年（1407）被封授为"三大法王"中受封最早、礼遇最隆、地位最高的"大宝法王"，并颁授了这方玉印，"大宝法王"从此成为历辈噶玛巴的名号世代传承。

正觉大乘法王之印

明代 玉 汉文

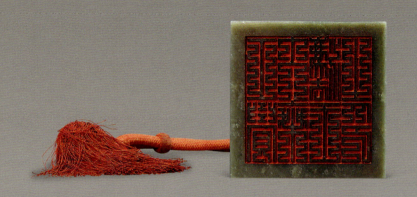

　　"大乘法王"昆泽思巴，又名贡噶·扎西坚赞贝桑布，是明成祖继第五世噶玛巴却贝桑波之后，召请到内地的又一位藏传佛教高僧。永乐十一年（1413），时任萨迦派首领的贡噶扎西应诏前往南京觐见永乐皇帝，被封授为明初西藏"三大法王"之一的"大乘法王"，并赐给诏书和金印。该印为玉质，显然并非此次封授之印，但"大乘法王"封号此后为历辈萨迦派首领所世代承袭。

刺绣大慈法王像唐卡

明宣德 丝绸

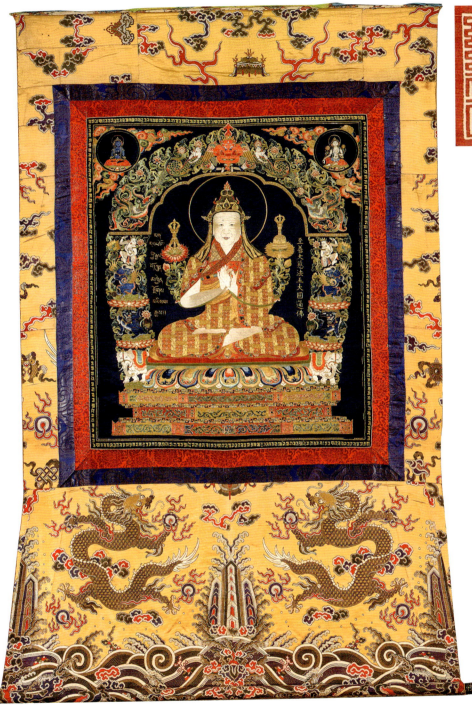

印文:至善大慈法王之印

永乐十二年（1414），藏传佛教格鲁派创始人宗喀巴弟子释迦也失应永乐皇帝召请前往南京觐见，被封授为"西天佛子大国师"。1429年，释迦也失再次应召前往北京觐见，并于1434年被宣德皇帝封为"三大法王"之一的"大慈法王"。次年，释迦也失在返回西藏途经青海时圆寂。这件刺绣唐卡即释迦也失被封授为"大慈法王"之后，宣德皇帝命宫廷制作并赏赐给他的刺绣肖像。

大慈法王之印今已不存，但其印文见于罗布林卡管理处藏"大慈法王缂丝唐卡"。

大阐佛宗印

明代　玉　汉文

　　在西藏自治区档案馆收藏的一件明隆庆二年（1568）帕竹地方政权第九任第悉阐化王阿吉汪束劄失劄巴坚参巴藏卜（即阿旺扎西扎巴）发布的税收文告中，钤盖有这枚"大阐佛宗"印记，由此似可推定这枚印章亦为明朝中央政府颁赐阐化王之印。但鉴于印文中不具"阐化王"名号，故该印并非阐化王的正式封印。

灌顶国师之印

明代 玉 汉文

灌顶国师之印

明代　象牙　汉文

净修通悟国师印

明代　铜、铁　　汉文

　　据《达隆教法史》记载，达隆寺第九任法座扎西贝孜在追述皇帝赐封的印章时说："我有灌顶国师的封号，也得到银印、诰命，封赏'静修通悟国师'名号，意为遍知一切的大禅师，也是帝师"。因此这枚印章似为明朝中央封赐给达隆寺第九任法座扎西贝孜之印。

弘善禅师图书

明代　银　　汉文

该印原藏西藏自治区山南市扎囊县敏珠林寺。敏珠林寺始建于公元10世纪，为藏传佛教宁玛派在前藏地区的主要寺庙之一，因此该印应为明朝中央政府封授当时住持敏珠林寺的宁玛派僧人之印。

赏巴国公之印

明代　银　　汉文

　　历史上，元明两朝均曾封授过西藏政教人物为"国公"。这是一枚永乐十二年（1414）正月铸造的印章。"赏巴"为西藏古地名，在今日喀则市南木林县一带，是元末萨迦地方政权与帕竹地方政权斗争失败后退居之地，这枚印章即是永乐皇帝封授退居赏巴地方的萨迦势力首领之印。

《十五法典》《十六法典》合集

分别成书于14世纪、17世纪　纸　　　藏文

　　《十五法典》，是元朝封授的第八任帕竹万户长、大司徒绛曲坚赞建立帕木竹巴地方政权后，在结合吐蕃时期及萨迦地方政权时期施行的西藏地方法律基础上，根据当时西藏地方社会的实际情况制定的律法。其对统治阶级的压迫、剥削作了一定程度的抑制，对吏治作了比较系统的规定。该法典的制定与实施，对巩固新兴的帕木竹巴地方政权与促进当时社会稳定和生产发展起到了一定的推动作用。

　　《十六法典》，是明末第悉藏巴政权的末任第悉、藏巴汗噶玛丹迥旺布统治西藏时期，在《十五法典》基础上进行增删而制定的，对所有条目的阐释更加翔实、完整、具体，所依据的资料更加丰富、可靠，是一部包含政治、经济、军事、婚姻家庭与财产继承等方面的诸法合体的综合性法典。

《十五法典》（部分内容）

成书于14世纪　纸　　　藏文

第三单元 贡市羁縻

元明时期,中央政府大力推行"薄来厚往""茶马互市"等政策,西藏地方入京朝贡现象蔚然成风,朝贡团队不绝于途,茶马贸易持续发展,交往交流更趋频繁。不仅加强了中央政府对西藏地方的有效管辖,而且密切了西藏与祖国其他地区之间的人员往来与经济联系,深化了各民族间的文化融合与认同,推动了西藏社会的发展进步。

ས་བཅད་གསུམ་པ། རྟེན་འབུལ་ཚོང་འབྲེལ་འཛིན་སྐྱོང་།

ཡོན་མིང་རྒྱལ་རབས་སྐབས་སུ། ཀྲུང་དབྱང་སྲིད་གཞུང་གིས་"ཞུན་ཤེན་མང་གཏོང་""དང་"ཇ་རྟའི་ཚོམ་ར་"སོགས་ཀྱི་སྲིད་དུས་ཁྱབ་གདལ་ལུགས་ཆེ་བཏང་བར་བརྟེན། བོད་ལྗོངས་ས་གནས་ཀྱི་རྒྱལ་སར་རྟེན་འབུལ་ལ་བཏང་ཞ་བའི་སྣང་ཚུལ་དེ་དར་སྲོལ་དུ་གྱུར་བ་དང་། རྟེན་འབུལ་ཚོགས་པ་རྒྱུན་མི་ཆད་ཅིང་ཇ་རྟའི་ཚོ་འཚོང་ཡང་རྒྱུན་མ་སྱུད་གོང་འཕེལ་བྱུང་བ་མ་ཟད། བར་ཆུན་འགྲོ་འོང་དང་སྐྱེ་རིས་ཀྱང་སྔར་བས་རྗེ་མང་དུ་སོང་ཡོད། དེས་ཀྱང་དབྱང་སྲིད་གཞུང་གིས་བོད་ལྗོངས་ས་གནས་ལ་བདག་སྐྱོང་ཞུས་ལྔན་བྱེད་ཕུགས་ཆེ་རུ་སོང་བ་མ་ཟད། བོད་ལྗོངས་དང་མེས་རྒྱལ་གྱི་ས་ཁྱུལ་གཞན་དག་དབར་མི་སྣ་འགྲོ་འོང་དང་དཔལ་འབྱོར་འབྲེལ་བ་ཟབ་ཏུ་སོང་ཁར། མི་རིགས་ཁག་དབར་རིག་གནས་མཐུན་འཛེར་དང་ངོས་བ་ཟེད་ཕུགས་ཆེ་རུ་སོང་བས། བོད་ལྗོངས་སྤྱི་ཚོགས་ཡར་རྒྱས་གོང་འཕེལ་འགྲུ་སྐུལ་ཐུབ་ཡོད།

Unit Three   Policy of Tributary and Trade

In the time of Yuan and Ming, under the policies of "giving more than receiving" and "tea-horse trade", which were vigorously promoted by Central Governments, paying tribute to the emperors in Beijing became a common phenomenon in Xizang. Tribute teams were constantly on the road; the tea-horse trade continued to develop; and exchanges became more frequent. Such policies not only reinforced the Central Government's strong administration over Xizang but also strengthened the personnel exchanges and economic ties between Xizang and other parts of the motherland, and also deepened the cultural integration and identity among all ethnic groups, and the development of Xizang society was promoted.

莲花纹双龙耳活环青白玉扁壶

元代

釉里红缠枝牡丹纹执壶

明洪武

"八大佛塔"之涅槃塔、聚莲塔、和解塔、神变塔

明永乐 铜镀金

涅槃塔

聚莲塔

和解塔

神变塔

　　据佛教经典记载，佛祖释迦牟尼圆寂后，人们为纪念他一生中的8件大事修建了8座佛塔，其中包括"涅槃塔""聚莲塔""和解塔""神变塔"。

　　这四件镀金铜佛塔均在塔刹部位铭"大明永乐年施"字样，显然为明朝中央政府颁赐西藏地方政教上层的宗教器物。

铜质供灯

明永乐

佛教徒认为，"灯"代表智慧，供灯则代表点开智慧，信徒一般会将其供奉于佛像前。据款识可知，这件供灯为明代宫廷铸造，应为明朝中央政府赏赐西藏地方宗教上层之物。

合金铜九股金刚铃、杵

明永乐

金刚铃与金刚杵是藏传佛教密宗最常用的法器。藏传佛教认为，金刚杵象征催灭烦恼之菩提心，金刚铃则代表佛之智慧，两者结合象征智慧与慈悲。

这套金刚铃、杵制作工艺精湛，铃内壁篆刻有"大明永乐年施"款，为明永乐年间宫廷铸造并赏赐西藏地方上层僧侣的法器。

青花鱼藻纹大碗

明宣德

象耳铜香炉

明宣德

铜钹

明宣德

　　钹既是宗教法器，又是乐器，多与鼓、铃等乐器配合使用，西藏地方多作为宗教法器使用。

　　明宣德年间，我国的青铜合金技术达到顶峰，生产的各类铜器至为精美，宫廷大量制造铜质宗教法器赏赐给西藏地方上层僧侣和寺院，其中宣德五年施造的铜钹在西藏各大寺院中收藏极为普遍，是这一时期中央政府有效治理西藏，以及民族文化广泛深入交流的重要历史见证。

矾红描金兰花纹葵口碗

明成化

青花釉里红七珍宝纹碗
明成化

御制墨

明天启

镶银翅法螺

明崇祯十三年（1640）

这件银翅法螺头部镶有铜嘴，铸有"发祥虎啸"篆字。尾部镶有银翅，外铸有云纹和海涛纹，纹饰上嵌以八卦符号，银翅刻有"崇祯拾叁年岁次庚辰闰正月廿五日中一山人敬造"款识。

西藏博物馆收藏有另一件镶银翅法螺，与此件为一对，铭刻有"嘉庆龙吟"及大意为"巴塘法王之子噶玛格列绕丹敬献"字样的藏文款识。

双龙捧寿纹青白玉托盘

明代

景泰蓝莲纹僧帽壶及壶套

明代

雪域长歌·西藏历史与文化

第四单元 教派并存

　　元明时期, 藏传佛教在西藏地方得到进一步发展, 萨迦派、帕竹噶举派先后主政西藏地方, 格鲁派得以创立并日益崛起, 寺院经济形态初具规模。藏传佛教总体上呈现出众派并存、实力均衡的态势, 并直接影响到西藏地方的政治格局和社会生活。

ས་བཅད་བཞི་པ། གྲུབ་མཐའ་མཉམ་གནས།

ཡོན་མིང་རྒྱལ་རབས་སྐབས་སུ། བོད་ལྗོངས་ས་གནས་ཁག་ཏུ་བོད་བརྒྱུད་ནང་བསྟན་ཕྱིར་བས་གོང་འཕེལ་བྱུང་ཞིང་། ས་སྐྱ་པ་དང་ཕག་གྲུ་བཀའ་བརྒྱུད་ཀྱིས་སྟ་རེས་སུ་བོད་ལྗོངས་ས་གནས་ཀྱི་སྲིད་དབང་བ་བཟུང་བ་དང་། དགེ་ལུགས་པའི་གྲུབ་མཐའ་བཏོད་པས་མ་ཚད། ཉེན་རེ་བཞིན་དར་རྒྱས་སོང་བ་དང་དགོན་སྡེའི་དཔལ་འབྱོར་གྱི་རྣམ་པའི་གཞི་རྒྱ་རགས་ཙམ་ཆགས་ཡོད། སྣབས་དེར་བོད་བརྒྱུད་ནང་བསྟན་སྤྱིའི་ཆར་གྲུབ་མཐའ་མཉམ་གནས་དང་སྟོབས་ཤུགས་དོ་མཉམ་ཡིན་པའི་འཕེལ་རྣམ་མངོན་པ་མ་ཟད། བོད་ལྗོངས་ས་གནས་ཀྱི་ཆབ་སྲིད་གནས་བབ་དང་སྤྱི་ཚོགས་ཀྱི་འཚོ་བར་ཐད་ཀར་ཤུགས་རྐྱེན་ཐེབས།

Unit Four   Co-existance of Multiple Sects

In the Yuan and Ming dynasties, Tibetan Buddhism further developed in Xizang. The sects of Sakya and Phagdru Kagyu governed Xizang successively and the Sect of Geluk was then founded and grew day by day with its monastery economy coming into shape. The general situation of co-existence of multiple sects with balanced strength directly influenced the political pattern and social life of Xizang.

元成宗完者笃颁搽里巴地方圣旨

元大德五年(1301)

纸、丝绸　　　八思巴蒙古新字

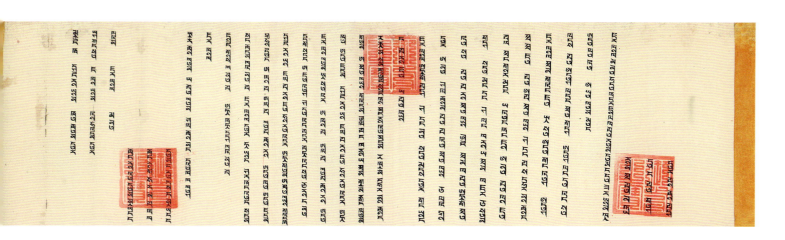

　　这是元成宗完者笃皇帝颁给搽里巴万户公结地方僧人桑珠僧格的圣旨，大意是重申忽必烈以来历代元朝皇帝保护宗教、免除寺庙和僧人差役的政策，不准任何私人侵夺该地方寺庙财产。是现存不多见的元朝中央政府颁赐萨迦派之外其他政教势力的圣旨。

　　搽里巴万户即蔡巴万户（蔡巴田地里管民万户），是元代设立的卫藏十三万户之一，势力范围在今拉萨东南一带，拥有3702个霍尔都（民户"米德"），治所即今拉萨东郊的蔡公堂乡。由于当时搽里巴万户实力雄厚，已发展成为前藏一带实力最强大的三个万户之一，因而元朝中央政府颁发圣旨对其权益予以保护。

《大般若波罗蜜多经卷》

元宪宗蒙哥汗时期
纸　　　汉文

此为《大般若波罗蜜多经卷》第二百八十四卷，根据卷末题记可知，该经卷为居住在"燕京"卢龙坊的张从禄及其妻女于蒙哥汗在位的丙辰年（1256）六月初一，为蒙哥汗及后妃、太子和诸王祷祝福寿而施财印造。

萨迦寺原藏此类经卷计555卷之多，该卷即为其中之一。"燕京"即今之北京。此经卷疑为元代皇帝赏赐萨迦派上层僧侣之物。

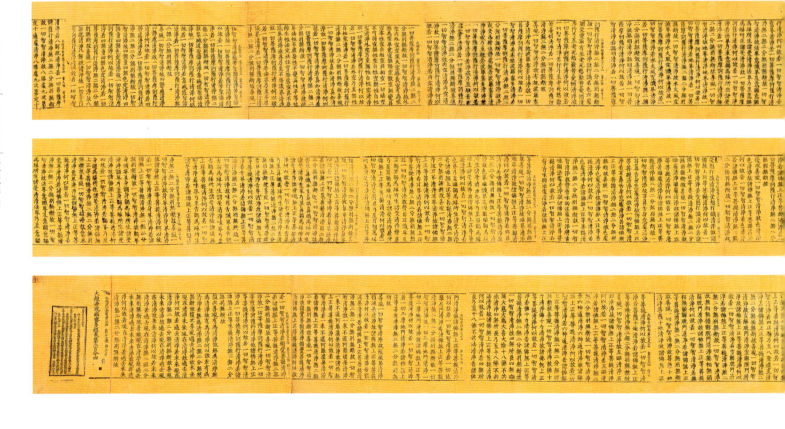

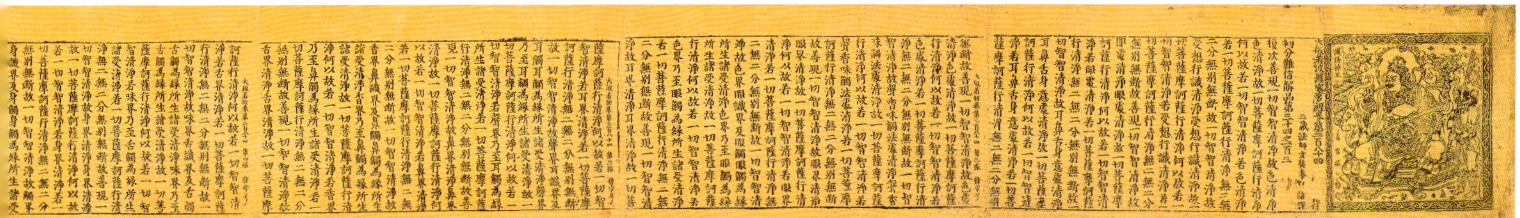

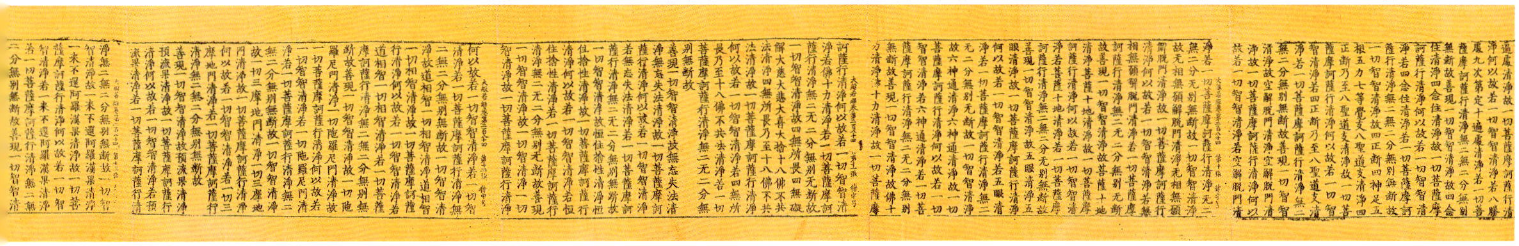

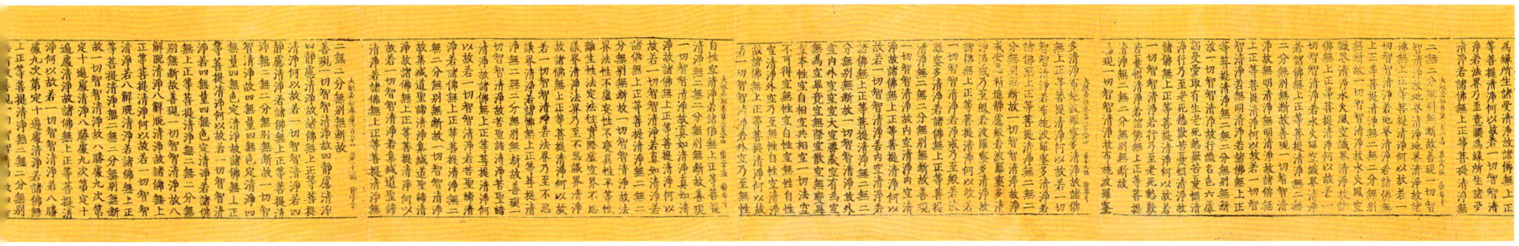

元顺帝妥欢帖木尔颁布顿仁钦珠圣旨

元至正三年(1343)

纸、丝绸　　藏文

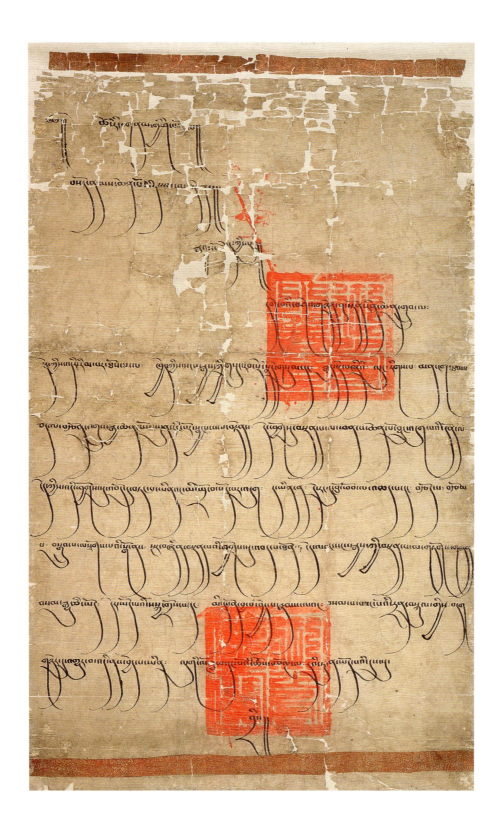

　　布顿仁钦珠是西藏历史上著名的佛学大师，曾受夏鲁万户长古香·扎巴坚赞邀请住持夏鲁寺，从而成为藏传佛教夏鲁派创始人。在他住持夏鲁寺期间，元顺帝先后于至正三年（1343）和至正十七年（1357）两度派遣金字使者颁授圣旨，邀请其前往大都并给予大量赏赐。此即为至正三年元顺帝颁给布顿仁钦珠的圣旨，大意为：听闻大师精通佛法，本意邀请大师前往大都传法，但鉴于大师忙于佛事，暂且搁置，望在原地继续细心传法，教化藏地众生。

元顺帝妥欢帖木尔颁噶玛巴乳必多吉圣旨

元至正二十四年(1364)

纸、丝绸　　藏文

　　这是一件元顺帝妥欢帖木尔颁给噶玛噶举派第四世活佛乳必多吉的圣旨。大意是说：遵照成吉思汗以来历朝皇帝的圣旨，僧人们无需承担任何赋税，都松钦巴、噶玛拔希都曾被封授为灌顶国师，获赐水晶玉印，因此他们的寺庙（即楚布寺）依例不承担差役赋税，任何人不得侵犯他的寺庙及其属民的财产。

　　第四世噶玛巴乳必多吉曾于至正二十年（1360）至大都为元顺帝父子传法，并于至正二十四年（1364）返藏。该圣旨应为乳必多吉返藏时元顺帝所赐。

元顺帝妥欢帖木尔颁夏鲁寺圣旨

元代　纸、丝绸
八思巴蒙古新字

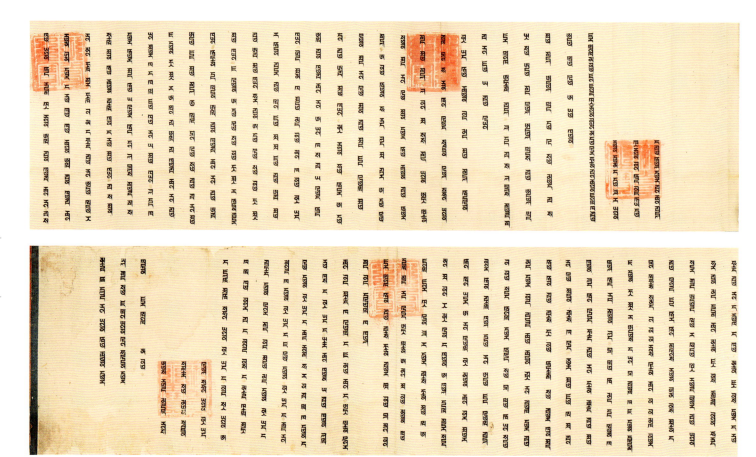

　　此为元顺帝妥欢帖木尔颁发给夏鲁寺以护持其各项权益的圣旨，反映了元朝中央政府对夏鲁地方势力的重视和"独尊一派"政策在西藏的有效推行(掌控夏鲁地方的古香家族与萨迦昆氏家族世代姻亲、关系紧密，具有萨迦地方势力附庸性质)。在西藏现存的元代圣旨中，妥欢帖木尔颁发的圣旨占有较大比重，大多为萨迦地方政权时期对夏鲁万户地方的保护和优待。

　　此书也译作《量释论》《量评释》，又称《广释量论本颂》，是公元7世纪古印度因明学史上的重要著作，作者是古印度因明学大师法称，译者是11世纪藏族译师俄·罗丹西饶。该译本由元朝第三任帝师达玛巴拉发愿、皇室出资开版雕造于元大都。

　　达玛巴拉于元世祖至元十九年（1282）继任帝师，至元二十三年（1286）受命返藏主持地方事务，至元二十四年（1287）卒于经朵甘思返回萨迦途中，在大都实际任职4年有余，因此他发愿雕造的藏文《释量论》等佛教典籍，当在1282年至1287年期间。

洪武皇帝护持哈尔麻剌麻在卒尔普寺修行敕谕

明洪武八年（1375）
纸、丝绸　　汉文

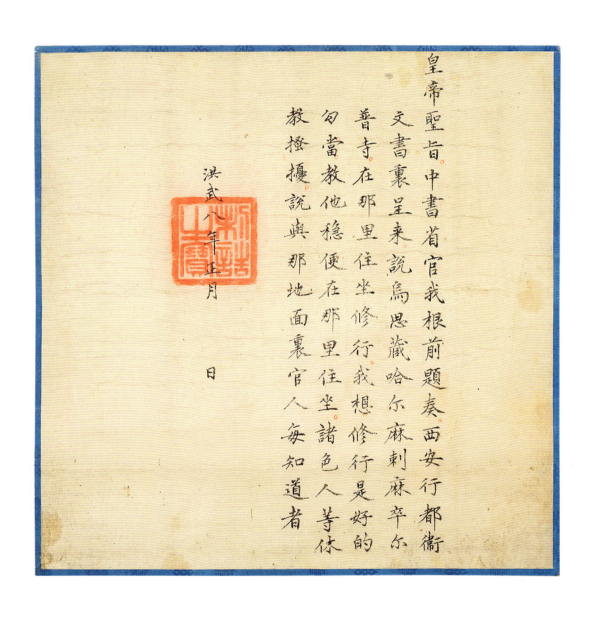

皇帝聖旨中書省官我根前題奏西安行都衞
文書裏呈来說烏思藏哈尔麻剌麻卒尔
普寺在那里住坐修行我想修行是好的
勾當教他穩便在那里住坐諸色人等休
教搔擾說與那地面裏官人每知道者

洪武八年正月　　日

　　该敕谕是明洪武皇帝朱元璋颁给藏传佛教噶玛噶举派第四世活佛乳必多吉的圣旨，大意是保护其在楚布寺修行并开展佛事活动，文档中"卒尔普寺"即为楚布寺，是噶玛噶举派的主寺。"哈尔麻"即"噶玛巴"，根据敕谕发布年份"洪武八年"推断，此处的噶玛巴即为噶玛噶举派第四世活佛乳必多吉。在元朝末年，乳必多吉即受元顺帝之命进京朝觐并受封为"大元国师"，获赐玉印。明朝建国之初，乳必多吉遣使朝贡请封，遂受封为灌顶国师，赐玉印，并"给护持十五道"，这件圣旨即是其中之一。

《菩提道次第广论》

成书于藏历水马年(1402) 宗喀巴著 纸 藏文

《菩提道次第广论》又称《菩提道次第论》，为藏传佛教格鲁派创始人宗喀巴的佛教理论著述，共计13卷。

该书以古印度龙树、无著、阿底峡、无垢等人的观点和教理为基础与依据，从出离心、菩提心和清净见(空性)的角度论证了修佛得道的层次、阶段与方法，是其思想体系的总结，也是他创立格鲁派的理论基础。

宣德皇帝敕封第六世噶玛巴为慧慈禅师敕谕（西藏自治区档案馆藏）

明宣德二年（1427） 纸、丝绸
汉、藏文

　　噶玛噶举派第六世活佛通哇敦丹（1416—1453），曾师从噶玛噶举派红帽系第三世活佛却贝益西等学习显密经典，并在前藏的工布、塔波、拉萨和后藏、康区各地游学、传法。

　　1415年第五世噶玛巴得银协巴圆寂后，永乐皇帝派班丹扎释入藏查看五世噶玛巴的转世灵童，确认通哇敦丹为第六世噶玛巴，继承大宝法王封号，这也是中央王朝主持认定西藏地方宗教领袖的开端。据《明实录》记载，1426年至1450年，第六世噶玛巴先后8次遣使向明朝进贡，与明朝中央政府保持了密切的关系，明朝廷对其亦封赏有加。此为宣德皇帝即位后，于宣德二年（1427）三月二十二日敕封他为"慧慈禅师"的诏书。

奉
天承運
皇帝勅曰佛氏躰仁之教上以
佑助國家下以化導善類
凡其徒功行有可稱者朝
廷必有褒揚之典爾葛里
麻鳳巖戒律克勤淨修會
宗百於真乘演法門之妙
用宜有褒稱用貽寵眷今
特封爾為慧慈禪師爾尚
益堅頓力茂闡宗風廣慈
化之貽敷膺光榮於悠久
欽哉
宣德□年二月二十二日

噶玛巴之印

明代 玉 藏文

　　噶玛噶举派是藏传佛教噶举派的支派，由都松钦巴（1110—1193）于1147年创立，位于拉萨堆龙以西的楚布寺是该派主寺。宋元之交，噶玛噶举派已经发展成为藏传佛教影响力较大的教派之一。元明两朝，该派进入历史大发展时期，成为对藏传佛教和西藏社会都具有举足轻重作用的重要教派，并开创了藏传佛教特有的活佛转世制度，噶玛巴即是该派法系继承人的称谓。此印为噶玛巴之印，印面由各种图案和文字组成，中心的藏文为"噶玛巴"，周边饰以火焰纹代表佛法兴盛，上方正中呈品字形排列三个圆点代表佛、法、僧"三宝"，上端左右两侧为日月图案，下方则饰以佛教造像中常用的莲瓣图案，具有浓厚的宗教寓意。

多吉锵达赖喇嘛之印

明代　木、铜
八思巴蒙古新字

　　明万历四年（1576），驻牧于青海一带的蒙古土默特部首领俺答汗派代表到西藏，邀请三世达赖喇嘛索南嘉措前去会晤。索南嘉措欣然接受了邀请，于万历六年（1578）抵达青海，在仰华寺会见了俺答汗。会见后，俺答汗赠给索南嘉措"圣识一切瓦齐尔达喇达赖喇嘛"（即持金刚达赖喇嘛）名号和金印，索南嘉措则回赠俺答汗"咱克瓦尔第彻辰汗"（即法王梵天）名号，"达赖喇嘛"称号由此诞生。

　　史料记载，原金印重约一百两，印文为蒙古新字，西藏地方称之为"金王"。此印为木纽铜印，应为当时俺答汗赠索南嘉措金印之仿制印章，以便携带和日常使用。

朵儿只唱图记

明万历十六年（1588）

象牙　　梵文、汉文

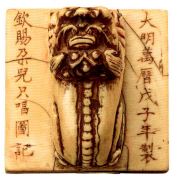

　　三世达赖喇嘛索南嘉措自万历六年（1578）抵达青海与俺答汗会晤后，长时间在青海和内蒙古一带传法，在蒙古部众中具有很大的影响力。明朝中央政府即于次年册封其为"护国弘教禅师"，并颁赐封诰和印信。万历十五年（1587），俺答汗之孙顺义王扯力克上表朝廷，请求赐给索南嘉措"朵尔只唱"封号。明神宗为安抚蒙古部众，遂于当年派遣官员到内蒙古，邀请索南嘉措进京会晤，并升其封号为"朵儿只唱"。此印为1588年刻制，应为明朝中央政府准备于该年索南嘉措进京觐见时封授之印。

　　"朵儿只唱"为藏语，与俺答汗赠给索南嘉措的梵语"瓦赤尔达喇"同义，即"持金刚"。

第五单元 文化艺术

元明时期，在统一的政治格局和相对稳定的社会形势下，西藏地方与祖国其他地区的交往交流交融不断深入，社会经济得到较大发展，文化艺术步入了新的发展阶段。西藏地方的寺庙、庄园、宗堡、碉楼、民居、桥梁等建筑类型丰富、技艺精湛；印刷技术得到大规模推广，文献典籍卷帙浩繁；壁画、唐卡、造像等宗教艺术长足发展；藏戏诞生并逐渐发展成为西藏地区影响力最大的戏曲种类。

ས་བཅད་ལྔ་པ། རིག་གནས་སྒྱུ་རྩལ།

ཡོན་མིང་གི་དུས་སྐབས་སུ། གཅིག་གྱུར་གྱི་ཆབ་སྲིད་གནས་བབ་དང་བརྟོལ་བཅས་སུ་བཞུར་ཆེ་ཏེ་ཡིན་པའི་སྤྱི་ཚོགས་ཀྱི་དུས་བབ་འོག །བོད་ལྗོངས་ས། གནས་དང་མེས་རྒྱལ་གྱི་ས་ཁུལ་གཞན་དག་དབར་འགྲོ་འོང་དང་། སྤེལ་རེས། མཉམ་འཛིན་བཅས་རྒྱུན་མི་ཆད་པར་ཟབ་ཏུ་སོང་བ་དང་། སྤྱི་ཚོགས་དང་དཔལ་འབྱོར་གྱོང་འཕེལ་ཆེ་ཚད་ལྔ་བྱུང་བའི་ཁར། རིག་གནས་དང་སྒྱུ་རྩལ་ཡང་ལོ་རྒྱུས་ཀྱི་དུས་མཚམས་གསར་པ་ཞིག་ཏུ་སྐྱེས་འགོ་ཚུགས། བོད་ལྗོངས་ས། གནས་ཀྱི་དགོན་སྡེ་དང་། གཞིས་ཀ། མཁར་རྫོང་། བ་གམ། སྤོ་ཁང་། ཟམ་པ་སོགས་ལ་འར་སྐྲུན་དང་རིག་གནས་ཕུན་སུམ་ཚོགས་ལ་བཟོ་རྩལ་རྩེ། ཕོན་པ་དང་། གནས་ཡང་པར་འདེབས་ལག་རྩལ་གཞི་ཆེའི་ཁྱབ་གདལ་བྱུང་ཞིང་། ཆོས་ལུགས་ཡིག་ཆ་དང་བརྒྱུད་བཙུགས་ཀྱི་བརྩོས་བོ་མང་ཞིང་ཡིག་ཆོས། ཆེ། རི་བཞེན་ལྡེབས་རིས་དང་། ཐང་ཀ། སྒྲ་འདྲ་སོགས་ཀྱི་ཆོས་ལུགས་སྒྱུ་རྩལ་ཡོན་གོང་འཕེལ་རྒྱག་ཆེན་པོ་བྱུང་ཞིང་། བོད་ཀྱི་ལྷ་མོའི་གར་གཞས་གསར་བཏོད་བྱས་པར་མ་ཟད་རིམ་བཞིན་བོད་ལྗོངས་སུ་ཤུགས་རྐྱེན་ཆེ་ཤོས་ཀྱི་གློག་གར་རིགས་སུ་གྱུར་ཡོད།

Unit Five   Culture and Art

Under the unified political pattern and relatively stable social situation in the Yuan and Ming dynasties, exchanges and interactions between Xizang and other parts of the motherland deepened, the social economy greatly developed, and culture and art stepped up to a new stage. In Xizang, the architectures of monasteries, manors, clan forts, blockhouses, folk houses, bridges, and other buildings were rich in types and skilled in construction; the printing technology was widely promoted with numerous ancient books and scriptures; murals, Thangkas, statues and other religious arts made great progress; Tibetan Opera was born and gradually developed into the most influential type of drama in the region.

《诗镜》藏文译本

成书于13世纪　纸
雄顿·多吉坚赞译

　　《诗镜》为古印度著作，它总结了前人诗歌创作经验，在诗学理论研究方面具有重要价值。13世纪后期，西藏翻译学家雄顿·多吉坚赞在萨迦地方政权"本钦"（行政官）释迦桑布支持下，将其进行翻译整理，形成了《诗镜》藏文译本。此后该书受到西藏历代学者的推崇，争相学习，极大影响了后世西藏文学的创作。

《西藏王统记》

成书于藏历土龙年(1388)

索南坚赞等著　纸　　　藏文

　　《西藏王统记》又名《王统世系明鉴》，主要记载吐蕃及分治时期王统世系的历史，尤其侧重于"法王祖孙三代"事迹的记述，属于编年史体例。

　　索南坚赞（1312—1375），是藏传佛教萨迦派四大拉章之一的仁钦岗拉章继承人，并曾兼任萨迦派法台，在政治、宗教方面均有很高的地位，颇有才学。鉴于索南坚赞卒年早于该书"后记"的成书年代，而且著述部分内容引用了后世史料，故该书的作者及其成书年代尚有待进一步确认。

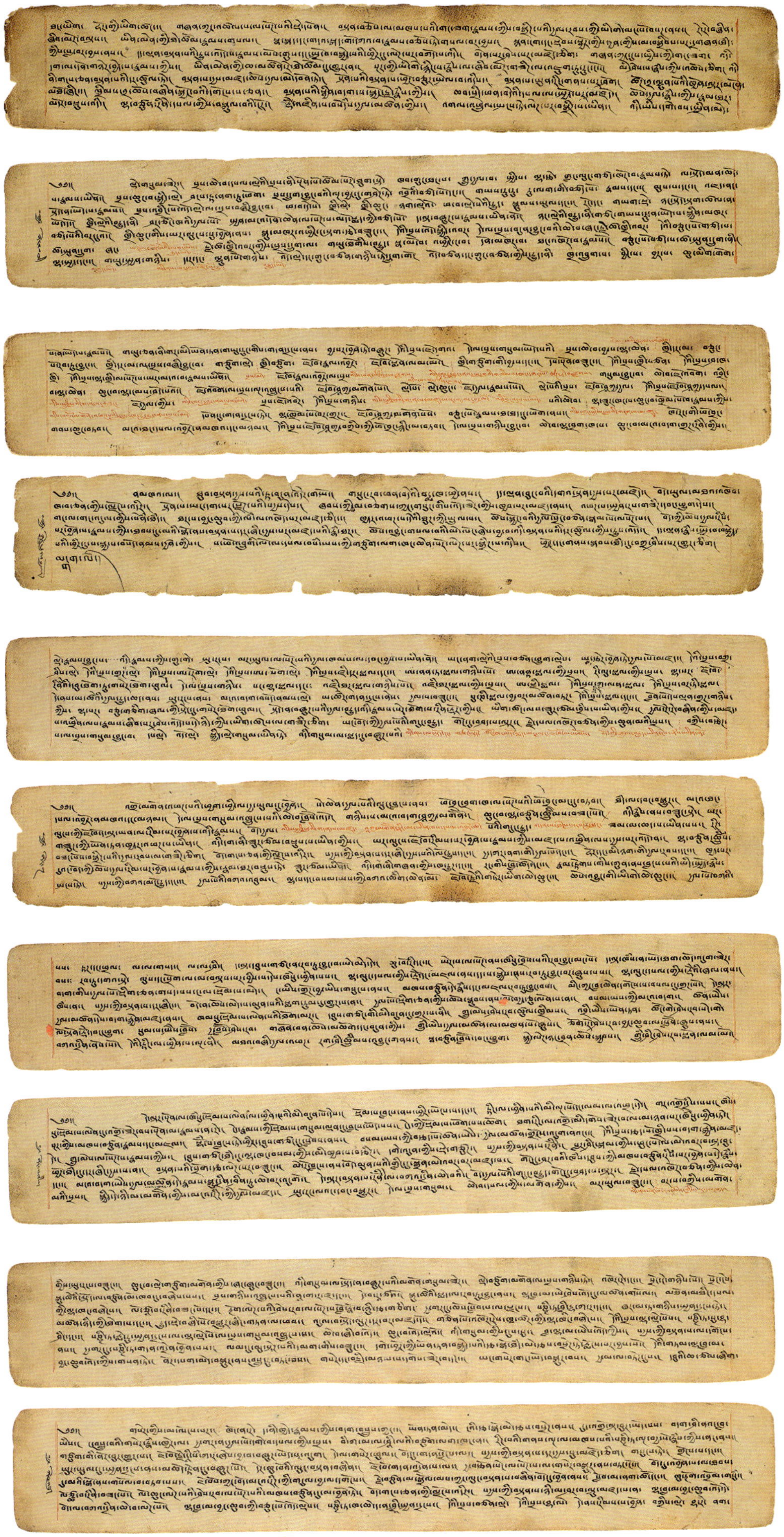

《青史》

成书于藏历火猴年(1476)

桂·宣奴贝著　纸　　藏文

　　《青史》为明代藏传佛教噶举派僧人、著名佛经翻译家桂·宣奴贝（1392—1481）所著的编年体史书，主要记述了分治时期以后，佛教在西藏地方的复兴、众多支派的出现、各派的传承情况及名僧事迹，为研究西藏历史和藏传佛教史提供了许多珍贵史料。

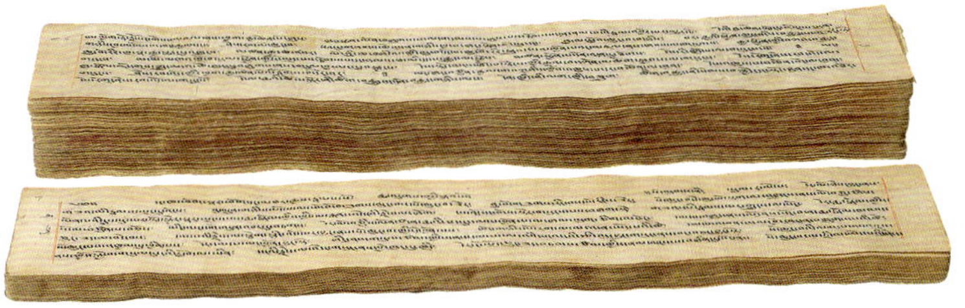

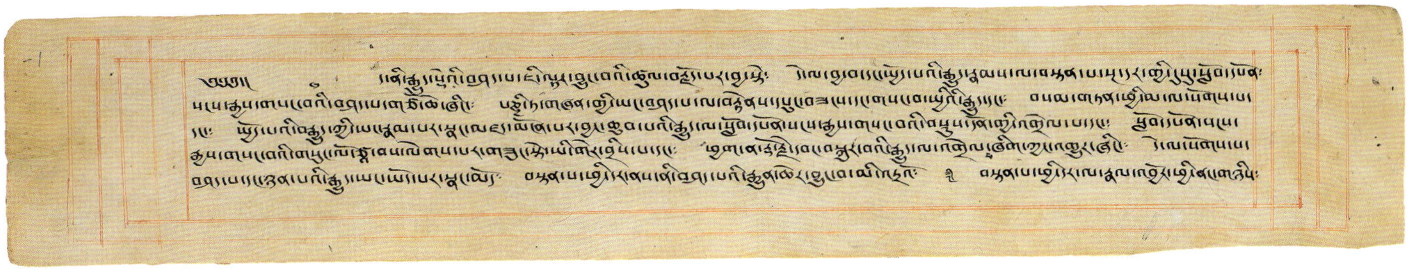

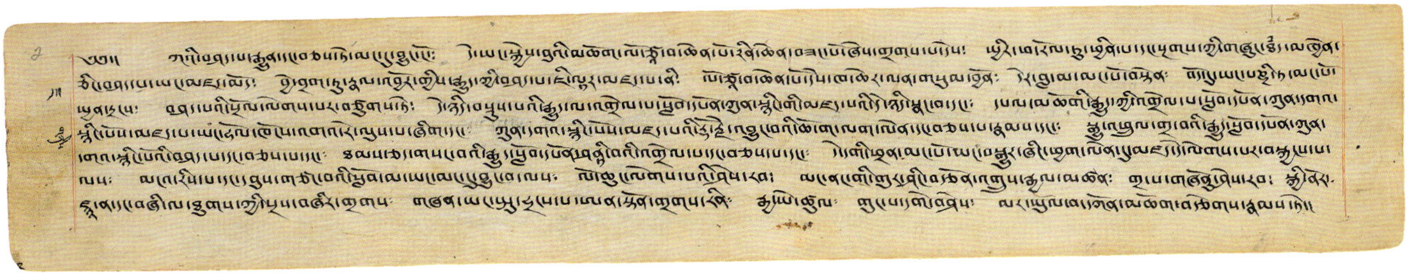

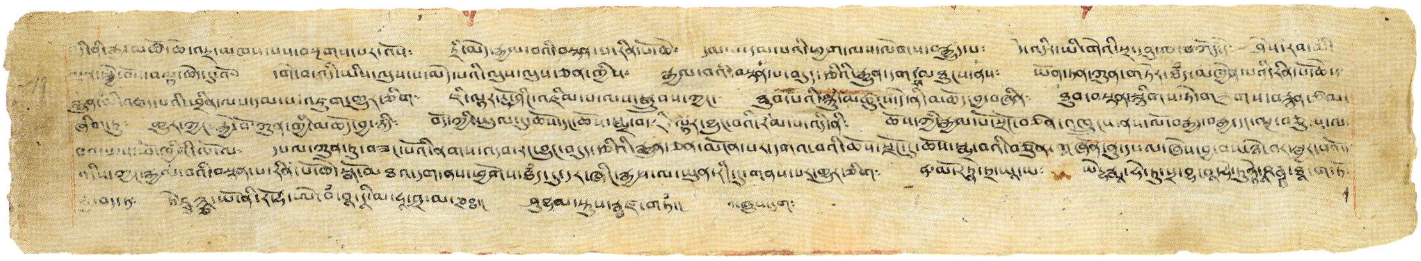

《萨迦世系史》

成书于藏历土蛇年（1629）

阿旺·贡噶索南著　纸　　藏文

　　《萨迦世系史》为藏传佛教萨迦派法台阿旺·贡噶索南著，全书分为5个篇章，除部分佛教内容之外，主要描述了萨迦昆氏家族世系，4个拉章传承情况，以及萨迦五祖生平。

　　尤其难能可贵的是，该书还详细记载了西藏地方归顺元朝中央政府及蒙藏民族交往的历史，为研究元朝时期西藏地方与祖国关系提供了重要的佐证资料。

《格萨尔王传》写本

成书于15世纪前后　纸　　　藏文

　　《格萨尔王传》是藏族人民集体创作的以说唱艺术为表现形式的英雄史诗，历史悠久，卷帙浩繁，内容丰富，气势磅礴，流传广泛，至今仍有上百位民间艺人传唱。

　　《格萨尔王传》以说唱西藏古代神话人物格萨尔王英雄事迹为内容，其故事梗概大约形成于13世纪前后，早期多以宁玛派僧人保留的伏藏手抄本传世，至15世纪前后形成多种故事版本，迄今约定俗成的版本大约有80种之多，是世界上最长的活态英雄史诗。

铜鎏金不空成就佛

明代（帕竹地方政权时期）　丹萨梯风格

按照佛教的说法，不空成就佛是五方佛之一，代表能以大智慧成就一切如来事业与众生事业。此尊不空成就佛造像是一件典型的丹萨梯风格作品。

丹萨梯风格造像因发端并兴盛于明代藏传佛教帕竹噶举派丹萨梯寺而得名，其造像采用铸造工艺，胎体厚重，镀金色泽纯正，装饰繁缛，喜爱镶嵌宝石且讲究色彩搭配。由于存世量极少，此类造像尤为珍贵。

铜鎏金金刚不动如来坐像

明代(帕竹地方政权时期) 类乌琼瓦风格

　　按照佛教的说法，不动如来为五方佛之一，通常指阿閦佛，因其菩提心坚定或者没有嗔恚，不动如山，故称为不动如来。此尊不动如来坐像为类乌琼瓦风格作品。

　　类乌琼瓦风格造像形成于公元15世纪今山南市贡嘎县吉雄镇刘琼村，多为红铜鎏金，仰俯莲座，深束腰，形象生动逼真，是明代西藏地方具有代表性的金铜造像流派。

时轮金刚唐卡

元代（萨迦地方政权时期）尼泊尔画派

在佛教中，时轮金刚是密宗无上瑜伽部本尊之一。此幅时轮金刚唐卡属于尼泊尔画派。

尼泊尔画派唐卡是最早的唐卡流派，源于吐蕃时期的尼泊尔风格壁画，其特点为画面中央绘制主佛，四周环绕客佛，绘画造像简单，身形僵硬，着衣少而单薄，大多以暖色为基调和主色。

米拉日巴肖像唐卡

16—18世纪 噶玛嘎赤画派

米拉日巴是藏传佛教噶举派第二代祖师，著名密宗大师。这幅米拉日巴肖像唐卡属于西藏唐卡艺术五大流派之一的噶玛嘎赤画派。

噶玛嘎赤画派为16世纪藏传佛教噶玛噶举派活佛南喀扎西创建，主要流行于西藏东部地区，其主要特点是色彩丰富，装饰性强，多采用散点透视手法，同时结合了内地山水画和藏式工笔画的优点。

热烈庆祝

西藏博物馆新馆建成开馆

此为故宫博物院2021年开放课题"中央政府治藏文物调查——基于西藏自治区收藏文物的中华民族共同体历史研究"（202111038）成果

 本项目得到"中国青基会梅赛德斯——奔驰星愿基金""北京故宫文物保护基金会"公益资助

雪域长歌
——西藏历史与文化

主　编：何晓东　尼玛仓觉

副 主 编：(排名不分先后)

洛桑尼玛　旦增拉姆　朗珍曲桑

田小兰　崔粉亚　索娜措　边巴拉姆

第四部分

清民鼎革 噶厦风云

公元 17 世纪—1949 年

ལེའུ་བཞི་པ།

ཆིང་རྒྱལ་རབས་དང་མིན་གོའི་དུས་སྐབས།

སྤྱི་ལོའི་དུས་རབས་17ནས་1949ལོའི་བར།

Part Four

The Period of the Qing Dynasty and the ROC

17th Century A.D.—1949

清朝中央政府建立以后，对西藏地方的政治、外事、军事、经济、宗教等事务进行全面管辖和治理。清末民国时期，中央政府在艰难时局下，始终坚持对西藏地方行使主权，西藏人民与全国各族人民一道同帝国主义的入侵及图谋"西藏独立"的分裂势力进行了不懈斗争，有力维护了祖国统一。

　　这一时期，西藏地方与祖国其他地区的关系进一步密切，西藏的经济、文化、科技得到了一定程度的发展。但是随着政教合一体制和封建农奴制社会形态的日趋僵化与腐朽，西藏社会生产力受到严重束缚，社会阶层极度分化并尖锐对立，社会发展停滞不前。

ཆིང་རྒྱལ་རབས་གུང་དཀར་སྲིད་གཞུང་བཙུགས་རྗེས། བོད་ལྗོངས་ས་གནས་ཀྱི་ཆབ་སྲིད་དང་། ཕྱི་དོན། དམག་དོན། དཔལ་འབྱོར། ཆོས་ལུགས་སོགས་ཀྱི་ལས་དོན་ཁག་ལ་ཕྱོགས་ཡོངས་ནས་བདག་སྤྱོད་དང་བཅས་སྤྱོད་རྒྱས་ཡོད། ཆིང་རྒྱལ་རབས་ཀྱི་དུས་མཇུག་དང་མིན་གོའི་དུས་སྐབས་སུ། གུང་དཀར་སྲིད་གཞུང་གིས་དཀའ་ཚེགས་ཆེ་བའི་དུས་གནས་ལ། སྔར་མུས་བཞིན་བོད་ལྗོངས་ས་གནས་ལ་བདག་དབང་སྤྱོད་རྒྱ་མཐའ་འཁྱོངས་བྱས་ཤིང་། བོད་མི་དམངས་དང་རྒྱལ་ཡོངས་མི་རིགས་ཁག་གི་མི་དམངས་མཉམ་དུ་བཙན་རྒྱལ་རིང་ལུགས་པའི་བཙན་འཛུལ་དང་"བོད་རང་བཙན"གྱི་སྒྲིག་གཡོ་གཏོགས་མཁན་ཁ་བྲལ་ཕྱོགས་གཏོགས་དང་འབད་ཏོག་སྟོང་མེད་ངང་ནས་མཉམ་རྒྱལ་གོ་བུ་གཅིག་གྱུར་ལ་སྲུང་སྐྱོབ་ནུས་ལྡན་བྱས་ཡོད།

དུས་སྐབས་དེའི་རིང་། བོད་ལྗོངས་ས་གནས་དང་མེས་རྒྱལ་གྱི་ས་ཁུལ་གཞན་དག་དབར་གྱི་འབྲེལ་བ་སྒྱུར་བས་གཏིང་ཟབ་ཏུ་སོང་བ་དང་། བོད་ལྗོངས་ཀྱི་དཔལ་འབྱོར་དང་། རིག་གནས། ཚན་རྒྱལ་བཅས་གོང་འཕེལ་ངེས་ཅན་བྱུང་ཡོད། འོན་ཀྱང་ཆོས་སྲིད་ཟུང་འབྲེལ་གྱི་ལམ་ལུགས་དང་བཀག་བཀོད་རྒྱུད་འཛིན་ཞིང་བྲན་ལས་ལུགས་ཀྱི་སྤྱི་ཚོགས་རྣམ་པ་དེ་ཉིད་རེ་བཞིན་མཁྲེགས་པ་བཟུང་དང་རུལ་སུངས་སུ་གྱུར་ཏེ། བོད་ལྗོངས་སྤྱི་ཚོགས་ཀྱི་ཐོན་སྐྱེད་ནུས་ཤུགས་ལ་ཚོད་འཛིན་ནན་པོ་བྱས་ཡོད་ལ། སྤྱི་ཚོགས་ཀྱི་རིམ་ལྱས་ཆེས་ཁ་བྲལ་དུ་སོང་བ་མ་ཟད་རྡོང་དང་ཆེ་བའི་ཁ་གཏད་དུ་ལྱས་ནས་སྤྱི་ཚོགས་དེ་ཉིད་འཕེལ་མེད་དང་སོར་གནས་ཡོད།

Since the establishment of the Central Government of the Qing dynasty, it had strengthened overall administration on the politics, diplomacy, military, economy and religious affairs of Xizang. At the alternation of the Qing and the ROC, the Central Government had always insisted on exercising sovereignty over Xizang even in its difficult times. Tibetan people and the people of all ethnic groups throughout the country have fought tirelessly against imperialist invasions and separatist forces, and effectively safeguarded the reunification of the motherland.

During this period, the relationship between Xizang and other parts of the motherland became closer, and the Xizang economy, culture, and technology developed to a certain extent. However, because of the increasingly rigid and decadent social form of feudal serfdom and the theocratic system, the social productive forces of Xizang were severely constrained, social classes extremely divided and confronted sharply, and social development stagnated.

第一单元 优待 册封与管理

清代民国时期, 中央政府把优礼藏传佛教作为重要的治藏之策, 同时加强对藏传佛教的管理, 昭明法度以彰显国威, 建章立制以规范仪轨, 充分体现了恩威并施、刚柔相济的治藏策略, 进一步强化了中央政府对西藏地方的主权行使和有效治理。

ས་བཅད་དང་པོ། གཟིགས་སྐྱོང་དང་ཚོ་ལོ་བསྐུལ་བ། དེ་བཞིན་དོ་དམ་སྐོར།

ཆེན་རྒྱལ་རབས་དང་མིན་གོའི་དུས་སྐབས་སུ། གུང་དབང་སྲིད་གཞུང་གིས་བོད་བརྒྱུད་ནང་བསྟན་ལ་གཟིགས་བཟོས་བདག་ཆེན་གནད་རྒྱུ་དེ་བོད་སྐྱོང་བབས་རྫ་གལ་ཆེན་ཞིག་ཏུ་བརྩི་བ་དང་དུས་མཚུངས། བོད་བརྒྱུད་ནང་བསྟན་གྱི་དོ་དམ་ལ་ཤུགས་སྣོན་བཏབ་པའི་ཁར། ཀྱུན་གསལ་གྱི་ཁྲིམས་ལུགས་བཟོས་ཏེ་རྒྱལ་ཁབ་ཀྱི་ཟིལ་ཤུགས་མངོན་པར་བྱེད་པ་དང་། སྲིག་སྲོལ་ལམ་ལུགས་བཙུགས་ཏེ་ཚོག་ཆང་ལུན་བཟོ་བའི་ཐོག་ནས་གནང་སྲིན་དང་ཞིབ་རྫས་མཉམ་སྐྱོང་དང་། འཇམ་རྩུབ་གཉིས་ལྡན་ངོ་བོད་སྐྱོང་བབས་རྫ་གང་ལེགས་མཚོན་ཡོད་ལ། གུང་དབང་སྲིད་གཞུང་གིས་བོད་ལྗོངས་ས་གནས་ལ་བདག་དབང་སྤྱོད་རྒྱུ་དང་ནུས་ལྡན་གྱི་བཙམ་སྐྱོང་བ་རྒྱ་སྐྱར་བས་ཤུགས་ཆེར་སོང་ཡོད།

Unit One   Preferential Treatment Conferring Titles and Administration

During the period of the Qing dynasty and the ROC, the Central Government regarded giving preferential treatment to Tibetan Buddhism as an important policy for governing Xizang, and at the same time strengthened the management of Tibetan Buddhism. It promulgated the laws to highlight the state prestige; established rules and regulations to standardize rituals, which fully reflected the strategy of governing Xizang with both grace and power as well as strength and softness, and further strengthened the Central Government's exercise of sovereignty and effective governance over Xizang.

顺治皇帝封授五世达赖喇嘛之印（自制印）

清顺治十五年（1658）

木、铁　　　汉、满、藏文

　　顺治九年（1652），五世达赖喇嘛阿旺洛桑嘉措率领庞大朝觐团队前往北京觐见顺治皇帝。次年，五世达赖喇嘛在返藏途中被顺治皇帝授予"西天大善自在佛所领天下释教普通瓦赤喇呾喇达赖喇嘛"封号，并获赐金册金印。据记载，这枚五世达赖喇嘛金印为纯金铸就，印文为汉、藏、满三种文体，重约二百三十两（清制），被西藏地方称作"大金印"。五世达赖喇嘛圆寂后，清朝中央政府将该印改制并授予后世达赖喇嘛，今已不存。不过，由于当时顺治皇帝封授的金印十分沉重，不便于携带和日常使用，五世达赖喇嘛遂于顺治十五年（1658）命人参照"大金印"仿制了这枚印文完全相同的木钮铁印，以便日常钤盖之用，是为实用自制印。从而使我们今天多少能够从中领略到"大金印"的风貌。

五世达赖喇嘛汉字私章

清顺治十六年(1659)

木、铁　　汉文

在顺治十五年（1658）仿制一方"自制印"之后，五世达赖喇嘛又于顺治十六年（1659），令人根据金印中的汉文制作了这枚小印，以便于在"长效土地文书"钤盖。由于该印为西藏地方自制，因此该印的汉字排序紊乱，极不规范。

雍正皇帝封授七世达赖喇嘛之印

清雍正二年(1723)

金　　　汉、藏、满、蒙文

历史上，清朝中央政府于雍正二年（1723）封授七世达赖喇嘛格桑嘉措一枚金印，印文均为汉藏满蒙四体文字组成的"西天大善自在佛所领天下释教普通瓦赤拉呾喇达赖喇嘛之印"。但与五世达赖喇嘛金印相比，这枚印章汉文有一字之差，同时藏文差异较大，而且新增了蒙文。

乾隆皇帝颁赐八世达赖喇嘛玉宝和玉册

清乾隆四十八年（1783）
1套8片16页（双面刻制）
满、汉、藏、蒙文

历史上，乾隆皇帝曾先后三次册封八世达赖喇嘛强白嘉措。这件玉宝和这套玉册是乾隆四十八年（1783）第三次册封时所赐，其中的这方玉印是清朝中央政府颁赐历辈达赖喇嘛唯一一枚称为"玉宝"的印章，其礼遇和规格尤高，故乾隆皇帝在当时封授他的诰敕中要求将这枚玉宝"供奉于普陀宗乘之庙，永镇法门。逢国庆典，用之奏章，其余奏书文移，仍用原印"。这套玉册共8片，用汉、藏、满、蒙4种文字镌刻了对八世达赖喇嘛的赞颂和勉励之词。

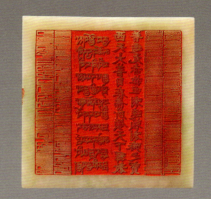

道光皇帝颁赐十一世达赖喇嘛金册

清道光二十一年（1841）

1套13片　　　满、藏、汉、蒙文

咸丰皇帝颁十二世达赖喇嘛敕书（抄件）

清咸丰九年（1859）

纸　　藏、满文

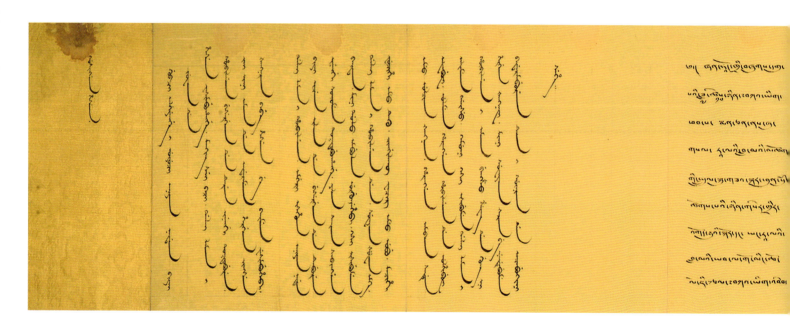

这套金册是道光二十一年（1841）清朝中央政府册封十一世达赖喇嘛克珠嘉措时制作，并于道光二十二年（1842）在章嘉呼图克图进藏看视其坐床之时所颁赐。此前，清朝中央政府颁授历辈达赖喇嘛金册时，均是将前辈之册缴销重铸。而在十一世达赖喇嘛之后则决定历辈沿用，不再改铸。因而这套金册不仅是清朝中央政府最后一次颁授达赖喇嘛系统的金册，而且也是达赖喇嘛系统现存唯一的一套金册。

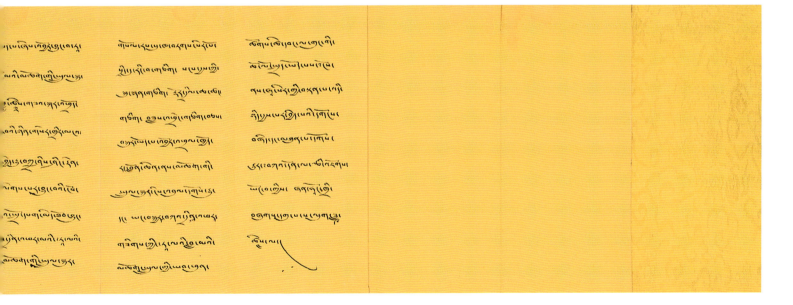

　　这是咸丰九年（1859）清朝中央政府颁给十二世达赖喇嘛赤列嘉措的诏书抄件，内容为经驻藏大臣满庆奏报，请旨择定达赖喇嘛坐床仪式及赏赐达赖喇嘛之父名号事宜，咸丰皇帝遂命于次年即咸丰十年（1860）七月三日为十二世达赖喇嘛举行坐床仪式，同时封十二世达赖喇嘛父平措次旺"公"的爵位，要求十二世达赖喇嘛嗣后勤学经典、广衍黄教，并随敕赏黄色大哈达一条、佛像一尊、铃杵一套等。

慈禧太后赐十三世达赖喇嘛"福寿"御书

清光绪十八年(1892)

丝绸

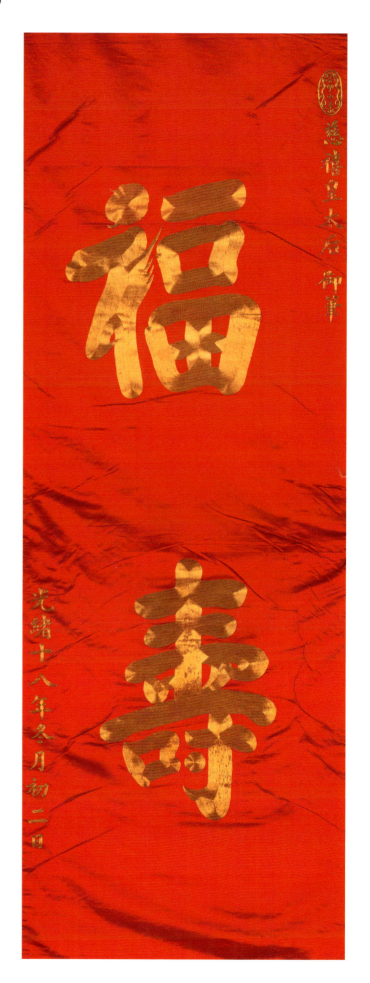

十三世达赖喇嘛土登嘉措于 1876 年出生, 1879 年坐床, 1895 年在清朝中央政府许可下亲政, 1933 年圆寂。他的一生历经清末和民国两个时代, 这一时期祖国内地和西藏地方政局动荡, 其个人经历亦坎坷多变, 但是中央政府依旧对其给予了极大的优宠和礼遇, 尤其在其认定、受戒、坐床、亲政及选任经师等方面, 予以了充分的重视。据史料记载, 清朝中央政府于光绪二十一年十月允准驻藏大臣奎焕所请, 授权十三世达赖喇嘛掌管西藏地方政教事务, 这件光绪十八年(1892)慈禧太后的御笔"福寿", 应为清朝中央政府在十三世达赖喇嘛亲政前赏赐的礼品之一。

宣统皇帝赐十三世达赖喇嘛多穆壶

清光绪三十四年（1908）

金、银

光绪三十四年（1908）十一月初九日，宣统皇帝登基，滞留在京的十三世达赖喇嘛呈请朝贺，率众祈祷并进献了大量贡品。宣统皇帝于十三日进行了回赏，礼单含"六十两重镀金银茶桶一件、镀金银瓶一个、银钟一个……"。按照清朝中央政府赏赐西藏地方惯例，这件镀金银质多穆壶底部刻有"光绪三十四年制"字样，应即为当时赏赐的"六十两重镀金银茶桶"。

康熙皇帝敕封五世班禅之印

清康熙五十二年（1723）
金　　　汉、满、藏文

　　康熙四十四年（1705），第巴桑结嘉措在与蒙古和硕特部首领拉藏汗的斗争中失败被杀，其选定的六世达喇嘛赖仓央嘉措随即被废除，六（七）世达赖喇嘛废立之争进入白热化，西藏地方局势混乱不堪。在此情况下，清朝中央政府为了保持西藏政局的稳定，于康熙五十二年（1723）册封五世班禅为"班臣额尔德尼"，并颁赐他这方金印，以利用其崇高的声望和影响力制衡和稳定西藏局势。从此，"班禅额尔德尼"的称号开始历代沿用，班禅系统在西藏和整个格鲁派系统中的政教地位得以正式确立。

班禅额尔德呢之宝（扎什伦布寺藏）

清代　银

满、汉、藏、蒙文

　　六世班禅额尔德尼洛桑贝丹益西于乾隆三年（1738）出生于今日喀则南木林县，乾隆六年（1741）在扎什伦布寺坐床。乾隆三十一年（1766），清朝中央政府赐其金册。乾隆四十四年（1779）六世班禅进京，在承德期间乾隆皇帝又颁赐其玉册及"班禅额尔德呢之宝"玉印，该银印应为玉印的复制件，供处理日常事务时使用。印文为满、汉、藏、蒙四体文字。

御笔写寿娑罗树并赞图

清代　　　纸、丝绸
汉、藏、满、蒙文

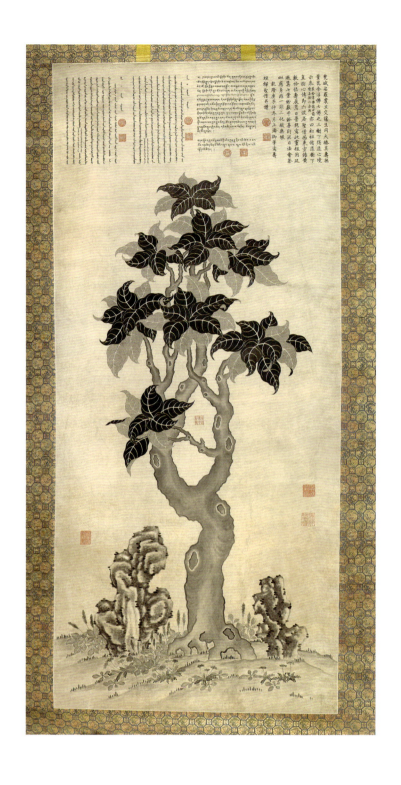

乾隆四十四年（1779），六世班禅率领庞大朝觐团队前往北京为乾隆皇帝祝寿，于次年到达北京。为迎接六世班禅到来，乾隆皇帝不仅组织了盛大的欢迎仪式，还特地修建了须弥福寿寺供班禅大师居住，对其进行了册封和多次赏赐。

乾隆四十五年（1780）十一月初二日，六世班禅因感染天花在北京圆寂。由于十一月十二日即是六世班禅寿辰，乾隆皇帝便将原拟庆贺寿辰的礼品交付仲巴呼图克图（六世班禅之兄），包括各种玉器、佛像、唐卡、钟表、瓷器和乾隆皇帝绘制的这幅《御笔写寿娑罗树并赞图》。该图画面中央为象征佛教意义的娑罗树（实为"七叶树"之误），上方为汉、藏、满、蒙4种文字的赞词，每段书后还盖有若干乾隆御印，共四组八枚。另有乾隆皇帝"古稀天子之宝"等印记。

道光皇帝册封七世班禅金册

清道光二十五年(1845)
1套13片　满、藏、汉、蒙文

　　七世班禅额尔德尼丹白尼玛先后历经了乾隆、嘉庆、道光、咸丰4位皇帝，他始终坚定维护国家统一和民族团结，深受清朝中央政府的信赖与重视。乾隆五十年（1785）七世班禅坐床后，清朝中央政府按例赐封名号、金印和金册。道光二十二年（1842），为嘉奖其在抗击森巴入侵战争中捐助物资有功，加赏其"宣化绥疆"封号，并于道光二十五年（1845）颁赐该金册，同时还随册赏赐绿松石、玉罐、铜胎珐琅碗、皇室丝绸等御赐品，彰显了清朝中央政府对七世班禅的优渥。

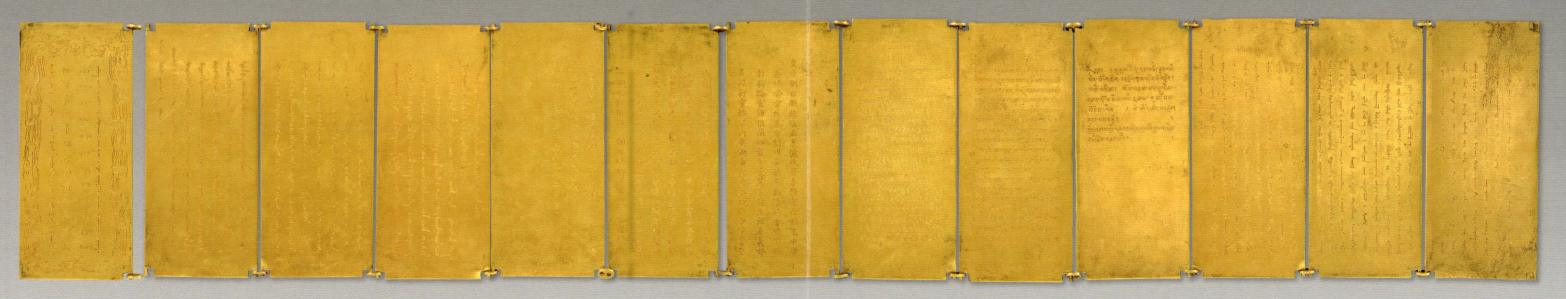

雪域长歌·西藏历史与文化

嘉庆皇帝颁赏九世济隆活佛敕谕

清嘉庆二十三年(1818)
纸、丝绸　　藏、满、蒙文

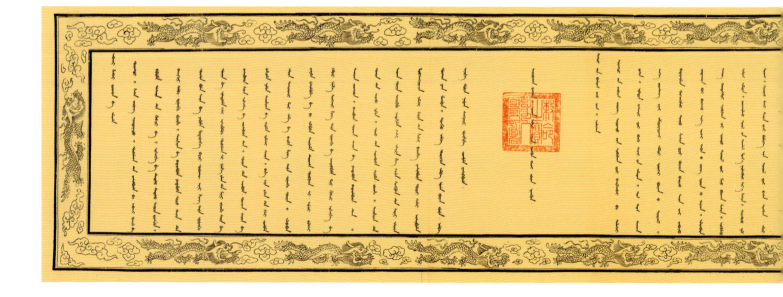

　　七世帕巴拉・晋美巴丹邓贝贡布于 1755 年出生于四川理塘县，1761 年坐床，因其在廓尔喀侵藏时为清军支应乌拉，受到清朝中央政府褒奖。乾隆五十五年（1790），在乾隆皇帝八十万寿庆典之际，七世帕巴拉派遣朝觐团队为乾隆皇帝祝寿，同时奏请赏赐强巴林寺内新建的"拉章大乘宫"寺名，并更换印信。该文档即为乾隆五十六年（1791）清朝中央政府应其所请，赏赐"祝厘寺"寺名并加恩将前赏之铜印更换为银印的诏书之抄件。

该文档为咸丰二年（1852）驻藏大臣穆腾额转饬清朝中央政府赏赐九世帕巴拉的上谕，主要内容为允准经金瓶掣签认定的阿旺洛桑晋美丹贝坚赞为帕巴拉呼图克图呼毕勒罕（转世灵童），并赏赐宝塔、锦缎，要求其弘扬黄教，勤习经典。

　　九世帕巴拉于 1849 年出生于四川理塘县，1850 年经金瓶掣签认定。由于他在平定瞻对之乱等重大历史事件中做出了功绩，多次受到清朝中央政府褒奖，1866 年清朝中央政府授予其"呼图克图"名号。

　　九世济隆活佛阿旺罗桑丹贝坚参，于嘉庆十六年（1811）出生于昌都类乌齐县，嘉庆十八年（1813）经金瓶掣签认定并坐床。该文档为嘉庆二十三年（1818）清朝中央政府颁赏九世济隆活佛敕谕，由于此时九世济隆活佛坐床不久，因此敕谕对其上辈活佛的功绩进行了肯定，要求其勤学经典，严守戒律，弘扬佛教，最后对其遣使朝贡请安予以嘉勉，并赏赐了银茶壶、匹料、哈达等物。

十一世济隆活佛遣使朝贡档案（西藏自治区档案馆藏）

光绪十八年(1892)至光绪二十一年(1895)

纸　　汉、藏、满文

　　济隆活佛，又称济咙活佛、济仲活佛或达擦活佛，封地在今昌都八宿县一带，是清代西藏地方具有重要影响力的藏传佛教格鲁派活佛系统之一，也是清代西藏地方有资格出任摄政一职的"四大林"活佛系统之一，历史上该系统先后有第八和第十辈活佛出任过西藏地方摄政。因第八世济隆活佛担任西藏地方摄政后移驻拉萨"功德林拉章"（济隆活佛驻锡寺庙），该系统通常也被称为功德林活佛。

　　第十一世济隆活佛阿旺土丹格桑丹贝卓美(1888—1918)，于光绪十六年（1890）经金瓶掣签认定并坐床，其后经驻藏大臣上奏获得按例遣使进京朝贡的许可，随即于光绪十七年（1891）开始筹建以"卓尼尔"（知宾、秘书）绛央维色为首的朝贡使团。在此次朝觐过程中，驻藏大臣奎焕、四川总督刘秉章以及打箭炉军粮府、阜和协、绵州府、驻防西藏外委等众多机构和官员颁发了"马牌""护牌""印单""传单"等各类公文，其内容无一例外是对此次朝贡活动提供各种便利和照护，包括牛马、脚夫、兵丁、食宿、鞍轿、粮草等等，从而确保了这次在途时间三年之久、途经数省、行程数千里的朝贡活动得以顺利进行。

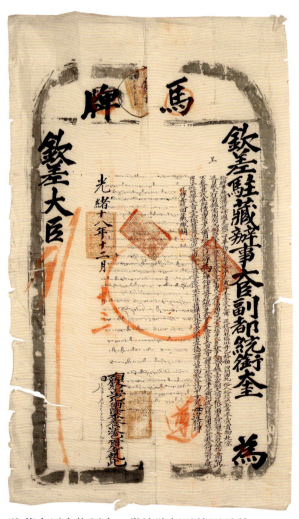

驻藏大臣奎焕颁十一世济隆朝贡使团马牌

光绪十八年(1892)

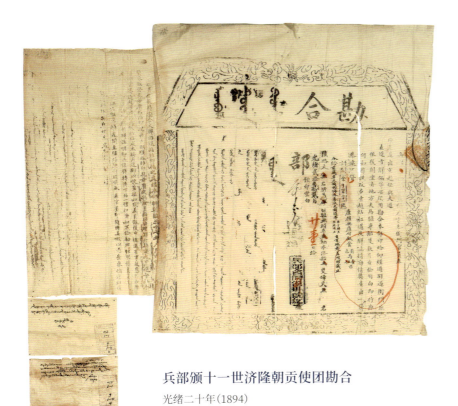

兵部颁十一世济隆朝贡使团勘合

光绪二十年(1894)

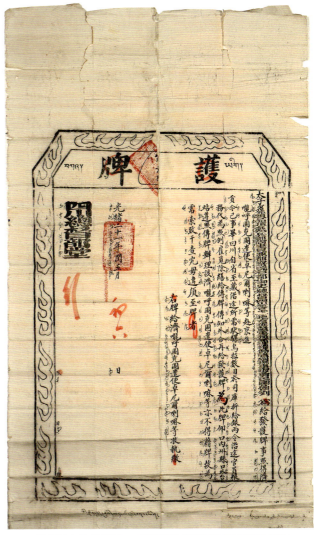

四川总督刘秉章颁十一世济隆朝贡使团返程护牌

光绪二十一年(1895)

光绪皇帝赏赐十一世济隆活佛敕谕

清光绪二十年（1894）

纸、丝绸　　　汉、满文

　　十一世济隆阿旺土丹格桑丹贝卓美（1888—1918），今拉萨城关区蔡公塘地方人，光绪十六年（1890）经金瓶掣签认定为上一世济隆活佛转世灵童，同年在拉萨"永安寺"（即功德林）坐床，并受到朝廷赏赐。光绪十八年（1892）初，年幼的十一世济隆活佛派遣朝觐团队携带贺寿表章和大量贡礼，前往京城谢恩并为慈禧太后六十万寿贺寿，光绪二十年抵达北京。该文档即为光绪二十年（1894），清朝中央政府赏赐十一世济隆活佛及其朝贡团队的敕谕。其内容不仅对十一世济隆活佛遣使朝贡给予赞扬，同时还赏赐了大量礼品。约在光绪二十一年春，朝贡团队离京返程，于五月间抵达成都，七月间抵达打箭炉，沿来路返回拉萨。

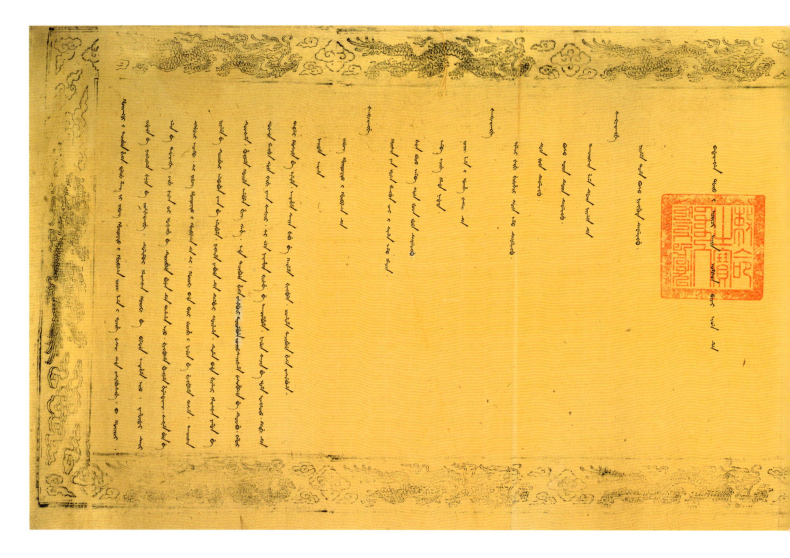

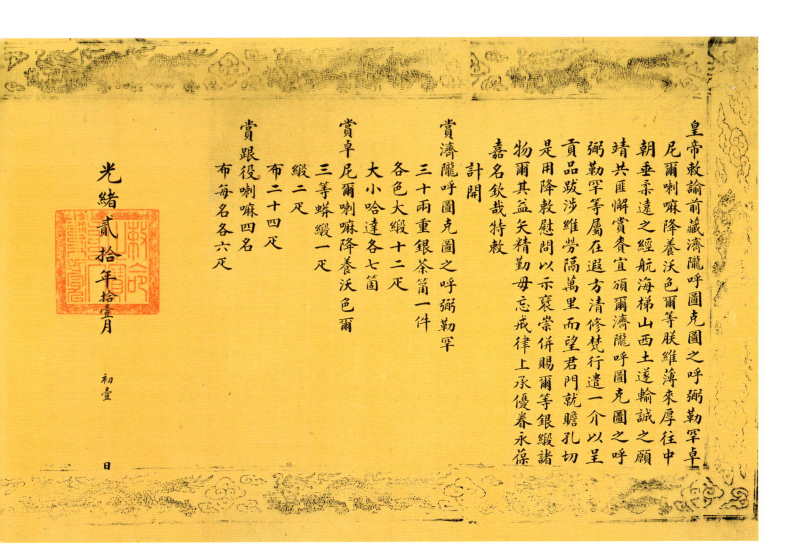

皇帝敕諭前藏濟嚨呼圖克圖之呼彌勒罕卓

尼爾喇嘛降養沃色爾等朕維藩屏厚往中

朝垂柔遠之經航海梯山西土遠輸誠之願

靖共匪懈賞賚宜頒爾濟嚨呼圖克圖之呼

彌勒罕等屬在遐方清修梵行遣一介以呈

貢品跋涉維勞隔萬里而望君門就瞻孔切

是用降敕慰問以示襃崇併賜爾等銀緞諸

物爾其益矢精勤毋忘戒律上承優眷永葆

嘉名欽哉特敕

計開

賞濟嚨呼圖克圖之呼彌勒罕

三十兩重銀茶筒一件

各色大緞十二疋

大小哈達各七箇

緞二疋

布二十四疋

賞卓尼爾喇嘛降養沃色爾

三等蟒緞一疋

賞跟役喇嘛四名

布每名各六疋

光緒貳拾年拾壹月　初壹　日

雪域長歌·西藏歷史與文化

驻藏大臣为皇帝赏赐寺院匾额事咨热振呼图克图

清咸丰五年（1855）

纸　　　藏文

　　清朝皇帝曾多次赏赐藏传佛教寺院名号和匾额，这些匾额的封赐背景及题词内容，有着特定和重大的政治寓意，不仅反映了清朝中央政府对西藏各大寺院的重视及优礼，更体现了"兴教治藏"方略的施行。

　　三世热振活佛阿旺益西楚臣坚赞担任摄政期间，对其驻锡寺庙锡德林进行了大规模扩建，并呈请驻藏大臣谆龄代奏赏赐匾额。咸丰五年（1855）寺院竣工后，咸丰皇帝即赏赐"翊赞宗源"匾额。该文档即为驻藏大臣谆龄为咸丰皇帝赏赐匾额事转饬三世热振活佛的咨文。

金贲巴瓶

清乾隆五十七年(1792)

　　清乾隆五十七年（1792），在清军驱逐廓尔喀侵略势力后，鉴于当时西藏地方政局混乱，乾隆皇帝遂颁赐金贲巴瓶，用于抽签决定达赖喇嘛、班禅额尔德尼等藏传佛教大活佛的转世灵童，以确保转世认定过程的公正性与合法性。此后，第十世、第十一世、第十二世达赖喇嘛和第八世、第九世班禅额尔德尼都经由金贲巴瓶掣签选定，第九世、第十三世达赖喇嘛则经清朝中央政府批准免予掣签。民国中央政府继续沿用这一制度，先后批准十四世达赖与十世班禅额尔德尼免于掣签。1995年，中央人民政府通过金瓶掣签认定了十一世班禅额尔德尼，继续维持了这一历史定制。

　　金瓶掣签制度的实施革除了藏传佛教活佛转世制度中的舞弊现象，规范了宗教秩序和仪轨，也直接确立了中央对藏传佛教活佛转世的最终决定权，从而加强了对西藏宗教事务的管理。

驻藏大臣为任命"达喇嘛"事咨摄政济隆文书（2件）

清嘉庆三年(1798)　纸　　　藏文

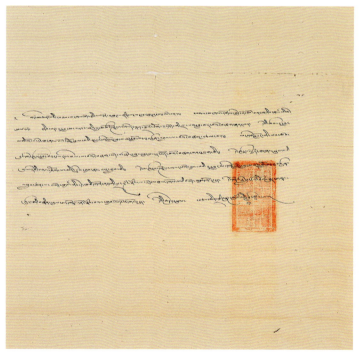

　　清朝中央政府除加强对藏传佛教活佛系统的管理外，对于僧官的任免尤其重视，特别是随着《钦定藏内善后章程二十九条》的颁行与实施，对僧官的任免与奖惩更是趋于制度化和体系化，从而加强了对藏传佛教事务的有效管理。

　　这两件文档即是驻藏大臣松筠、和宁等人于嘉庆三年（1798），为任命达普寺堪布（住持）洛桑顿珠及僧人洛桑尊珠二人为"达喇嘛"事，咨时任西藏地方摄政的八世济隆活佛达擦益西洛桑贝丹贡布文书，并钤盖"钦差大臣关防"。

第二单元 钦差驻藏

驻藏大臣制度是清朝中央政府治理西藏的重要举措,具有保障各项治藏政策措施得以贯彻执行的功能,对于清朝中央政府在西藏地方行使主权和施政管辖,发挥着关键作用。

在近两个世纪的时间里,驻藏大臣制度历经初创、发展、鼎盛、巩固完善等历史阶段。期间,一百多位驻藏大臣先后赴藏任事,多项治藏章程相继出台,机构建制不断充实健全,驻藏大臣职能设定与职权范围不断扩大,影响力不断增强, 地位更加巩固,中央对西藏的治理能力得到全面提升和加强。

ས་བཅད་གཉིས་པ། ཨམ་བན་བོད་དུ་སྡོད་པ།

བོད་སྡོད་ཨམ་བན་ལས་ལུགས་ནི་ཆིང་རྒྱལ་རབས་ཀྱི་དབུས་སྲིད་གཞུང་གིས་བོད་སྐྱོང་བའི་ཐེ་ཚམས་གལ་ཆེན་ཞིག་ཡིན་ཞིང་། དེ་བོད་སྐྱོང་སྲིད་ཇུས་དང་ཐེ་ཚམས་ཁག་ལམ་ལྷན་མཐུན་བསྒྲུབ་པར་འགན་སྲུང་བྱེད་པའི་ནུས་པ་ལྡན་ཡོད་སྟབས། ཆིང་རྒྱལ་དབུས་སྲིད་གཞུང་གིས་བོད་སྐྱོངས་ས་གནས་ལ་བདག་དབང་སྒྲོང་བ་དང་སྲིད་འཛིན་བདག་སྐྱོང་བྱེད་པའི་ཐད་འགག་རྩའི་ནུས་པ་ཐོན་ཡོད།

དུས་རབས་གཉིས་ལ་ཉེ་བའི་རིང་། བོད་སྡོད་ཨམ་བན་གྱི་ལས་ལུགས་ནི་གསར་འཛུགས་ནས་གོང་འཕེལ་ལྡར་བ་དང་། དར་ཞིང་རྒྱས་པ། ས་བརྟན་དང་འཕར་ལེགས་སུ་སོང་བ་སོགས་ཀྱི་ལོ་རྒྱུས་འཕེལ་རིམ་བརྒྱུད་ཡོད། དེའི་རིང་། བོད་སྡོད་ཨམ་བན་བརྒྱ་ལྷག་ཅམ་གྱིས་རྩ་རེས་སུ་བོད་སྐྱོང་ལས་འཛིན་གནང་སྟེ་བོད་སྐྱོང་སྒྲིག་ཡིག་ཁག་མང་པོ་ཞིག་བསྒྲགས་སར་བཟོ་འཛོན་བྱས་པ་དང་། སྒྲིག་གཞི་འཇུགས་གཉིས་བུ་རྒྱ་ཟས་མི་ཆད་པར་འབར་སྦོ་དེ་ཚང་དུ་ལོང་བར་བཏང་། བོད་སྡོད་ཨམ་བན་གྱི་འགན་ནུས་གཏན་འབེབ་དང་འགན་དབང་ཁྱོན་ཁོངས་རྩ་མི་ཆད་པར་རྒྱ་ཆེར་བོད་ཡོད་ལ། དེའི་ཤུགས་རྐྱེན་ཟེབས་ནུས་ཟས་མི་ཆད་པར་དེ་ཆེར་བོད་ང་དང་གནས་བབ་བབ་སྤར་ནས་ས་བརྟན་དུ་ས་བཏང་ནས་གྱུར། དབུང་གིས་བོད་སྐྱོང་བའི་ནུས་པ་ཕྱོགས་ཡོངས་ནས་ཕུལ་གས་ཆེར་ཕྱི་ཡོད།

Unit Two   Imperial Commissioners in Xizang

The Grand Minister Resident in Xizang (also known as Amban) System was an important measure in managing Tibetan affairs, which was functional in ensuring the implementation of various policies and measures issued by the Qing government for governing Xizang, and had played a key role in the exercise of sovereignty and administrative jurisdiction of the Central Government of the Qing dynasty in Xizang.

In the nearly two centuries, the Amban System in Xizang had gone through the historical stages of inception, development, heyday, consolidation and improvement. In this period, more than a hundred Ambans were sent successively to Xizang to serve, several regulations on governing Xizang were issued one after another and the institutional and system continued to be enriched and perfected. The functions and power of Amban in Xizang continued to expand, their influence continued to increase, and their political status were more consolidated. Hence, the Central Government's ability to exercise sovereignty and governance over Xizang was comprehensively improved and strengthened.

策楞等遵旨将珠尔默特那木札勒房屋作为驻藏大臣衙署折（中国第一历史档案馆藏）

清乾隆十六年（1751）

纸　　　汉文

乾隆十五年（1750），"珠尔默特那木扎勒之乱"发生后，鉴于此前的"通司岗"驻藏大臣衙门在事变中被焚毁，并于其后改建为祭祀变乱中殉职的驻藏大臣傅清与拉不敦的"双忠祠"，新任驻藏大臣一时无处办公，钦差大臣策楞和驻藏大臣班第、那穆扎尔等人遂奉乾隆皇帝谕旨，命当时擅自占住郡王珠尔默特那木扎勒府邸"甘丹康萨"的噶伦班第达搬出，将其作为新的驻藏大臣衙门，该文档即是策楞等人于乾隆十六年（1751）奏复遵旨办理情形的奏书。

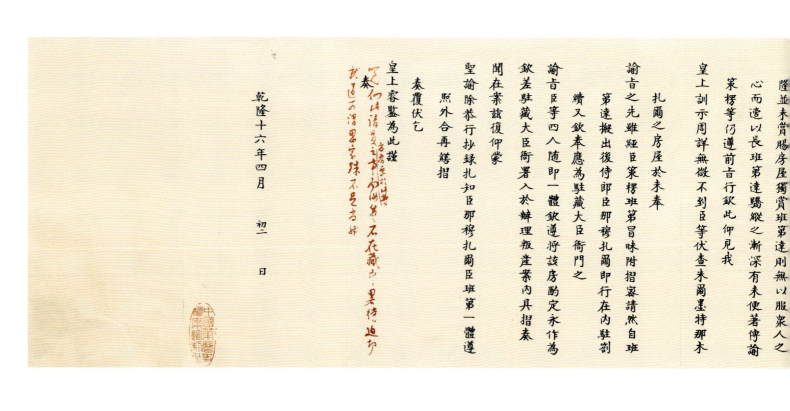

奏

奏為覆奏事竊臣策楞於本年二月初七日會同

副都統銜臣班第其

臣策楞臣兆惠謹

奏蒙隆公班第達並未賞給吉都爾台吉名號及

伊現在感激恭順情形惟私住朱爾墨特那木

扎爾之房屋殊有不合飭令搬移並家請可否

仰邀

聖恩念其辦事黽勉

特賞居住一摺竊於三月二十六日臣箏途次恩達

接奉

硃批另有旨諭欽此并於報匣內接到

廷寄欽奉

上諭內開朕前經降旨從前駐藏大臣居住之都司

崗應即為傳清拉布敦祠堂其朱爾墨特那木扎

爾之叛產應追入官為駐藏大臣辦事公所并官

兵居住班第達自有舊居朱爾墨特那木扎爾原

係王爵其房屋體制非班第達所可居策楞等拜

摺時尚未接到此旨是以有此奏請當知班第達

［左側小字難辨］

驻藏大臣确认色拉寺所属庄园田地归属事令牌

清乾隆三十五年(1770)

纸　　　汉、藏文

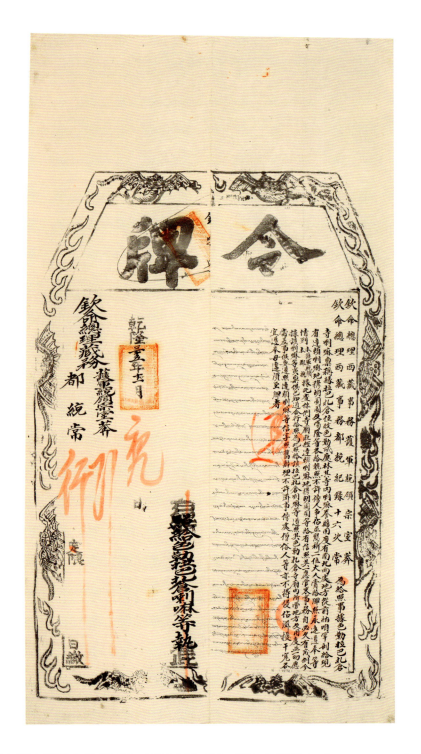

　　该"令牌"是驻藏办事大臣莽古赉(1767—1773年在任)、帮办大臣常在（1769—1771年在任），就色拉寺土地、田产确权颁发的令牌。大意是说，据色拉寺喇嘛报告，该寺共有南北两处地方的收入用来支付寺内喇嘛各项开支，从前拉藏汗、达赖喇嘛、摄政第六世第穆呼图克图以及噶伦等都发有"执照"，予以确认，现在请求驻藏大臣也发给凭证予以重申保护。莽古赉、常在遂发布此令牌，以资凭据。

　　该"令牌"中，拉萨三大寺之一的色拉寺因担心其寺产安全而请求驻藏大臣颁发文件予以确认，体现了驻藏大臣在保护处置寺产等宗教事务方面具有无可置疑的决定权。不过从文首及落款处署名的"钦命总理西藏事务"和"本统领""本都统"的称呼来看，驻藏大臣之名此时仍然尚未最终形成和确定。

驻藏大臣为札什城万寿寺供养用度事颁发的执照

清嘉庆十九年(1814)
纸　　　汉、藏文

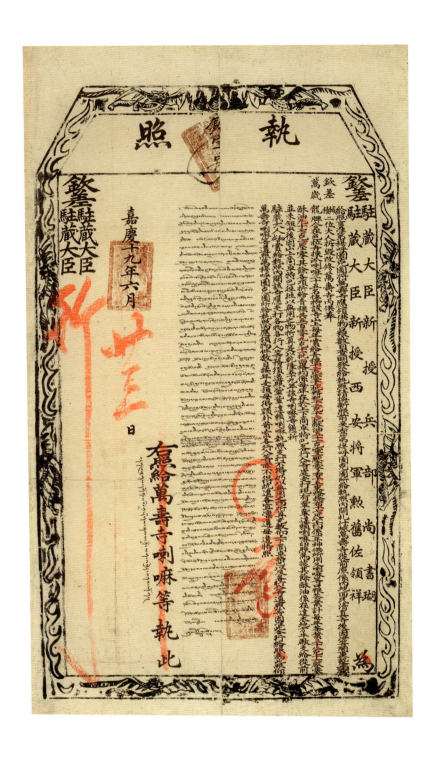

　　该文档是驻藏大臣瑚图礼（1811—1814年任办事大臣）、祥保（1812—1814任帮办大臣）于嘉庆十九年就支给万寿寺供品、口粮等物品事颁发给万寿寺住持喇嘛的"执照"。其缘由是在乾隆五十九年驻藏大臣和琳、成德曾规定由噶厦政府为万寿寺提供供品和喇嘛口粮，但并没有得到噶厦方面的认真遵守和执行，因此才不得不在时隔二十多年后，新一任驻藏大臣又因同一事件发布命令，对相关规定再一次予以重申和明确。

　　该文档的存在，反映了驻藏大臣职权的合法性与权威性，以及《钦定藏内善后章程二十九条》颁行后得到顺利实施，其中赋予驻藏大臣对西藏地方财政开支以及寺院管理等权限得到了有效贯彻落实。

松筠、和宁为驻藏清军粮饷事给噶厦的文书

清乾隆六十年（1795）

纸　　藏文

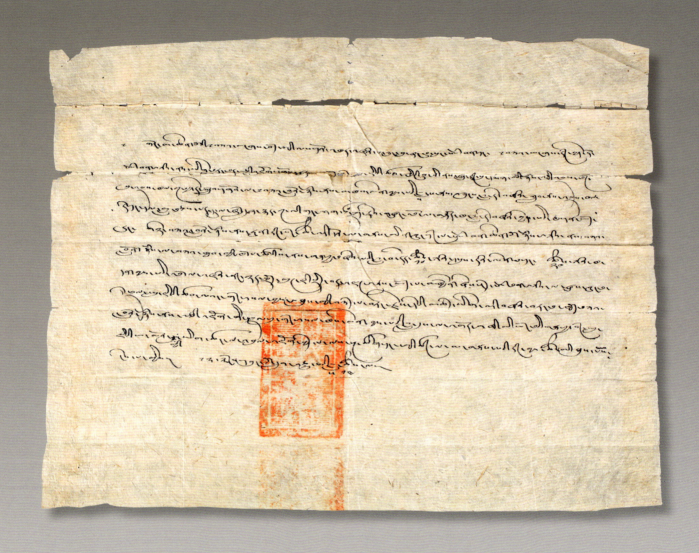

　　这是一件时任驻藏办事大臣松筠、帮办大臣和宁，联署发给西藏地方政府的公文，要求遵照定规和承诺，及时、足额采买驻藏清军口粮的命令。

　　自乾隆十五年（1750）"珠尔默特那木扎勒之乱"后，清朝中央政府即开始在西藏留驻 500 名常备绿营军，归驻藏大臣统领，其粮饷费用由中央政府拨给，每年从四川解银 6 万余两，西藏地方政府负责供给粮饷并配合采办。

　　松筠与和宁在藏任职期间，正是清朝中央政府大规模用兵西藏、驱逐廓尔喀并大力整顿藏政之后的治藏高峰期。其间，二人着力于《钦定藏内善后章程二十九条》的贯彻实施，锐意整顿吏治、巩固国防、体恤民众、发展生产，官声卓著，是驻藏大臣之中的卓有建树者。

驻藏大臣升调孜本等官员事饬令

清嘉庆十年(1805)

纸　　　藏文

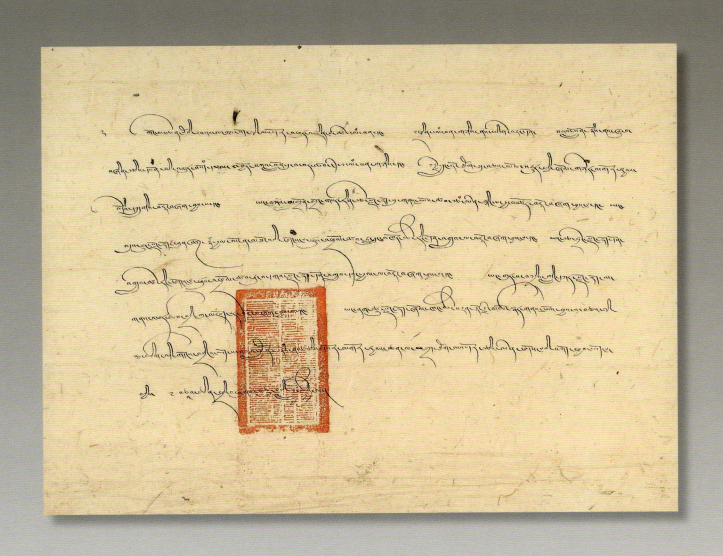

　　根据《钦定藏内善后章程二十九条》规定，西藏地方政府官员的任命先是由噶厦拟订二名以上候选人，报请达赖喇嘛（或摄政）和驻藏大臣选定一人。其中的噶伦、代本等高级官员，则需进一步报请清朝中央政府任命。

　　此为嘉庆十年（1805），时任驻藏办事大臣策拔克、帮办大臣成林颁发给噶厦的饬令，其内容涉及噶伦（行政长官）、孜本（财务官）、噶仲（知宾），以及仁孜、堆琼、扎囊、萨嘎、林嘎、那曲等地宗本（县长）的升迁和调补。

西藏夷情就达木八旗盐税事颁发令牌

清嘉庆十六年（1811）

纸　　　汉、藏文

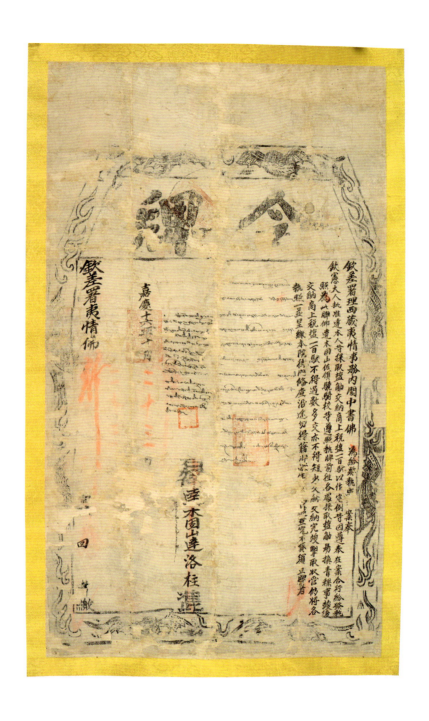

　　这是嘉庆十六年（1811），由署理西藏夷情事务的时任内阁中书佛尔泰阿发布的一件"令牌"，大意是说在报请驻藏大臣批准后，规定达木八旗百姓每年向西藏地方政府缴纳一百驮税盐。"钦宪"这里指钦差大臣，由于驻藏大臣全称为"钦差办理西藏事务大臣"故常有"钦宪"之称。"商上"是西藏地方政府负责管理钱粮的机构，此处指噶厦。"达木固山佐领骁骑校"系指达木蒙古八旗的各级首领，其中"总固山达"是指达木八旗总管，其余"固山""佐领""骁骑校"则分别为各旗首领。

　　"达木八旗"是指清初进入西藏，并在藏北当雄一带驻牧并定居的、由固始汗及其后裔统领的和硕特蒙古八个小部落。由于藏北地区分布着大量的盐湖，因此在历史上，达木蒙古八旗百姓有在附近湖泊采盐并四处贩卖的习俗，故而有向噶厦缴纳盐税的惯例。由于在乾隆十五年爆发的"珠尔默特那木扎勒之乱"后，达木八旗与藏北三十九族即划归驻藏大臣直接管辖，因此，凡涉及达木八旗事务，均由"西藏夷情"秉承驻藏大臣的指示，负责处理和协调。

驻藏大臣处置布鲁克巴头人打伤帕克里营官事晓谕

清嘉庆十六年（1811）

纸　　　汉、藏文

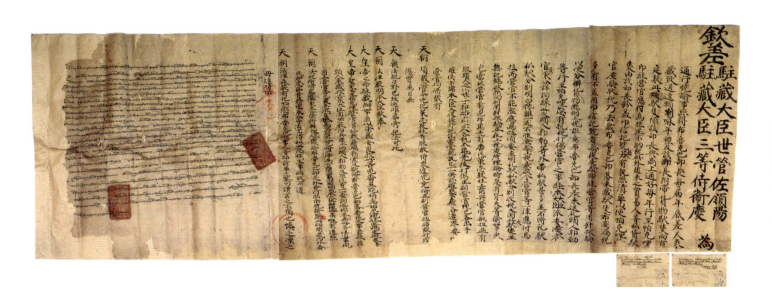

　　该"晓谕"为时任驻藏办事大臣阳春（1811—1812年在任）和帮办大臣庆惠（1811—1812年在任）联袂发布，行文冗长，语气严厉，叙事极为繁琐，大意是说布鲁克巴部长（即不丹君主）按例差人向达赖喇嘛献礼，在从帕克里（今亚东县帕里镇）进关时，违例夹带私货并打伤当地营官（即宗本等地方官员），故此对行凶人犯予以严惩，对处置失当的帕克里营官予以降级使用，并晓谕众人，申明朝廷法纪。反映了清代驻藏大臣对西藏涉外事务的专擅以及司法和官吏任免权力的有效行使，是清朝中央政府在西藏行使主权和治权的直接体现。

驻藏大臣为救济灾民事给噶厦政府的命令

清嘉庆二十五年(1820)

纸　　　　藏文

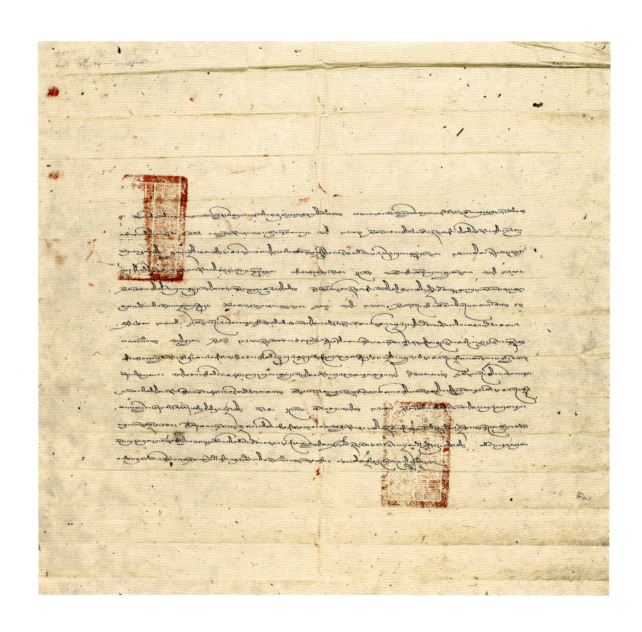

　　这是一件驻藏办事大臣玉麟（1818—1821年在任）、帮办大臣珂实克（1814—1820年在任），于嘉庆朝末年颁发给西藏地方政府的令文，要求众噶伦督促山南、林芝等地官员，迅速将近年来逃亡到本地的灾民及其财物移交回原籍，并安排好交通运输和入籍等事宜。

　　历史上，由于西藏地方政府苛捐杂税繁重，贫苦百姓不堪重负，不得不逃亡他乡求生，从而极大地影响了社会的安定和生产发展。与此同时，由于恶劣的自然条件，西藏地方经常发生大型自然灾害，导致大规模的灾民迁移与流离失所。因此，清朝中央政府不仅颁行若干"章程"，对西藏地方的税赋和乌拉差役进行规范，在减轻和调整税赋的同时，严禁私派乌拉差役，同时也屡次命驻藏大臣传谕西藏地方政府豁免百姓税赋，并由中央拨付钱粮救济灾民，该文档即反映了这一史实。

驻藏大臣任命宗本等官员事饬令

清道光八年（1828）
纸　　　藏文

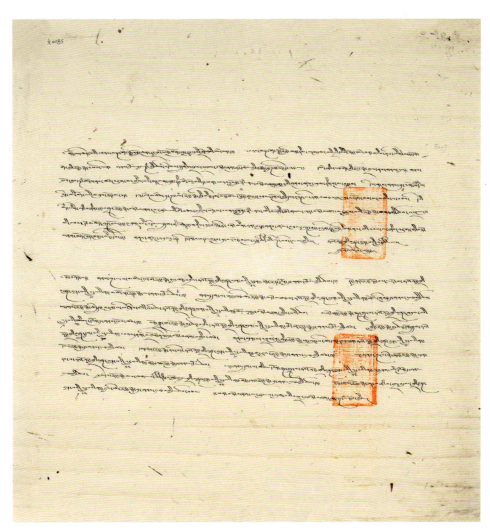

　　这是时任驻藏办事大臣惠显（1827—1830年在任）、帮办大臣广庆（1826—1829年在任），于道光八年（1828）就官员任命事发给西藏地方政府众噶伦的命令。大意是说，此前已经要求你们呈报拟选任官员名单，但迄今仍未收到呈文，导致相关官员升迁和调动之后原有职位长期空缺，以致诸事颓废。现命你们按例从速呈报名单给摄政诺门罕阿旺绛白楚臣（即第二世策墨林活佛）和本大臣批准，送理藩院备案，以便从速补放博窝（波密县）、绒辖（定日县绒辖乡）、浪卡子、宗喀（吉隆县）、左贡、萨嘎、江达（工布江达县）等宗（县）之官员缺额。

驻藏大臣鄂顺安奏抵藏接受关防日期折 （中国第一历史档案馆藏）

清道光十六年（1836）

纸　　汉文

　　驻藏大臣关防是驻藏大臣行使职权、处理事务的象征和凭证。按照惯例，历任驻藏大臣在任期届满、新旧交替时，首先就是要完成驻藏大臣关防的交接，并奏报清朝中央政府其到任、离任与关防交接情况，这件奏折即是此例。

　　鄂顺安，字云圃，满洲正红旗人，历任奉天府尹、刑部左侍郎、湖北巡抚、山西巡抚、湖北按察使、河南布政使、河南巡抚等职，并曾先后于道光十五年和道光二十八年出任驻藏帮办大臣。这件奏折即描述了鄂顺安于道光十五年底，首次受任驻藏帮办大臣之职、并于次年十月间抵达拉萨后，代表尚未到任的驻藏办事大臣关圣保，与即将赴任贵州布政使的前任驻藏大臣庆禄交卸事务和关防的情形。

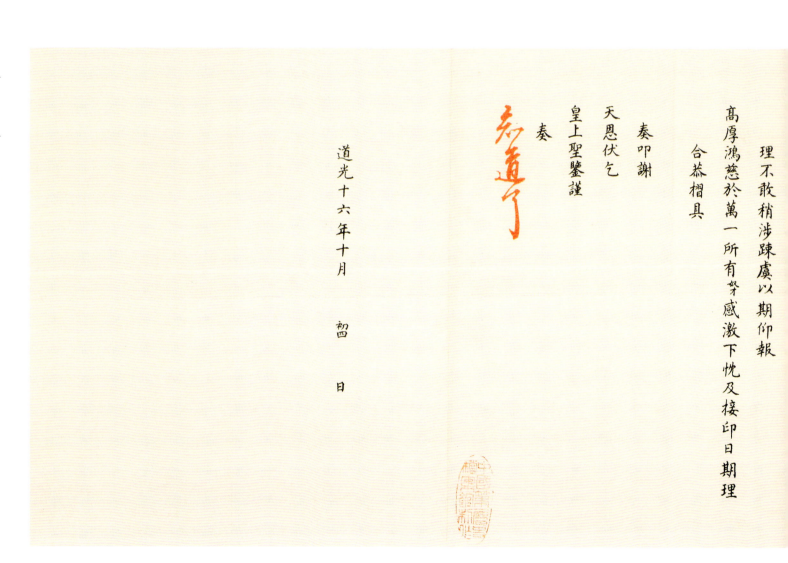

驻藏大臣关防钤记

奏

芕鄂順安跪

奏為恭報接印日期叩謝
天恩仰祈
聖鑒事十月初四日准駐藏大臣調任貴州布政使
慶祿移稱九月十九日奉到軍機大臣字寄內
開八月初八日奉
上諭昨已降旨將慶祿補授貴州布政使慶祿接奉
諭旨即將印信移交鄂順安速赴新任無庸來京
請訓等因欽此理合將印信報匣等項遵
旨移交前來芕當即接收叩謝
天恩訖伏查西藏地處邊隅漢番雜處一切撫綏駕
馭訓練操防在在俱關緊要慶祿現已交卸不
日起程赴任新授駐藏大臣闞聖保到藏尚需

西藏夷情发给类乌齐活佛的马牌

清光绪四年(1878)

纸　　　汉、藏文

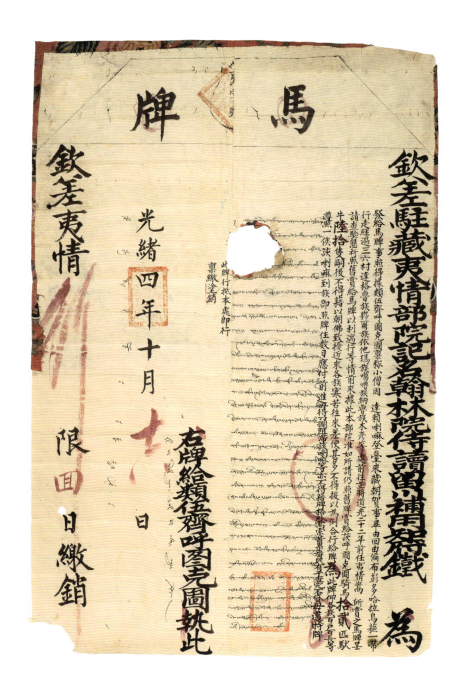

　　这是理藩院驻藏夷情部院铁姓司员颁发给类乌齐寺第四世帕曲活佛仁青伦珠的一件"马牌"，大意是说该活佛此前因前往拉萨，参加十二世达赖喇嘛转世灵童（十三世达赖喇嘛未坐床前的称谓）迎请、献礼和剃度等事毕，将经由藏北蒙古三十九族地方返回类乌齐寺，遂前往理藩院驻藏夷情部院，将道光二十二年（1842）所发"马牌"呈请查验，请驻藏夷情部院换发新"马牌"。该铁姓官员遂颁发该"马牌"，命藏北三十九族地方照旧例供给该呼图克图乘马 12 匹、驮牛 60 头等乌拉差役。

　　"马牌"中的类乌齐活佛是指历史上类乌齐寺三大活佛中的帕曲活佛。第一世帕曲活佛在"驱准战争"中积极支持清军，于雍正元年（1723）被清朝中央政府赏给"诺门罕"名号。雍正九年（1731），清朝中央政府又封该活佛"呼图克图"名号，并赏赐类乌齐地方为其采邑，该系活佛遂成为藏东一带势力较大而且拥有政教权力的藏传佛教活佛系统。

驻藏大臣处理黄黑教及三十九族争斗案翎照

清光绪七年(1881)

纸　　　汉、藏文

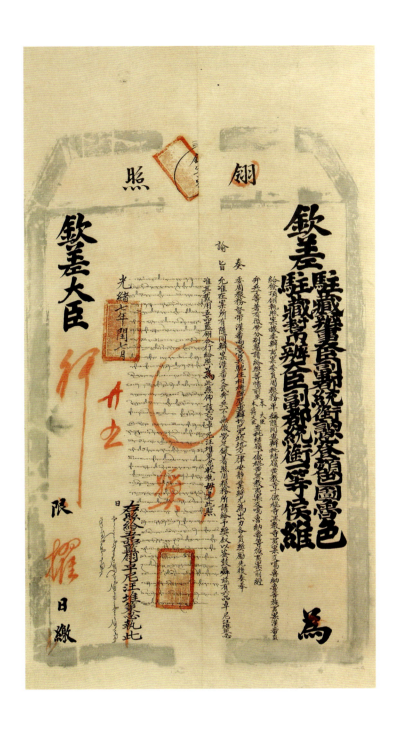

　　该"翎照"是驻藏办事大臣色楞额（1879—1885年在任）、帮办大臣唯庆（1879—1882年在任）发布的命令，大意是对随同查办和平息藏北地方格鲁派寺庙与苯教寺庙之间布施纠纷，以及藏北蒙古三十九族部落争斗的官兵予以奖励。

　　对西藏地方各级官员的奖叙与惩处是清朝中央政府有效行使治权和驻藏大臣有效行使人事任免权的直接体现。历史上的藏北三十九族也被称为"霍尔三十九族"，与达木蒙古八旗类似，为蒙古族后裔游牧定居之地，自乾隆十六年（1751）始划归驻藏大臣直接管辖，由理藩院派驻西藏的驻藏夷情司员具体管理，并向驻藏大臣衙门缴纳贡马银和当差。由于三十九族地方民众多信奉苯教，与邻近归属西藏地方政府保护的格鲁派势力屡有冲突，故而双方经常诉至驻藏大臣衙门剖断，该"翎照"即是对这一历史的反映。

驻藏大臣联豫监造的木斛（太昭陈列馆藏）

清宣统二年（1910）

　　19 世纪末，中国积贫积弱，清朝中央政府腐败无能，英俄等帝国主义势力大肆扩张殖民领地，阴谋分裂西藏。为巩固国防、维护主权、力挽危亡，末任驻藏大臣联豫在极其艰难的条件下实施了一系列新政措施，力图强化对西藏地方的施政，促进当地经济社会的发展进步。这件刻有"宣统二年钦差驻藏办事大臣联豫"字样的木斛，即是其在西藏地方推行新政，统一度量衡，以促进当地生产和贸易的举措之一。

前藏理事官就征税事颁发执照

清宣统三年(1911)
纸　　　汉、藏文

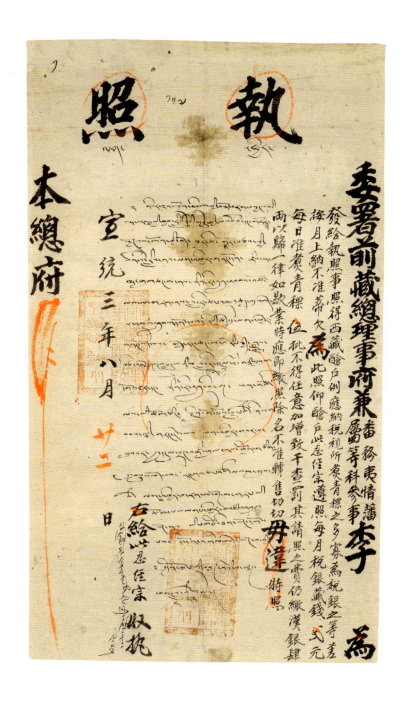

　　历史上，由于西藏地方经济落后，三大领主向百姓征收的赋税极其繁重，因此中央政府从来不向西藏地方政府征收赋税。但是在清朝末年，驻藏大臣联豫等人在西藏实施新政，计划编练新军，由于需要大笔款项，在清朝中央政府及四川、广东两省拨付款项仍然不足的情况下，遂通过在西藏地方征税的方式予以弥补。此"执照"即为当时新设立的前藏理事官发给青稞酿酒商户的执照，以作为其缴纳相应税收的凭据。

　　清代末任驻藏大臣联豫上任伊始即大力推行新政，谋求"事权专一"，奏请裁撤了帮办大臣代之以左右参赞，裁撤粮台代之以理事官和各地委员，裁撤西藏夷情代之以驻藏大臣衙门内设的番务夷情藩属科参事，在一定程度上取代了西藏地方政府的某些职能。因此颁发该"执照"的机构和官员不再是驻藏夷情或西藏地方政府，而是负责办理赋税、经营商务和兴办教育与实业等事务的前藏理事官和驻藏大臣衙门内设的番务夷情藩属科参事。

"朵森格"驻藏大臣衙门石狮

清代

　　"朵森格"是藏语"石狮子"的音译，今拉萨市城关区"朵森格路"之名，即源于清代在此地设立的驻藏大臣衙门前一对石狮子，因此人们也通常将此地的驻藏大臣衙门称为"朵森格驻藏大臣衙门"。

　　清代先后在拉萨设立有多处驻藏大臣衙门，包括"通司岗驻藏大臣衙门""甘丹康萨驻藏大臣衙门""桑珠康萨驻藏大臣衙门"和"朵森格驻藏大臣衙门"。其中，"朵森格驻藏大臣衙门"设立最晚，一直持续使用到了清末，最终毁于1912年西藏地方分裂势力制造的"驱汉事件"。但大门前的一对石狮子却被保存了下来，成为体现清朝中央政府在西藏地方行使主权和施政管辖的历史见证。

驻藏大臣出巡图

清代

纸　　　藏文

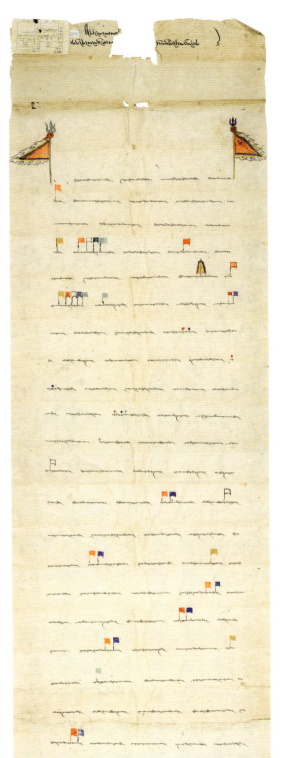

　　整饬军备、巩固边防是驻藏大臣的重要职能之一，1793 年制定的《钦定藏内善后章程二十九条》明确规定，驻藏大臣负责西藏防务，统率绿营兵弁、指挥操练地方军队，每年分春秋两季出巡前后藏各地和检阅军队，对各地欺压和剥削人民的官员予以查究。因此，驻藏大臣每年春秋两季对各地的出巡就成为其履行职能、查办藏事和整顿军务的重要手段。而地处边远、战略地位重要且有重兵驻守的日喀则（今桑珠孜区）与江孜、定日等地，必然是驻藏大臣每年例行巡视的重点地域。

　　这件反映驻藏大臣青保巡查日喀则（今桑珠孜区）、江孜、定日三汛的出巡图，即以图文并茂的形式详细描绘了当次出巡时，随行队伍的组成、各色旗帜的使用以及巡查地点和若干具体巡查情形，不仅随员众多、声势浩大，而且程序繁复、仪式隆重，充分彰显了驻藏大臣崇高的地位和煊赫的威权。

清朝中央政府在西藏地方发行的试铸币(夺底钱币博物馆藏)

清乾隆五十六年(1791)

　　清初,西藏地方主要流通尼泊尔土邦铸造的银币,自行铸造金属货币最早始于乾隆二十八年(1763),据《钦定廓尔喀纪略》记载,时任摄政第六世第穆活佛因"巴勒布来钱稀少、不为民用"曾铸钱两年。此后的乾隆五十年(1785),西藏地方亦曾铸过一次,但发行时间不长。

　　乾隆五十四年(1788),因藏尼银钱纠纷等原因导致廓尔喀入侵西藏,战事爆发,尼泊尔币无法流入西藏,影响到了西藏地方乃至进藏清军贸易活动的开展,清朝中央政府遂决定按内地之例在藏安设炉座、拨派官匠制钱。乾隆五十六年(1791),在驻藏大臣与时任摄政的第八世济隆活佛主持之下,开始在工布地区觉木宗雪卡沟制造章噶银币"久松西阿""久松西出"和"久松西归"等,是为清朝中央政府在西藏地方最早铸造的银币,为清代西藏地方货币制度的最终确立开创了先河。

久松西出原版试铸银币(1792)

第一次改良版久松西出银币(1840)

第二次改良版久松西出银币（1850）之一

第二次改良版久松西出银币（1850）之二

第二次改良版久松西出银币（1850）之三

"宝藏局"造币厂铸造的钱币（夺底钱币博物馆藏）

清代

　　历史上，因西藏地处偏远、交通不便，而且社会结构与经济模式迥异，内地货币难以流通到西藏使用，因此西藏地方一度长时间使用尼泊尔铸造的银钱。但是由于这种银钱掺铜过多，成色不足，而且尼商任意抬价，使西藏地方的经济与贸易受到了损失，国家主权也受到了影响。

　　乾隆五十七年（1792），在"驱逐廓尔喀（即尼泊尔）之战"取得完胜后，福康安及驻藏大臣等经清朝中央政府批准，在布达拉宫山脚下的雪城设立了"宝藏局"造币厂，开始铸造专用于西藏地方的货币，并直至清末。从此，兼有汉、藏两种文体的"乾隆宝藏""嘉庆宝藏""道光宝藏""咸丰宝藏""同治宝藏""光绪宝藏""宣统宝藏"等，具有浓郁地方特色的银币和铜钱相继在西藏问世和流通。

　　清朝中央政府在西藏铸造钱币，是整顿藏务、强化治权的重要措施，是中央政府治藏政策发展完善的必然产物，也是清朝中央政府对西藏地方行使主权和施政管辖的有力实证，不仅维护了西藏地方的经贸权益、维系了西藏社会经济局势的稳定，也宣示了国家主权。

乾隆宝藏银币(1795)之一

乾隆宝藏银币(1795)之二

乾隆宝藏银币（1795）之三

嘉庆宝藏银币（1820）之一

嘉庆宝藏银币（1820）之二

道光宝藏银币（1822）

道光宝藏银币（剪碎币）

宣统宝藏铜币（1909—1912）之一

宣统宝藏铜币（1909—1912）之二

宣统宝藏银币（1909—1912）

第三单元　地方政权

1642年，甘丹颇章地方政权建立，历时三百余年，先后历经了汗王掌政、噶伦联合执政、郡王执政及噶厦时期。

在此期间，中央政府根据西藏地方特殊的政治格局和社会形势，不断调整治藏模式，对其地方政权体制进行了数次整顿和改革。西藏地方政府多能秉承中央旨意，办理地方事务，为进一步密切西藏地方与中央政府关系、稳定西藏地方社会局势、发展社会生产，一度发挥了积极的作用。

ས་བཅད་གསུམ་པ། ས་གནས་ཀྱི་སྲིད་དབང་།

1642ལོར་དགའ་ལྡན་ཕོ་བྲང་ས་གནས་སྲིད་དབང་བཙུགས་ནས་དུས་ཡུན་ལོ་སུམ་བརྒྱ་ལྷག་ཙམ་རིང་། སྤུ་རྗེས་སུ་ཏུན་ཁང་གིས་སྲིད་འཛིན་པ་དང་། བཀའ་བློན་མཉམ་འབྲེལ་གྱིས་སྲིད་སྐྱོང་བ། རྒྱན་ཁང་གིས་སྲིད་སྐྱོང་བ། དེ་བཞིན་བཀའ་ཤག་གི་དུས་སྐབས་བཅས་བརྒྱུད་ཡོད།

དུས་སྐབས་དེའི་རིང་། ཀྱུང་དབྱུང་སྲིད་གཞུང་གིས་བོད་ལྗོངས་ས་གནས་ཀྱི་དམིགས་བསལ་ཆབ་སྲིད་གནས་བབ་དང་སྤྱི་ཚོགས་ཀྱི་དུས་བབ་ལ་གཞིགས་ནས་བོད་སྐྱོང་སྲང་ལ་ལེགས་སྐྲིག་རྒྱན་ཆད་མེད་པར་བྱས་པ་དང་། དེའི་ས་གནས་སྲིད་དབང་གི་ལམ་ལྷོལ་ལ་འཚོ་སྐྲིག་དང་བསྒྱུར་བཅོས་མང་མཐ། བོད་ལྗོངས་ས་གནས་སྲིད་གཞུང་གིས་ཡུང་གུང་གི་བཀའ་དགོངས་ལྟར་ས་གནས་ཀྱི་ལས་དོན་སྒྲུབ་གཞེར་བྱས་ཏེ་བོད་ལྗོངས་ས་གནས་དང་གུང་དབང་སྲིད་གཞུང་དབར་གྱི་འབྲེལ་བ་སྲར་བས་ཐབ་ཏུ་གཏོང་བ་དང་། བོད་ལྗོངས་ས་གནས་ཀྱི་སྤྱི་ཚོགས་དུས་བབ་བརྟན་སྲིང་ཡོང་བ། སྤྱི་ཚོགས་ཀྱི་ཐོན་སྲིང་བོད་འཛིན་གཏོང་བ་བཅས་ཀྱི་ཆེད་དུ་སྐབས་ཤིག་རིང་དགེ་མཚན་ལྡན་པའི་ནུས་པ་འདོན་ཐུབ་བྱུང་།

Unit Three　　Local Regimes

In 1642, the Ganden Podrang local regime was founded, which lasted for more than 300 years, experiencing the Mongol Khan Administration, the Bka' blons Coalition Administration, the Commandery Prince Administration and the Kashag period.

During this period, the Central Government of the Qing dynasty continuously adjusted the governance model in accordance with the particular politics and social situation in Xizang and carried out several rectifications and reforms. Xizanglocal regimes handled local affairs by the will of the Central Government, played a positive role in enhancing the relationship between Xizang and the Central Government, stabilizing the local social situation and developing social production in Xizang.

噶朗第巴之印

明代（帕竹地方政权时期）
铁　　　藏文

　　历史上，由于波密地区所处地理位置偏僻，地方事务皆由波密土王即噶朗第巴自主管理，拥有较高程度的自治。1642年甘丹颇章地方政权建立后，西藏地方政府管辖下的宗谿和噶朗第巴政权系统在波密境内并存。

　　噶朗第巴曾管辖18个小宗，统领6个第巴头人。1932年，噶厦完全收回对波密的管辖权，从而结束了噶朗第巴统治波密的历史。该印章是掘藏师桑杰林巴赠与第五世噶朗第巴噶尔琼蚌之印，印文为藏文"噶朗"，似为其办理公务之印，并为后世历代噶朗第巴沿用，直至20世纪30年代波密土王势力消亡。

"持金刚"印

17世纪
木、铁　　　八思巴蒙古新字

　　据史料记载，"持金刚"印原为蒙古土默特部首领俺答汗赠给三世达赖喇嘛索南嘉措的一枚金印，甘丹颇章地方政权建立初期，五世达赖喇嘛曾延续使用。此后五世达赖喇嘛根据此印新作这枚"持金刚"木钮铁印，其尺寸略大于原印，作为实用印使用。后辈达赖喇嘛颁布地方文档时也大多将此印作为压题印钤盖。

皇太极为召请高僧事致萨迦法王书

清崇德八年（1643）

纸、丝绸　　藏、蒙文

这是清崇德八年（1643），皇太极给萨迦法王的一道回信，主要内容是皇太极关于召请高僧事致萨迦法王并赏赐礼品。史料记载，崇德七年（1642），五世达赖喇嘛派遣使者前往盛京（今沈阳）觐见皇太极，并带去了藏巴汗、红帽噶玛巴、四世班禅、固始汗以及萨迦法王等写给皇太极的信件。次年，使者返藏，皇太极即派遣回赏使者随同朝觐使者前往西藏，并同时带去了回复前述西藏各政教首领的信件。该文档不仅钤盖有皇太极创制的满文"皇帝之宝"，而且颁发时间和使者姓名均完全与史料记载相符，因而毫无疑问是当时皇太极回复西藏僧俗首领信件之一，也是目前所见最早的清代颁发西藏地区的圣旨，对于佐证和研究前清与西藏地方关系具有极为重要的史料价值。

五世达赖喇嘛颁四世第穆活佛文告

藏历水蛇年(1653)
丝绸　　藏文

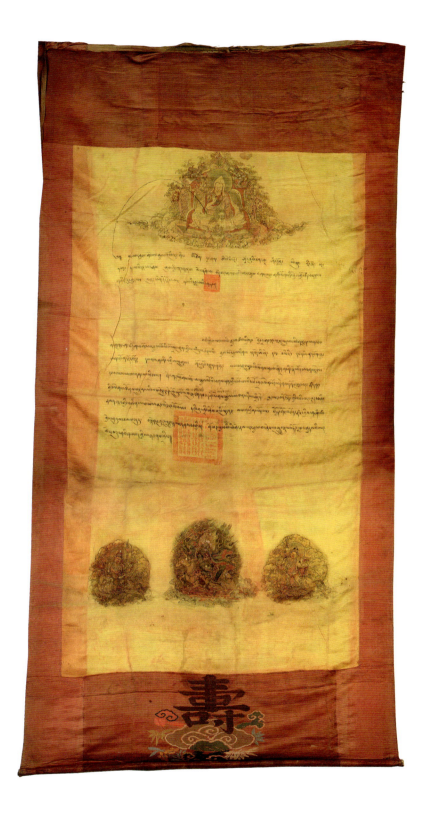

　　此文告是五世达赖喇嘛于 1653 年颁给四世第穆活佛阿旺格勒坚赞的文告。四世第穆活佛阿旺格勒坚赞曾于 1652 年随同五世达赖喇嘛进京朝觐。1653 年启程返藏行至青海后，第四世第穆活佛即返回康区。该文档即为藏历水蛇年（1653）八月十一日在青海分别之际，五世达赖喇嘛颁给四世第穆活佛的文告，主要内容为简述其协助五世达赖喇嘛进京有功，授予其大国师名号，命沿途各级官员、百姓做好照应。文告末尾钤盖印信即为此前顺治皇帝刚刚颁给五世达赖喇嘛的金印，即"西天大善自在佛所领天下释教普通瓦赤喇怛喇达赖喇嘛之印"。

六世达赖喇嘛仓央嘉措颁尚敦普巴铁券文书

藏历铁龙年（1700）
丝绸　　藏文

　　该文档为六世达赖喇嘛仓央嘉措于藏历铁龙年（1700），颁给苯教仪轨师尚敦普巴的铁券文书，其大意为：尚敦普巴作为甘丹颇章地方政权的仪轨师，自五世达赖喇嘛时期开始对甘丹颇章地方政权礼敬有加，因此五世达赖喇嘛、固始汗、第司桑结嘉措等先后颁发铁券文书，对其既有权益进行了复核确认。今六世达赖喇嘛仓央嘉措再次对其权益重申复核，一切官民均须遵照铁券文书执行。文档末尾钤盖有顺治皇帝颁赐五世达赖喇嘛的"大金印"，即"西天大善自在佛所领天下释教普通瓦赤喇怛喇达赖喇嘛之印"。

五世班禅启用"班臣额尔德尼之印"荐新文告
(西藏自治区档案馆藏)

清康熙五十二年（1713）
丝绸　　藏文

　　清康熙朝后期，西藏地方先后发生了五世达赖喇嘛圆寂、第巴桑结嘉措秘不发丧并被拉藏汗所杀、仓央嘉措被废、六（七）世达赖喇嘛人选争议不休等重大事件，西藏地方政局极度混乱，亟需深孚众望的人物主持大局。

　　在此情形下，康熙皇帝按照当年顺治皇帝册封五世达赖喇嘛的规格，于康熙五十二年（1713）派遣使者前往扎什伦布寺，册封第五世班禅罗桑益西为"班臣额尔德尼"，并颁发了圣旨、金印和金册，命其协助拉藏汗管理西藏地方事务。这是历代中央政府对班禅系统的首次正式册封，五世班禅深感荣宠，因此命人将册封他的圣旨内容原文抄录，并钤盖了当时颁赐的"敕封班臣额尔德尼之印"，将受封并立即启用金印之事昭告天下咸知。

康熙皇帝封授康济鼐为贝子诏书

清康熙六十年（1721）
纸、丝绸　　藏、满、蒙文

　　康熙末年，盘踞在新疆的策旺阿拉布坦准噶尔蒙古势力袭扰西藏，烧杀抢掠，无恶不作，清朝中央政府先后两次派遣大军进剿。与此同时，以拉藏汗旧部康济鼐、颇罗鼐以及阿尔布巴等为代表的西藏地方武装积极抗击准噶尔势力，对清军的进剿行动提供了有力的支持与配合，很快将准噶尔势力驱逐出西藏，恢复了西藏地方的稳定与安宁。战事结束后，清朝中央政府分别封授康济鼐等人为贝子、公爵和头等台吉，并组建了以康济鼐为首的西藏地方政府。此即为当时封授康济鼐为贝子并令其主持西藏地方政务的封诰。

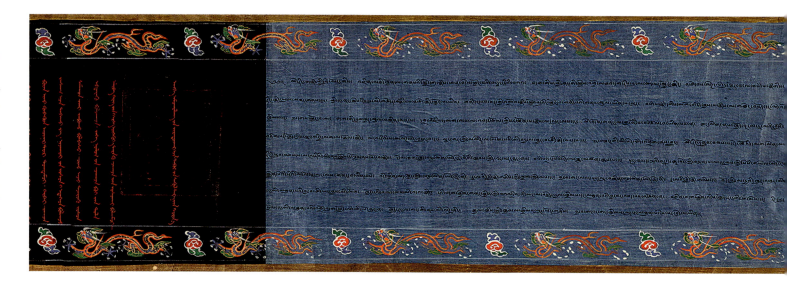

雍正皇帝封授一世帕曲活佛之"协广黄法诺门汗之印"

清雍正元年(1723)
铜　　满、蒙、藏文

历史上，类乌齐寺（也称为"扬贡寺"）是西藏东部类乌齐地区规模最大的寺庙，该寺有吉仲、帕曲、夏仲三大活佛系统，重大事务由三大活佛共同主持。这方印章即是清中央封授帕曲呼图克图之印。雍正元年 (1723)，因积极支持抗击准噶尔，清中央正式封授第一世帕曲·阿旺扎巴称勒"诺门汗"名号，并颁赐了这枚印章。雍正九年 (1731)，清朝中央政府又"升号"帕曲活佛为"呼图克图"，并封类乌齐为其采邑。

颇罗鼐颁贵族贡布拉久铁券文书

藏历木虎年（1734）
丝绸　　藏文

　　此为颇罗鼐总理藏政时期颁给贵族贡布拉久的铁券文书。大意是：尧茹瓦部首领贡布拉久先祖为甘丹颇章政权的建立做出了重要贡献，特别是在颇罗鼐妻子去世之时，贡布拉久不辞辛苦协助料理后事，为此特嘉奖贡布拉久，对其在堆龙地方的所有权益予以重申保护，准许其世代承袭，要求所有属众谨记遵行，文书末尾钤盖印记为"办理卫藏事务噶隆多罗贝勒之印"。

　　颇罗鼐（1689—1747），是18世纪上半叶西藏历史上的重要人物，原为拉藏汗旧属，后因与康济鼐联合抗击准噶尔有功，于1721年被封为头等台吉，任地方政府孜本（审计官），1723年被任命为噶伦。1729年初，雍正皇帝授权颇罗鼐总理藏政，并于1731年晋升其为多罗贝勒，1739年再封郡王。

颇罗鼐颁杰齐采寺铁券文书

藏历木虎年(1734)
丝绸、纸　　藏文

　　该文档为颇罗鼐颁发给尼木地区杰齐采寺的铁券文书。杰齐采寺为格鲁派旧寺，位于今拉萨尼木县塔荣镇林岗村，创建于明永乐十八年（1420）。文告内容为：由于该寺为格鲁派旧寺，甘丹颇章地方政权第一任第巴索南饶丹此前曾将"年域"（今日喀则江孜县一带）的土地和属民赐予该寺，并颁发了铁券文书。藏历火鸡年（1657），五世达赖喇嘛对其铁券文书进行了复核确认。如今多罗贝勒颇罗鼐再次对其所有权益予以重申，但同时要求该寺需担负拉萨传召大法会之必要差役。文书末尾钤盖印记为"办理卫藏事务噶隆多罗贝勒之印"。

颇罗鼐颁七世济隆活佛铁券文书

藏历火蛇年(1737)
丝绸　　藏文

　　这是一件颇罗鼐颁给第七世济隆活佛洛桑班丹坚参（1708—1758）的铁券文书。七世济隆活佛于1708年出生于类乌齐地方，曾于1731年前往卫藏朝佛学经。据文献记载，颇罗鼐曾于藏历铁猪年(1731)首次颁给七世济隆活佛铁券文书。该文档是颇罗鼐于1737年再次颁给七世济隆活佛的铁券文书，内容大意为：将列隆、色母董、新萨、白马桂等大小寺院及属民等颁给七世济隆活佛，准许其永久持有，所有属众谨记遵行。

　　文书末尾钤盖印记为颇罗鼐持有的"办理卫藏事务噶隆多罗贝勒之印"，文首则钤盖汉藏满蒙四体文字的"西天大善自在佛所领天下释教普通瓦赤拉呾喇达赖喇嘛之印"，故该文书为七世达赖喇嘛与颇罗鼐会衔发布。其时，西藏地方政务由颇罗鼐主持，七世达赖喇嘛仅具有宗教地位，但鉴于该文档系授予宗教首领，故二人联合发布。

"斯西德吉"印

藏历铁羊年(1751)

木、铁　　　八思巴蒙古新字

　　"斯西德吉"是藏语"幸福"之意。1751年清朝中央政府平息珠尔默特那木扎勒之乱后，废除郡王、贝子掌权之制，命七世达赖喇嘛格桑嘉措管理西藏政教事务，并设立噶厦机构，实行三俗一僧的四噶伦制。噶厦成立之时，七世达赖喇嘛新制一枚"斯西德吉"印赐给四噶伦，用于在相关公文之上钤盖。

乾隆皇帝命六世第穆活佛摄政敕印

清乾隆二十四年(1759)
银　　满、藏、蒙文

　　第穆活佛是清代有资格担任西藏地方摄政的四大林活佛系统之一。早在顺治九年（1652），第四世第穆活佛阿旺格勒坚赞就跟随五世达赖喇嘛前往北京觐见顺治皇帝，被清朝中央政府封授为国师并颁赐印信。乾隆二十二年（1757），七世达赖喇嘛格桑嘉措圆寂，鉴于西藏政教事务无人管理，乾隆皇帝根据西藏地方请求，连发三道圣旨，谕第六世第穆活佛阿旺降白德勒嘉措掌办商上事务，是为西藏历史上的第一任摄政，西藏摄政制度从此建立。乾隆二十四年（1759）由于六世第穆活佛办理西藏事务"执掌严谨"而且忠顺朝廷，清中央又封授他"办理藏事弘扬黄教吉祥诺门汗"名号，并颁赐了该印，此后这枚印章为西藏历任摄政所沿用，成为西藏地方摄政的专用印信。

乾隆皇帝命六世第穆活佛摄政敕谕

清乾隆二十二年（1757）

纸、丝绸　　　　藏、满、蒙文

　　乾隆二十二年（1757）七世达赖喇嘛圆寂后，清朝中央政府任命六世第穆活佛为西藏地方首任摄政，暂代达赖喇嘛管理西藏地方政教事务，此后这一制度在西藏地方延续近两百年之久，共产生了 15 位摄政。西藏的摄政制度不仅有力加强了清朝中央政府对西藏的治理，同时填补了政教合一制度下达赖喇嘛缺位时的权力真空，起到了承上启下、平稳交接政权的作用，有利于西藏社会的稳定。

　　这件敕谕即是乾隆二十二年（1757）乾隆皇帝命第六世第穆活佛出任西藏地方第一任摄政的圣旨。大意是说：七世达赖喇嘛一贯遵旨办事，很合我意，如今突然圆寂，我非常悲痛。西藏事务尤其紧要，达赖喇嘛去世之后无人办理，西藏上下一致认为你德行高尚、学识渊博、熟悉政务，故推荐你代理西藏事务。现在我同意这一请求，任命你为西藏地方摄政，并赏给"班丹诺门汗"名号。以后你凡事务必要与驻藏大臣商议，谨慎处理西藏事务。

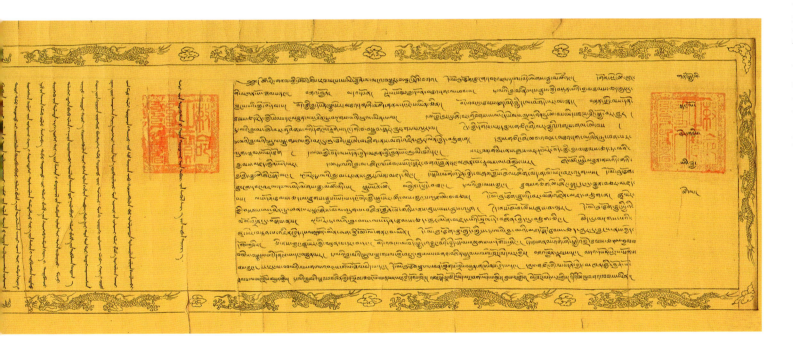

乾隆皇帝颁赏存问六世第穆活佛敕谕

清乾隆二十五年（1760）

纸、丝绸　　　　藏、满、蒙文

　　此为乾隆二十五年（1760）清朝中央政府颁赏时任西藏地方摄政的第六辈第穆活佛阿旺绛白德勒嘉措的敕谕。

　　六世第穆活佛阿旺降白德勒嘉措担任西藏地方第一任摄政，并于乾隆二十二年（1757）被清朝中央政府封授"办理藏事弘扬黄教吉祥诺门汗"名号。该敕谕中乾隆皇帝对第穆摄政期间的功绩予以了肯定，并对其遣使朝贡请安予以嘉勉，最后对其进行赏赐并希望他掌办好西藏地方事务。

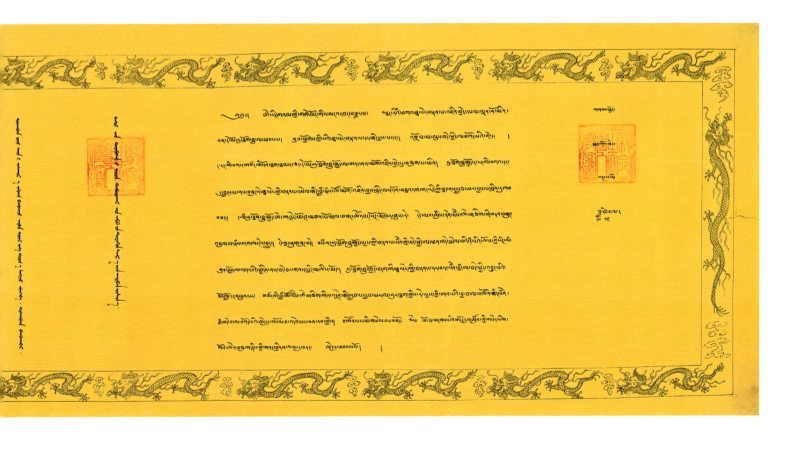

乾隆皇帝颁赏八世济隆活佛敕谕

清乾隆三十二年（1767）

纸、丝绸　　　　藏、满、蒙文

　　该文档为乾隆皇帝颁赏八世济隆活佛意希洛桑丹贝衮波的敕谕。该敕谕发布时，八世济隆坐床不久，因此乾隆皇帝在敕谕中开篇即提到其前世活佛是如何德高望重，希望他能一如前世活佛一般勤学经典、广集善行、弘扬佛教。该敕谕还列举了赏赐给八世济隆活佛的若干礼品，包括三十两重银茶桶、大锻、哈达等，这是朝廷对于年班朝贡的按例赏赐，其种类和数量与赏赐其他大呼图克图和摄政的年班朝贡回赏别无二致。

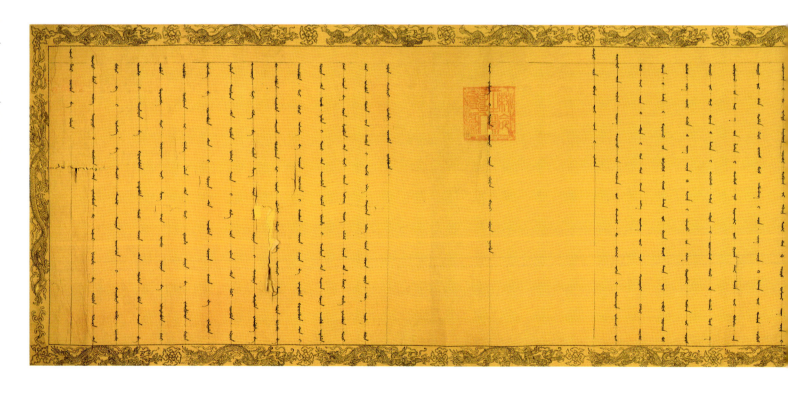

摄政策墨林颁夏仲活佛铁券文书

藏历金牛年(1781)
丝绸　　　藏文

　　夏仲活佛为类乌齐寺三大活佛系统之一，此为摄政策墨林一世阿旺楚臣颁给类乌齐寺第六世夏仲活佛阿旺确吉扎巴的铁券文书。

　　该文书开篇即对达隆噶举派祖寺达隆寺第十七任住持夏仲阿旺朗杰在甘丹颇章地方政权建立之时做出的功绩进行了追溯，并对昌都地区类乌齐寺的历史渊源及夏仲活佛世系做了概述，重点提到前辈夏仲活佛曾被清朝中央政府封赐"诺门汗"名号及印信，故准予第六世夏仲活佛阿旺确吉扎巴承袭前辈名号及印信，同时重申对其权益进行保护，要求所有属众谨记遵行。

驻藏大臣为知照圣上赐寺名及赏物事致八世济隆活佛咨文

清嘉庆七年（1802）
纸　　藏文

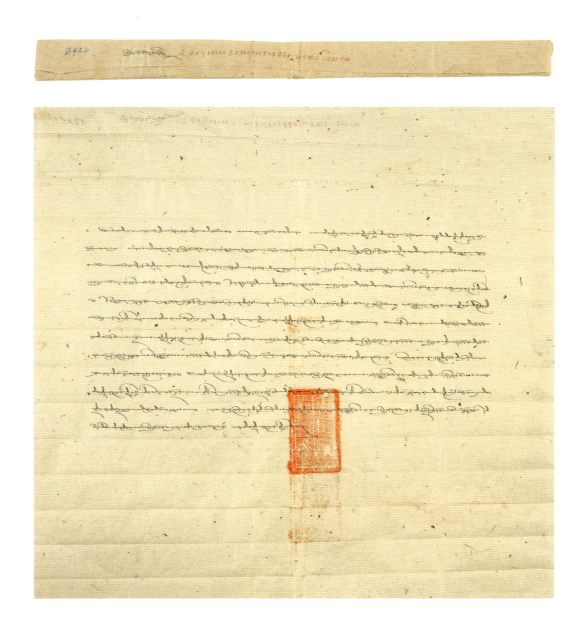

该文档为驻藏大臣福宁、英善为知照嘉庆皇帝赐寺名及赏物事致八世济隆活佛文书。嘉庆七年（1802）七月，时任摄政的八世济隆活佛请驻藏大臣转奏，称：为祈祷皇帝万寿，八世济隆活佛在昌都八宿地方兴建僧舍，请求嘉庆皇帝赏赐寺名及匾额，同时提及在驱逐廓尔喀势力后，大皇帝曾恩赐其拉萨驻锡寺庙"卫藏永安寺"寺名并颁赏诏书。此后其寺院土地、田产等所属权益获得达赖喇嘛颁发的确权文书，故奏请当今皇帝颁赐诏书，对其权益给予护持。

对此奏请，嘉庆皇帝特恩赏寺名"佑禅寺"，但请旨永久拥有寺属庄园与礼制不符，故未允准。特命驻藏大臣转咨济隆活佛。

嘉庆皇帝令八世济隆活佛摄政敕谕

清嘉庆九年(1804)

纸、丝绸　　　　藏、满、蒙文

　　八世济隆活佛意希洛桑丹贝衮波（1760—1811），曾于乾隆五十四年 (1789)、乾隆五十六年（1791）、嘉庆九年（1804）三度出任西藏地方摄政，并最终圆寂于任上。这件文档即是嘉庆九年（1804）八世达赖喇嘛圆寂后，清朝中央政府明令济隆活佛第三次出任西藏地方摄政，"为首办理藏地诸务"的敕谕。

　　八世济隆活佛出任西藏地方摄政计 22 年之久，在驱逐廓尔喀战事、料理西藏善后、制定和施行《钦定藏内善后章程二十九条》、拟定《水牛年文书》等重大事项中都颇有建树，嘉庆皇帝评价他"所办诸务，有条不紊""为人明白，经典甚好，自派赴藏料理事务以来，迄今二十余载，一切事件俱能尽心办理，唐古特番众敬服安贴"。

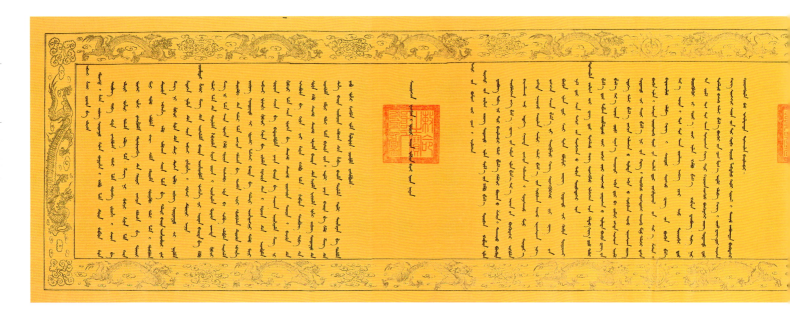

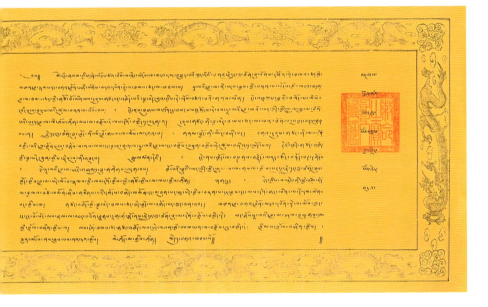

掌管济隆活佛所属十八寺院扎萨喇嘛之印

清代
银　　满、藏、蒙文

　　济隆活佛系统所属寺院主要在昌都八宿县境内，该印印文"济隆活佛所属十八寺院"乃泛指所辖寺院数量，实际要超过此数。八世济隆活佛意希洛桑丹贝衮波坐床后，因其年幼，乾隆皇帝遂授予前辈济隆活佛之弟阿旺诺尔布该印，令其管理济隆活佛所属寺院僧众与属民。

　　"扎萨克"是蒙古语"执政官"的意思，"扎萨喇嘛"则是清朝封授藏传佛教大活佛之大管家的一种爵位，一般仅授予担任摄政职务的四大林活佛管家。因"该呼图克图办理商上事务，本寺不能兼顾"，故经理藩院批准后封授其管家该职衔。

策墨林摄政呈请驻藏大臣委任波密新宗本报告

清道光十年(1830)

纸　　　藏文

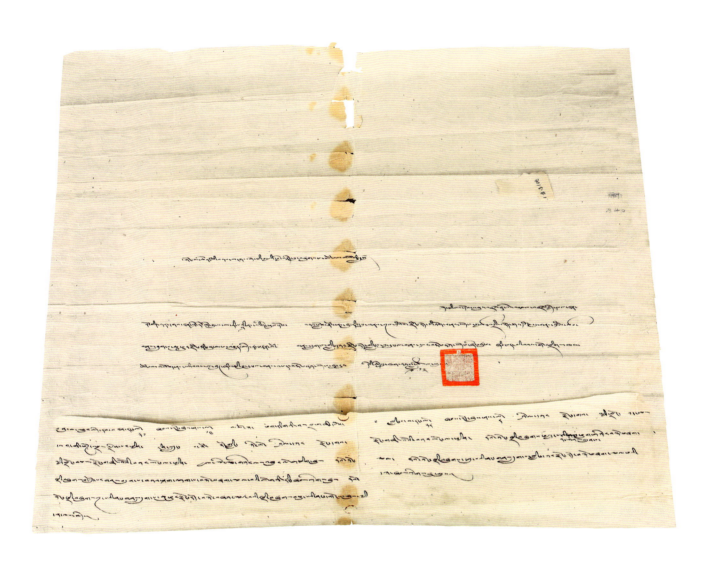

此为道光十年（1830），时任西藏地方摄政的二世策墨林活佛为委任波密宗本而请示时任驻藏大臣惠显、帮办大臣盛泰的一件呈文。

按照历史定制，西藏地方噶伦和代本以下地方官员由驻藏大臣和达赖喇嘛会同任免。这件呈文由摄政二世策墨林活佛拟写，是因为当时十世达赖喇嘛年幼尚未亲政，故而由噶厦推荐二名候选人，呈报驻藏大臣和摄政选取其中一人任职。

历史上，波密地方由于地处偏远，且山高林密、道路险峻，仅在名义上属于噶厦统治，实际上为"波密土王"据有。道光年间，噶厦尝试在波密设置"宗"一级行政机构，并派驻官员，征收赋税和支派乌拉差役，但遭到波密土王抵制，不断爆发武装冲突，直到清末和民国年间才被彻底平定，收归西藏地方政府管理。

道光皇帝令摄政策墨林辅佐十一世达赖喇嘛敕书

清道光二十二年（1842）

纸、丝绸　　　　藏、满、蒙文

　　策墨林活佛是清代西藏历史上有资格担任摄政的四大活佛系统之一，历史上先后有三代策墨林活佛担任过西藏地方政府摄政。这件诏书即是清道光皇帝颁赐给第二世策墨林阿旺降白楚臣，令他认真辅佐当时刚刚转世坐床的十一世达赖喇嘛克珠嘉措的诏书。

　　道光二十二年（1842）十一世达赖喇嘛坐床之后，清朝中央政府鉴于此前的九、十两辈达赖喇嘛连续年幼夭折的情况，一面令驻藏大臣告知策墨林"郑重奉侍达赖喇嘛"，一面给他颁发了这道谕旨，希望他认真照顾、培养和辅佐这位年幼的达赖喇嘛。但是在仅仅一年之后，二世策墨林就因贪腐渎职而受到新任驻藏大臣琦善、七世班禅以及四世章嘉呼图克图等人的参革，进而被免去摄政职务，革除名号，被发往黑龙江"与批甲人为奴"，后被释放回原籍甘肃卓尼。

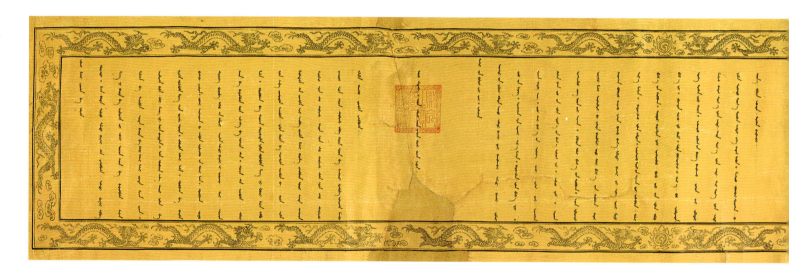

同治皇帝封授第九世帕巴拉敕书

清同治五年（1866）

纸、丝绸　　　　藏、汉、满文

　　帕巴拉活佛系统是昌都地区历史上地位最高、最具名望的格鲁派大活佛系统。1719 年，清朝授第六世帕巴拉"阐讲黄法额尔德尼诺门汗之印"，将昌都地方作为其封地，7600 多户农奴为其属民。1866 年，同治皇帝封授九世帕巴拉为"呼图克图"，由此进一步确立了帕巴拉活佛系统的政治、宗教地位。这件圣旨即是同治皇帝因九世帕巴拉阿旺罗桑济美丹贝坚参支持和协助清朝中央政府平定四川"瞻对事件"有功，于同治五年（1866）封授他"呼图克图"名号的敕谕，是为帕巴拉活佛系统正式获得"呼图克图"名号之始。

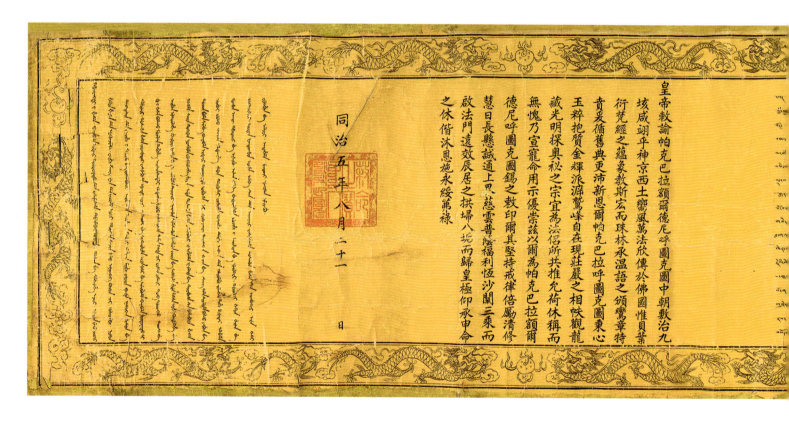

摄政热振颁贵族彭绕巴铁券文书

藏历土羊年（1859）
丝绸　　　藏文

　　此为摄政三世热振活佛阿旺益西楚臣坚赞颁给贵族彭绕巴的铁券文书。其大意为：藏历木虎年（1854），西藏地方政府任命位于扎齐地方（今扎囊县）的贵族彭绕巴家族成员次仁贝丹为则拉岗宗宗本一职。次年，廓尔喀第三次侵藏之时，次仁贝丹征集兵丁抗击廓尔喀，维护了地方稳定，做出了卓越贡献，于藏历火龙年（1856）被任命为粮务官。任职以来，该官员办事妥当、鞠躬尽瘁，因此颁发该铁券文书，对其权益予以重申保护，准许世代承袭，要求所有属众谨记遵行。

罗布藏青饶汪曲呼图克图之印

清同治八年(1869)

金、银　　　满、蒙、藏文

　　罗布藏青饶汪曲呼图克图为四川康定人，因其德高望重，深通佛教经典，于清咸丰四年（1854）任十一世达赖喇嘛经师，次年担任甘丹赤巴（甘丹寺法台）。同治元年（1862），再任十二世达赖喇嘛正经师。同治三年（1864），经驻藏大臣满庆奏准令其掌办商上事务（即出任西藏地方摄政），并赏给"诺门汗"名号。同治八年（1869），因协助剿平瞻对工布朗结之乱有功，清朝中央政府又赏给他"呼图克图"名号，赐给印信并"赏准接辈袭职转世"，是为德柱呼图克图第一世活佛。这枚印章即是当时所赐之印。

"辑宁边境"印

清代
木　　　汉文

　　据《噶厦印谱》记载，甘丹颇章地方政权第一任第巴索南饶丹持有一方象牙材质的"辑宁边境"印，今收藏于布达拉宫。此印为木质，应为索南饶丹仿制原印以便日常使用。第巴索南饶丹为甘丹颇章政权建立初期重要的历史人物，初为四世达赖喇嘛和五世达赖喇嘛的"强佐"（大管家），甘丹颇章地方政权建立后出任第一任第巴，为甘丹颇章政权的建立做出了重要贡献。

　　该印印文为汉字，不见清朝时期封授西藏地方印信中常见的满、藏等文体，似为明代印信。《明实录》记载，明代木氏土司"木公"曾因军功受赐"辑宁边境"御书匾额。17 世纪中叶，格鲁派与蒙古和硕特部势力曾联合德格土司攻打木氏土司，因此原象牙材质"辑宁边境"印似为明朝中央政府封授木氏土司之印，随后在此次战事中为格鲁派与蒙古和硕特部势力所缴获，并归甘丹颇章地方政权使用。

康熙皇帝颁赐第巴桑杰嘉措之印

清代

木、铁　　　汉、满、藏文

　　康熙二十年（1681），五世达赖喇嘛圆寂，为持续排除蒙古和硕特汗王对西藏政局的影响和干预，第巴桑结嘉措乃匿不发丧，继续独揽大权，并假借五世达赖喇嘛名义上缴自己此前使用的阐化王玉印，请求换为金印。康熙三十三年（1694），清朝中央政府遂赐其藏汉蒙三种文字合体的"掌瓦赤喇怛喇达赖喇嘛教弘宣佛法王布忒达阿白迪之印"金印，授予其王爵。该金印现已不存，此印应为金印的复制印，也是当时的实用印。

噶隆沙公众办事钤记

清代

铜 | 汉文

　　噶伦,也称噶布伦,清朝康熙末年至西藏民主改革前主办西藏地方行政事务官员,通常为四人,三品衔,受命于达赖喇嘛与驻藏大臣。噶隆沙,也就是噶厦,是噶伦的办公场所,通常也代指旧西藏地方政府,乾隆十六年暨公元 1751 年设置。

　　该印印文为汉字,为众噶伦办理一般百姓事务所用之印,其形制具有明显的西藏地方印章特点。

摄政济隆为使用印信事咨请驻藏大臣呈文

清代

纸　　　藏文

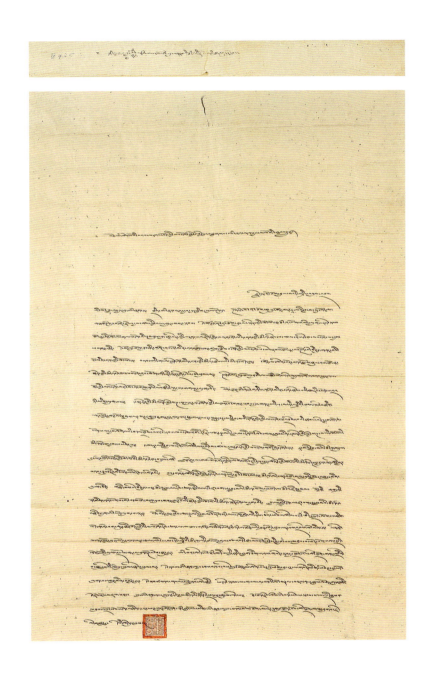

　　该文档为八世济隆活佛达擦意希洛桑丹贝衮波担任摄政期间使用印信一事的呈文。八世济隆活佛曾先后三次担任西藏地方摄政，该呈文即八世济隆活佛在八世达赖喇嘛圆寂后，即第三次担任摄政时期呈递给驻藏大臣的公文。公文开篇即提到前任摄政活佛即六世第穆活佛和策墨林一世活佛在担任摄政期间，获得清朝中央政府的允准启用私印处理政务。其次重点阐述了八世济隆活佛目前所持之印为前辈活佛（七世济隆）担任雍和宫堪布时期的萨马第巴克什之印，乾隆五十七年（1792）经福康安将军允准在协助八世达赖喇嘛处理公务时使用。但是由于八世达赖喇嘛圆寂，其转世灵童还未认定，自己担任摄政期间若启用该职衔印章，则在达赖喇嘛亲政后需将此印上缴中央，因此担心后辈济隆活佛无职衔印章。故请求清朝中央政府允准自己启用萨马第巴克什之印或颁赐专用印信，以便自己摄政期间处理西藏事务使用。

萨迦法台为驻藏大臣巡边致谢信函

清代

纸　　藏文

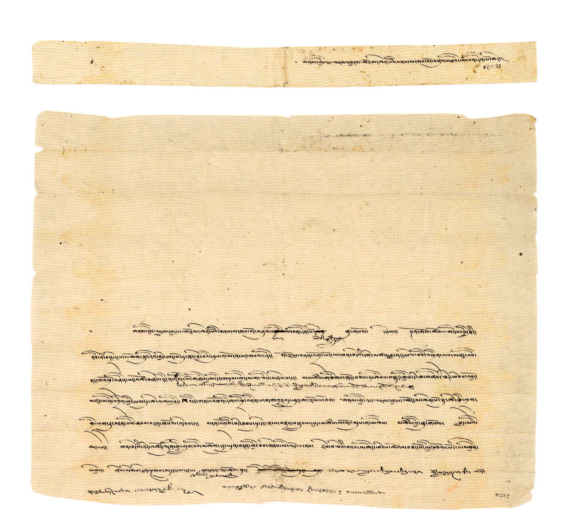

　　清朝中央政府规定萨迦地区受驻藏大臣直接管辖，西藏地方政府未在该地设立官制，由萨迦法台自行管理地方事务。

　　该文档即是萨迦法台呈给驻藏大臣的信函，信中提及驻藏大臣在完成巡边后现已返回日喀则，为感谢其督查驻军操练和勘察界标一事，遂致函驻藏大臣并赠送哈达一条、金铜佛像一尊。

策墨林呼图克图印

清代

铁　　　藏文

　　策墨林活佛系统兴起于清代乾隆年间，历辈策墨林活佛均为甘肃洮州人，该系统曾三次出任西藏地方摄政一职，其中二世策墨林被清朝中央政府先后赐予"衍宗禅师"并加封"翊教""靖远""懋功"等名号。这枚印章印文为藏文"策墨林呼图克图"。历史上，虽然策墨林活佛系统从未被清朝中央政府正式封授"呼图克图"名号，但是由于该系统曾先后出任西藏地方摄政一职，且具有较大的宗教影响力，因此西藏地方亦尊称该系统活佛为"呼图克图"。这枚印章的形制具有明显的西藏地方特色，应为策墨林活佛的私印。

类乌齐寺印

清代

木、铁、玉　　藏文

　　类乌齐寺位于昌都类乌齐县境内，为达隆噶举派主寺之一。该寺最初由卡斯家族世袭法嗣，后改为活佛转世，吉仲、帕曲、夏仲三大活佛系统并存。

　　该印形制与材质极为特殊，为玉印及木印叠加而成，底部木印印文刻有藏文"类乌齐"字样。据记载，明朝洪武皇帝曾册封类乌齐寺第三任法台杰布参坚为国师并颁赐玉印。因此该玉印疑为明朝中央政府颁赐之印，而下方的木印则应为类乌齐活佛自制之印。

藏军第八代本印章

民国

铁　　　藏文、八思巴蒙古新字

　　藏军是乾隆五十八年（1793）平定廓尔喀入侵后，清朝中央政府颁布《钦定藏内善后章程二十九条》批准成立的西藏地方武装力量，以"代本"也就是"团"为基本单位。历史上，藏军曾在抵御外侮、维护西藏社会稳定等方面发挥过积极作用。但是民国建元以来，藏军在西藏上层分裂势力控制下，逆潮流而动，在西藏与祖国关系史上扮演了不光彩的角色。1959 年，大部分藏军因参加全面武装叛乱而被人民解放军歼灭，番号被撤销，从此不复存在。

　　第八代本"亚当玛噶"组建于民国初期，是藏军主力之一，在昌都战役中被人民解放军围歼，这枚印章即第八代本组建时西藏地方政府铸造之印。

十世帕巴拉活佛之印

20世纪上半叶

金、铁　　　八思巴蒙古新字

　　此印为十世帕巴拉洛桑土登米旁楚臣坚赞的私印，印面刻有六列八思巴蒙古新字，意为"朵康全境利益之源帕巴拉呼图克图楚臣坚赞之印"。十世帕巴拉出生于1901年，经十三世达赖喇嘛土登嘉措和驻藏大臣有泰共同掣签认定，并由十三世达赖喇嘛赐名洛桑土登米旁楚臣坚赞。

　　1912年，昌都强巴林寺组织军民反对赵尔丰的"改土归流"，与川军发生冲突，昌都县知事彭日升当即反攻，放火焚烧强巴林寺，帕巴拉逃亡拉萨避难。1918年，十世帕巴拉返回昌都担任强巴林寺法台，并重建强巴林寺，同时整肃寺规戒律，恢复了以往的僧人学经制度，因而在昌都地区僧俗中具有很高声望。

第四单元 平定藏事

清朝时期，中央政府通过驱逐准噶尔势力、平息"阿尔布巴之乱"、驱逐廓尔喀、平定"珠尔默特那木扎勒之乱"、平定"波密之乱"，在稳定西藏地方社会局势基础之上，进一步制定、完善了治藏政策和措施，强化了中央政府的权威，加强了对西藏地方的施政与管理，维护了国家统一和领土完整。

ས་བཅད་བཞི་པ། བོད་དོན་ཞི་འཇགས།

ཆིང་རྒྱལ་རབས་ཀྱི་དུས་སྐབས་སུ། གུང་དཀར་སྲིད་གཞུང་གིས་རྫུན་གར་བའི་སྟོབས་ཤུགས་མཐར་སྐྲོད་བཏང་བ་དང་། "ཨ་ལུག་སྦུར་གཞམ་གྱི་ཟིང་འཁྲུག"བོད་འཇགས་སུ་བཏང་བ། བོད་ཁ་མཐར་སྐྲོད་བཏང་བ། "ཕུང་འགྱུར་མེད་རྣམ་རྒྱལ་གྱི་ཟིང་ཆ"བོད་འཇགས་སུ་བཏང་བ། "སྤོ་བོའི་ཟིང་འཁྲུག"བོད་འཇགས་སུ་བཏང་ནས་བོད་ལྗོངས་ས་གནས་ཀྱི་སྤྱི་ཚོགས་དུས་བབ་བརྟན་སྲིང་བྱུང་བའི་རྨང་གཞིའི་ཐོག་ སྤྱར་ལམ་ སྒྱག་པའི་སྒོ་ནས་བོད་སྐྱོང་སྲིད་དུས་བཙོ་འབེབས་དང་ཁྲིད་ཐབས་ནས་འཛིན་ཆད་དུ་བཏང་ཡོད་ལ། གུང་དཀར་སྲིད་གཞུང་གི་དབང་བཀགས་ནི་བཙན་བཏང་བ་དང་། བོད་ལྗོངས་ས་གནས་ལ་སྲིད་སྐྱོང་བ་དང་དོ་དམ་བྱེད་པར་ཤུགས་སྣོན་བརྒྱབ་པར་བརྟེན། རྒྱལ་ཁབ་གཅིག་གྱུར་དང་མངའ་ཁོངས་ཆ་ཚང་བར་སྲུང་སྐྱོབ་ཐུབ་ཡོད།

Unit Four   Pacifying Riots

In the Qing dynasty, the Central Government expelled the Dzungar forces, quelled the "Albuba Uprising", expelled Gurkha and suppressed "Gyurme Namgyal Rebellion" and "Bome Rebellion". Based on stabilizing the local political situation in Xizang, the Central Government further formulated and improved policies for the governance over Xizang to strengthen the authority and governance of the Central Government over Xizang and maintain the unity of the country and its territorial integrity.

第司达孜巴印

清代（甘丹颇章地方政权时期）
银镀金

　　"达孜巴"，意为达孜地方人，这里专指达孜巴·拉杰饶登，为拉藏汗侍从官，其祖上曾为明代西藏帕竹地方政权重臣，被封为达孜寨官，也就是达孜地方首领，后被宣德皇帝封乌斯藏行都指挥使司指挥佥事之职。

　　康熙五十六年（1717），蒙古准噶尔部势力袭扰西藏，扶植达孜巴·拉杰饶登等人为噶伦，建立了临时的傀儡政权。清军进藏后，因其投靠准噶尔势力，将其处死。这两枚印章是其在公文上签字画押之署押印。

子母炮

清代　铁

　　清康熙五十六年（1717），蒙古准噶尔部首领策妄阿拉布坦派大将策凌敦多布率六千精兵经阿里、羌塘，突袭并占据西藏，严重扰乱了西藏地方秩序。清朝中央政府随即于康熙五十七年（1718）派遣军队从青海入藏，与准噶尔军战于藏北那曲。在这次会战中，清军行进至那曲时陷入准噶尔军重围，最终全军覆没，西安将军额伦特、御前侍卫色楞英勇殉职。该子母炮出土于今那曲市色尼区，共计六门，出土地点紧邻当年战事发生地点而且保存状况完好，很可能是当时清军将士为了不让先进的武器落入敌手而埋入地下。

那雪活佛之印

清雍正二年（1724）

铜　　　满、蒙、藏文

　　史料记载，康区一带达普哇家族的那雪活佛洛桑降白曾在雍正二年（1724）清军驱逐准噶尔军并护送七世达赖喇嘛入藏时竭力予以援助，因此在战事结束后，雍正皇帝即赐予其"班格南木吉林凯切雍古堪布"封号，并颁赐敕书和玉印。此件印信印文为满、藏两种文字刻写的"班格南木吉林凯切雍古堪布"，与玉印印文完全相同，铸造年代亦为"雍正二年"，但材质为铜，与记载不符，其缘由待考。

七世达赖喇嘛颁噶恰巴铁券文书

藏历土猴年（1728）
丝绸　　藏文

　　这是一件七世达赖喇嘛格桑嘉措颁给工布地方（今林芝巴宜区与工布江达一带）头人噶恰巴的铁券文书。大意是：噶恰巴祖辈曾在第二世达赖喇嘛根敦嘉措于工布地区传法、固始汗及第巴索南饶丹平息工布噶玛噶举之乱等方面均有特殊功绩，为此第巴索南饶丹等均曾颁布其铁券文书。在藏历铁鼠年（1720）平定"准噶尔之乱"战事中，噶恰巴又尽力提供了协助，因此如今再次发布铁券文书，对其原有财产予以保护，免除其差役赋税，准许其世代承袭，所有属众需谨记遵行。文书末尾钤盖汉藏满蒙四体文字的"西天大善自在佛所领天下释教普通瓦赤拉怛喇达赖喇嘛之印"，文首则钤盖"班杂达热（持金刚）印"压题章。

　　噶恰巴家族是工布地区具有影响力的贵族之一，曾多次在西藏地方重大历史事件中建立功勋，屡受封赏。史料记载，该家族后期由于男嗣断绝，因此西藏地方政府将其属下庄园及民户赐给十二世达赖喇嘛家族即"亚谿"（达赖喇嘛家族庄园）拉鲁家族。

颁行《酌定藏内善后章程十三条》晓谕

清乾隆十六年(1751)

丝绸　　　藏文

　　乾隆十六年（1751），在清朝中央政府平息"珠尔默特那木扎勒之乱"后，为更好地治理西藏、整顿乱局，钦差大臣策楞等人奉乾隆皇帝之令拟定颁布了《酌定藏内善后章程十三条》，对西藏地方政权体制进行了一系列改革，确立了驻藏大臣与达赖喇嘛共同主政西藏的体制，法定了驻藏大臣作为钦差大臣兼西藏地方最高长官的职权以及达赖喇嘛兼掌西藏地方政教大权的地位。

　　该文档除对章程内容全文抄录之外，还在末尾处钤盖"西天大善自在佛所领天下释教普通瓦赤拉怛喇达赖喇嘛之印"，同时列名噶伦、孜本（审计官）、代本（藏军团长）以及寺院堪布（住持）等西藏地方僧俗官员，落款"乾隆十六年"。因此，此件当为该章程拟定后，七世达赖喇嘛率西藏地方政府一众官员晓谕民众予以遵行的告示。

磨盘山关帝庙落成碑和铜钟

清乾隆时期　　　汉文
拉萨城关区磨盘山关帝庙遗存

　　乾隆五十六年（1791），廓尔喀第二次入侵西藏，福康安率兵赴藏征讨，于乾隆五十七年（1792）驻军拉萨时，将士们深感札什城关帝庙"堂皇湫隘"，遂在进兵征讨前，"度地磨盘山"新建关帝庙。乾隆五十七年末，关帝庙落成，福康安亲自撰写落成碑碑文，记述了福康安奉旨征剿廓尔喀的过程，以及凯旋拉萨时适逢关帝庙落成而刻石立碑以记的历史，落款为"乾隆五十八年"。

　　铜钟则置于关帝庙正殿门外左侧，通高1.32米，铸刻上下两周铭文，上周"皇图巩固，帝道遐昌，佛日增辉，法轮常转"，下部则环铸征剿廓尔喀的88位将领职衔、姓名，落款为"乾隆五十八年春正月吉旦"。

福康安重修双忠祠碑（驻藏大臣衙门陈列馆、西藏牦牛博物馆藏）

清乾隆五十八年（1793）

汉、满文

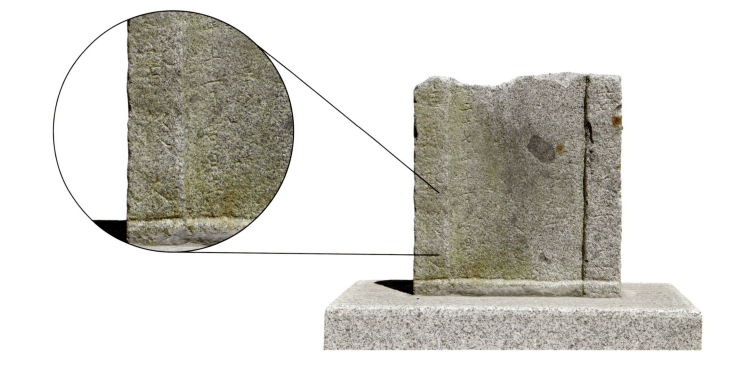

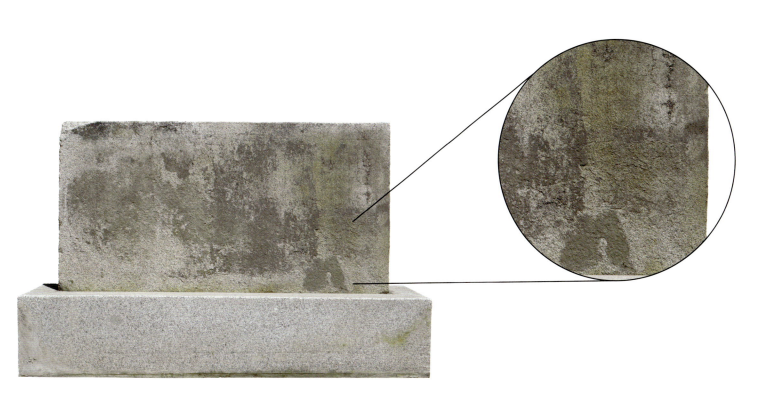

清乾隆十五年（1750），郡王珠尔默特那木扎勒暗中联络蒙古准噶尔欲谋起兵反叛，驻藏大臣傅清、拉布敦以计诱至"通司岗"驻藏大臣衙门将其诛杀，傅清、拉布敦亦在随后的变乱中罹难，乾隆皇帝遂诏令将"通司岗"驻藏大臣衙门改建为"双忠祠"以昭忠烈。

乾隆五十八年（1793），傅清侄、大将军福康安在率军击败廓尔喀入侵之后，对"双忠祠"进行了全面修缮，并亲自撰写碑文，勒石为记。该碑共计 5 块碑石，汉文 3 块，满文 2 块。碑文详细追述了"珠尔默特那木扎勒之乱"经过，以及傅清、拉布敦两位驻藏大臣在变乱中英勇献身，朝廷敕建"双忠祠"和福康安修缮并刻石立碑以记的历史。

第五单元 维护主权

　　清末民国之际，国家积贫积弱、政局紊乱，帝国主义列强趁机染指西藏地方，开始了侵略西藏和分裂中国的罪恶行径。西藏上层分裂势力在帝国主义势力培植与支持下，内外勾结，掀起了所谓"西藏独立"的分裂逆流。

　　在此情形下，清朝、民国中央政府坚定维护对藏主权，西藏各族人民发扬爱国主义传统，与分裂势力进行了不懈斗争，从而维系了中央政府对西藏地方的领属关系，维护了祖国统一。

ས་བཅད་ལྔ་པ། བདག་དབང་སྲུང་སྐྱོང་།

ཅིང་རྒྱལ་རབས་ཀྱི་དུས་མཇུག་དང་མིན་གོའི་དུས་སྐབས་སུ། རྒྱལ་ཁབ་ཉམ་ཐག་ལ་དབུལ་ཞིང་ཕོངས་ལ་དང་ཆབ་སྲིད་ཀྱི་གནས་བབ་ཡོ་ལང་ཆེ་བས་བཙན་རྒྱལ་རིང་ལུགས་བཙན་དབང་རྒྱལ་ཁབ་ཚོས་གོ་སྐབས་དེ་དང་བསྟུན་ནས་བོད་ལྗོངས་ས་གནས་ལ་ལོས་མེ་རེ་རུས་བྱས་ཏེ་བོད་ལྗོངས་ལ་བཙན་འཛུལ་དང་ཀྲུང་གོ་ཁ་ཕྲལ་གཏོང་བའི་ངག་ཉེས་ཀྱི་བྱ་སྤྱོད་སྤེལ་འགོ་ཚུགས། བོད་ཀྱི་མཐོ་རིམ་ཁ་ཕྲལ་ཤུགས་གཏོགས་ཀྱིས་བཙན་རྒྱལ་རིང་ལུགས་པའི་སྐོངས་ཤུགས་ཀྱི་སྐྱེད་སྲིང་དང་རྒྱབ་སྐྱོར་འོག ཕྱི་ནང་ལ་འབྲེལ་གྱིས་"བོད་རང་བཙན"ཞེར་བའི་ཁ་ཕྲལ་ལོག་གི་རྒྱ་རབ་སྤེལ།

གནས་བབ་དེ་ལྟ་བུའི་འོག ཅིང་རྒྱལ་རབས་དང་མིན་གོའི་ཀྲུང་དབྱིང་སྲིད་གཞུང་ཞིག་གིས་བོད་ལྗོངས་ཀྱི་བདག་དབང་སྟོབ་ཤུགས་སྦྱང་སྐྱོང་མཐའ་གཅིག་ཏུ་བྱས་པ་དང་། བོད་ལྗོངས་མི་རིགས་ཁག་གི་མི་དམངས་ཀྱིས་རྒྱལ་གཅེས་རིང་ལུགས་ཀྱི་སྲོལ་རྒྱུན་དང་སྲེལ་བཏང་སྟེ་ཁ་ཕྲལ་ཤུགས་གཏོགས་དང་འཐབ་ཅོད་སྤྱོད་མིན་ཐུས་བར་བཏེན། གྱང་དབང་སྲིད་གཞུང་དང་བོད་ལྗོངས་ས་གནས་དབར་གྱི་གཏོགས་ཆོས་ཀྱི་འབྲེལ་བ་སྲུང་འཛིན་བྱས་པ་དང་མེས་རྒྱལ་གོ་བུ་གཅིག་གྱུར་སྲུང་སྐྱོང་བྱེད།

Unit Five　Defending the Sovereignty

At the alternation of the Qing dynasty and the ROC, the country was poor and weak, and the domestic political situation was chaotic. The imperialist powers took the opportunity to invade Xizang. The upper-class separatist forces in Xizang, instigated and supported by foreign forces, colluded both internally and externally, and started a separatist trend of so-called "Tibet Independence".

Under such circumstances, the Central Government of the Qing dynasty and the ROC firmly safeguarded sovereignty over Xizang. The people of all ethnic groups in Xizang carried forward the tradition of patriotism and waged ongoing struggles against separatist forces, thus maintaining the Central Government's jurisdiction over Xizang, and safeguarding the unity of the motherland.

孟保等奏拉达克森巴侵藏派委藏官带兵前往防堵折（中国第一历史档案馆藏）

清道光二十一年（1841）

纸　　　汉文

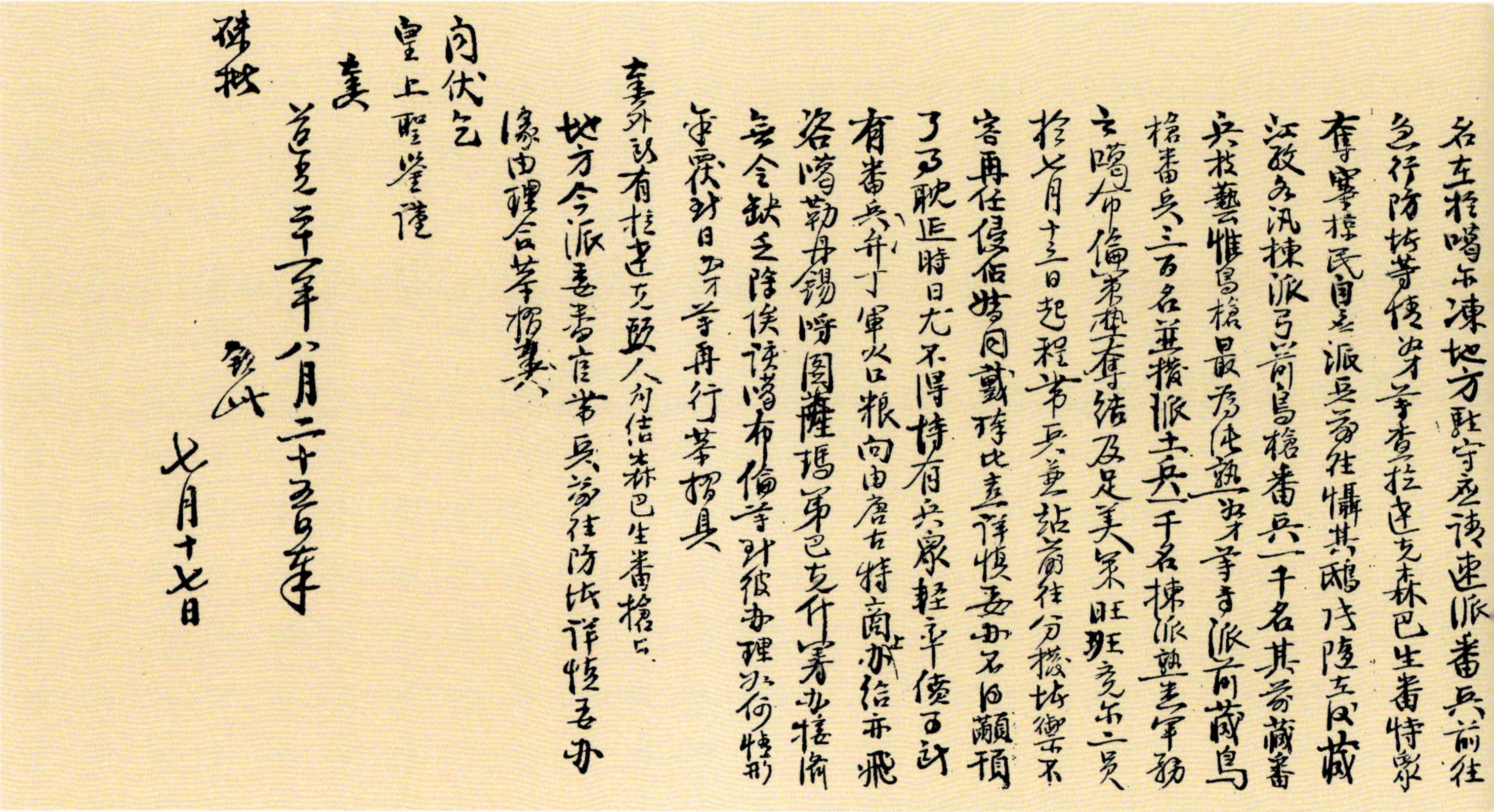

森巴是清代西藏地方对道格拉王室控制克什米尔部分区域时期诸部落的称谓。19 世纪 40 年代，英国东印度公司将势力扩展到克什米尔地区，扶植道格拉王室统治该地，并置于自己的监护之下。道光二十一年 (1841) 至道光二十二年 (1842) 间，在英国唆使下，道格拉王室两次出兵入侵西藏阿里地区。当时的清朝中央政府因鸦片战争无力西顾，但是在驻藏大臣孟保与西藏地方政府有效组织和西藏军民坚决反击下，最终取得了战争的胜利。驻藏大臣孟保的这道奏折，即对这次战争的起因及其委派西藏地方官兵前往抵御情形进行了详细的描述。

英国驻华公使就传教士活动事致恭亲王奕䜣外交照会

清同治七年（1868）

纸　　汉文

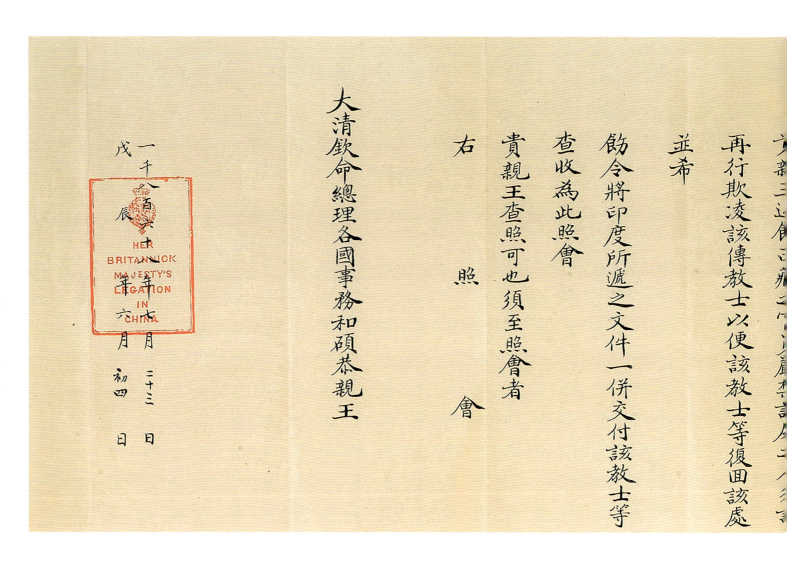

文新三立饬□□廉□言□□□□

再行欺凌该传教士以便该教士等復回该處

並希

饬令將印度所遞之文件一併交付该教士等

查收為此照會

貴親王查照可也須至照會者

右　照　會

大清欽命總理各國事務和碩恭親王

一千八百六十□年六月二十三日

戊辰年六月初四日

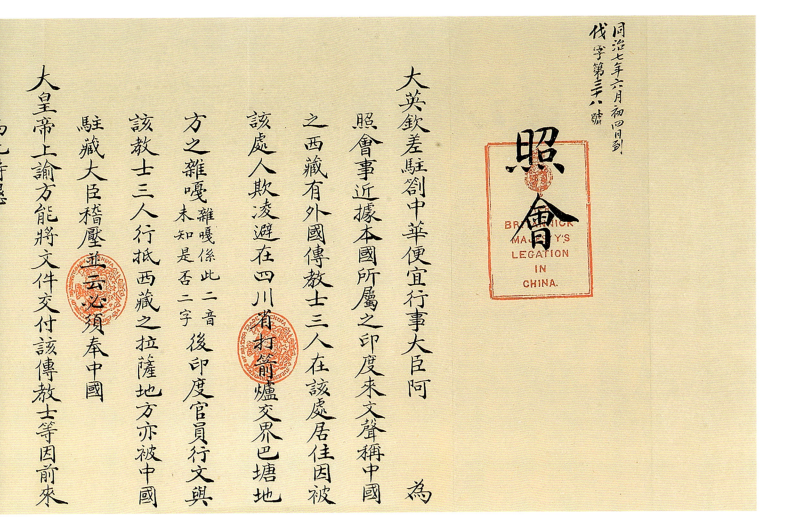

同治七年六月初四日到
伐字第三十八號

照會

BRITANNIC MAJESTY'S LEGATION IN CHINA.

大英欽差駐劄中華便宜行事大臣阿　　為

照會事近據本國所屬之印度來文聲稱中國

之西藏有外國傳教士三人在該處居住因被

該處人欺凌避在四川省打箭爐交界巴塘地

方之雜嘎雜嘎係此二音　後印度官員行文與

　　　　　　　未知是否二字

該教士三人行抵西藏之拉薩地方亦被中國

駐藏大臣稽壓並云必須奉中國

大皇帝上諭方能將文件交付該傳教士等因前來

　　清朝中后期，英、俄等帝国主义列强逐步开始了对我国西藏的渗透，派遣人员以"探险""考察""游历""传教"等名义潜入西藏，窃取了大量有关西藏地方政治、经济、地理、军事等方面的情报，为日后西藏地方的动荡埋下了隐患。

　　这件 1868 年英国驻华公使阿礼国给恭亲王奕䜣的外交照会，大意是希望转饬驻藏大臣和西藏地方官员不得任意"稽压"和"欺凌"三名被驱逐出境的英国传教士，以便使其得以返回西藏开展传教活动。

亚东开关后进入西藏的西方奢侈品

近代

　　西藏第一次抗英战争失败后，清朝中央政府被迫签订《中英会议藏印条约》，英国获得了在我国西藏通商的权利。1894年亚东海关开埠通商，英印商品源源不断流入西藏市场，西藏商品贸易渐渐趋于"繁荣"，西藏僧俗上层纷纷参与这种商业外贸活动，利用特权攫取利润，"欧式""新风尚"成为贵族追逐的目标。这种表面的"繁荣"打破了西藏社会长期以来自产自销、自给自足的商业模式，贫富两极分化更为严重，社会经济发展趋于停滞，社会愈加动荡不安。

怀表

餐具

座钟

文具

烛台

西洋人物杯

有轨火车模型

望远镜

望远镜

望远镜

收音机

八音盒

留声机

珐琅洋花纹高脚杯

《通商各关华洋贸易总册》

清光绪二十五年(1899)

纸　　汉文

《通商各关华洋贸易总册》为清末民初海关年刊，是中国海关年度报告中贸易统计的中文译本，始刊于1882年，至1913年停刊，此册即为其中之一，光绪二十五年（1899）刊印，是对光绪二十四年（1898）海关贸易情况的统计和总结，共分两卷，上卷为贸易情形总论，下卷为各关贸易论略。

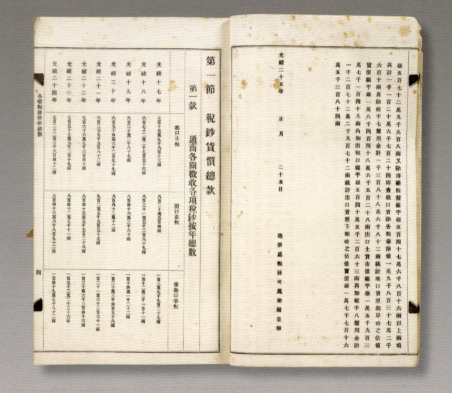

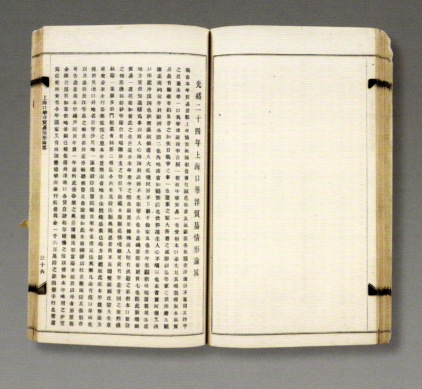

光緒二十四年上海口華洋貿易情形論略

噶伦宇妥为阻挡英军侵入拉萨事给朗通巴的文书

藏历木龙年(1904)
纸　　　　藏文

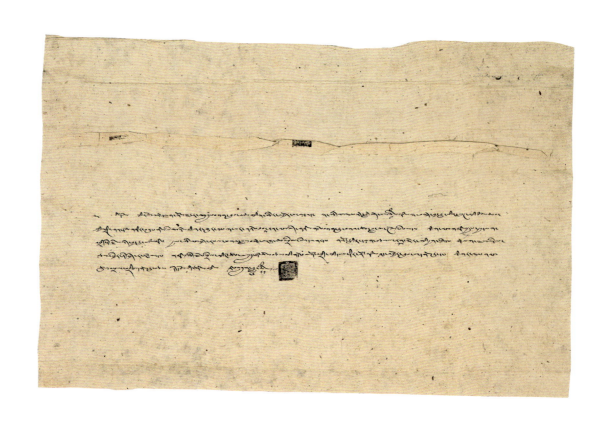

　　这是一件反映西藏军民第二次抗英的历史资料，大意为：今英军已越过加热地方（今江孜县辖地），抵达浪卡子并准备进军拉萨，已派代理噶伦喇嘛前往阻拦。现命你朗通巴和日喀则宗秘书率军即刻抵达白地（今浪卡子县辖地），予以坚决抵抗，并速速回复相关情形。

　　朗通家族是历史上西藏日喀则康马县境内的贵族世家。1904 年，时任西藏地方政府协邦（审判官）的朗通巴在抗英总指挥部任职，亲自参与了"杂昌谷"阻击战，先后在江孜、仲孜等地收留了大量流散军民。抗英战争结束后，朗通巴出任西藏地方政府主管拉萨传召大法会收支机构的负责人，即"拉恰"一职。

西藏地方政府为抗英征兵事宜给噶伦的文书(抄件)

清末
纸　　藏文

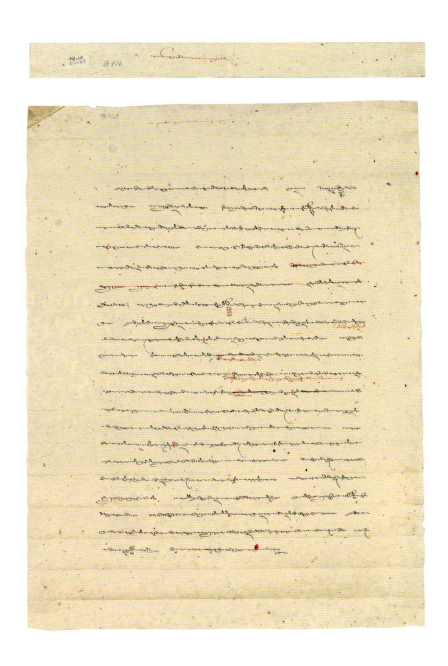

1903 年底，英帝国主义悍然发动了第二次侵藏战争。在武器装备落后和军事实力悬殊情形下，西藏军民进行了英勇抵抗。这件文档即是西藏地方政府为在类乌齐、昌都（今卡若区）和八宿等地征兵以抗击英军入侵，而呈给噶伦宇妥的文书抄件。

宇妥，西藏贵族家族之一，始于十世达赖喇嘛之父罗布桑年扎被封为一等台吉时。文书中的"噶伦宇妥"为宇妥・彭措班丹，他于光绪二十九年（1903）任噶伦，后经查办藏事大臣张荫棠指控其贪婪暴虐，腐败无能，于三十二年 (1906) 被革职。

藏文版《拉萨条约》与《中英续订藏印条约》藏文抄件

清光绪三十年（1904）纸

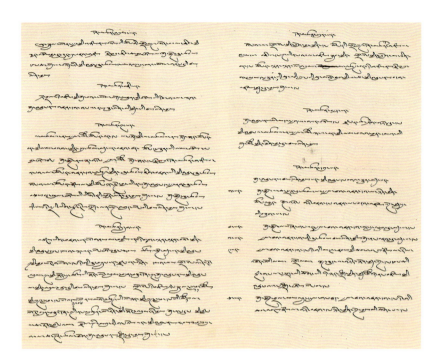

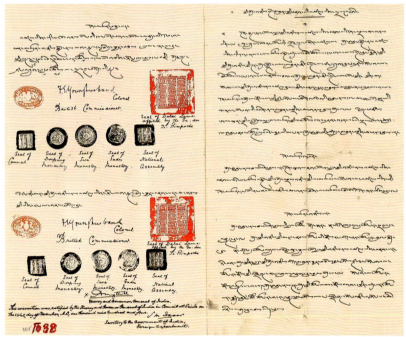

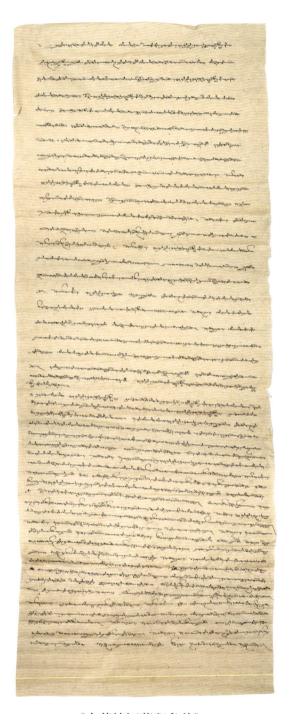

《拉萨条约》

《中英续订藏印条约》

　　《拉萨条约》是英国侵略者强迫西藏地方政府签订的不平等条约。光绪二十九年（1904）英国发动了第二次大规模入侵西藏的战争。英军从西藏亚东大举入侵，于1904年8月占领拉萨，并逼迫西藏地方政府签订了《拉萨条约》。条约共10款，其内容极大地损害了中国主权，因此清朝中央政府拒绝承认该条约，不予签字，并于1906年与英国重新签订了《中英续订藏印条约》，将《拉萨条约》收为附约，对其内容进行了订正和补充，从而在一定程度上挽回了损失，维护了国家主权。

西藏地方向英印缴清第一期赔款时所备礼单（抄件）

清末
纸　　藏文

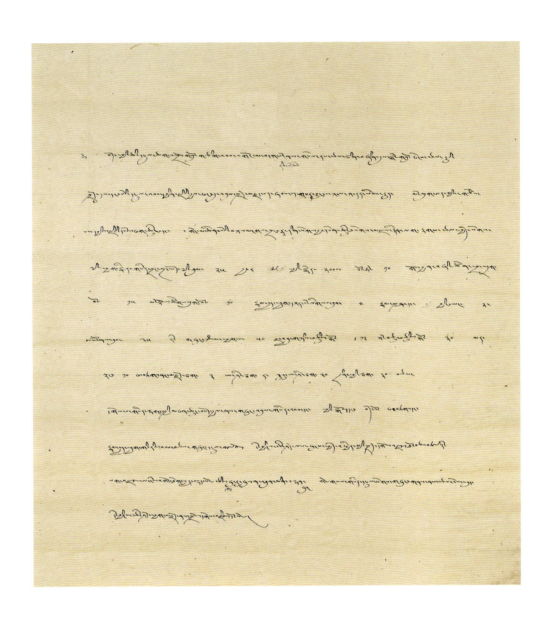

　　1904年第二次抗英失败后，根据《拉萨条约》和《中英续订藏印条约》约定，西藏地方政府向英国分期赔款50万英镑，合卢比750万元。该文档即反映了这一屈辱的历史，大意是：赔偿金由大皇帝恩赐，分三期予以支付。第一期赔偿金由噶伦萨穷巴前往加尔各答交付英方，届时呈送各级英国官员及钦差张大人等汉官黄金5两、礼包25个、外币20000、绸料25匹、白氆氇4卷以及哈达等礼品。

《中英修订藏印通商章程》藏文抄件

清光绪三十四年(1908)　　　　　纸

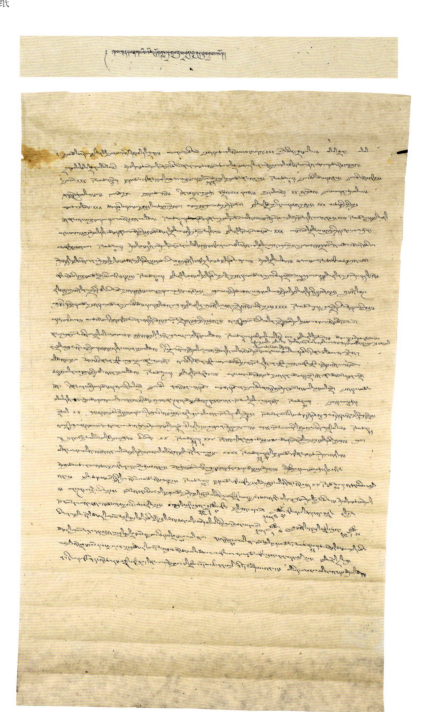

　　《拉萨条约》和《中英续订藏印条约》签订后，中英两国于 1907 年 6 月在印度加尔各答再次就英印在江孜、噶达克和亚东开埠通商事宜进行商谈，张荫棠和韦礼敦分别为两国全权代表，西藏地方政府噶伦汪曲结布也随行参与。

　　1908 年 4 月 20 日，《中英修订藏印通商章程》正式签订，共 15 款。根据此章程，英国在西藏有治外法权、会审权，获许"在各商埠内租地建筑货栈"等。但在承认光绪十九年（1893）所订《中英藏印续约》原则下，中国收回了对西藏地方的某些治权。

关于英印在藏商贸机构相关事宜的约定（抄件）

藏历铁猪年(1911)
纸　　　藏文

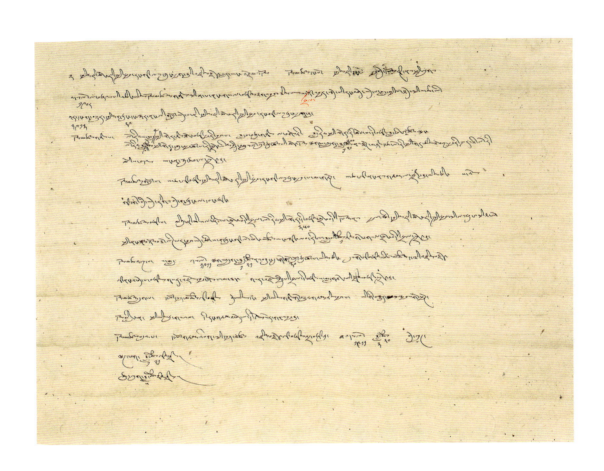

清朝末年，随着《中英会议藏印条约》《中英会议藏印条款》《拉萨条约》《中英续订藏印条约》《中英修订藏印通商章程》等条约的签订，英印政府先后获准在亚东、江孜和噶达克设立商务代理处，从而获得了在西藏通商的权利。

该文档为西藏地方政府与英印方面相关机构就落实1908年《中英修订藏印通商章程》而签订的协议，包括商贸机构设立地点、地租交纳、商贸道路修筑等事项。

西征军北路督战官命类乌齐"夺宿"地方供应差使谕单

民国二年（1913）

纸　　　汉、藏文

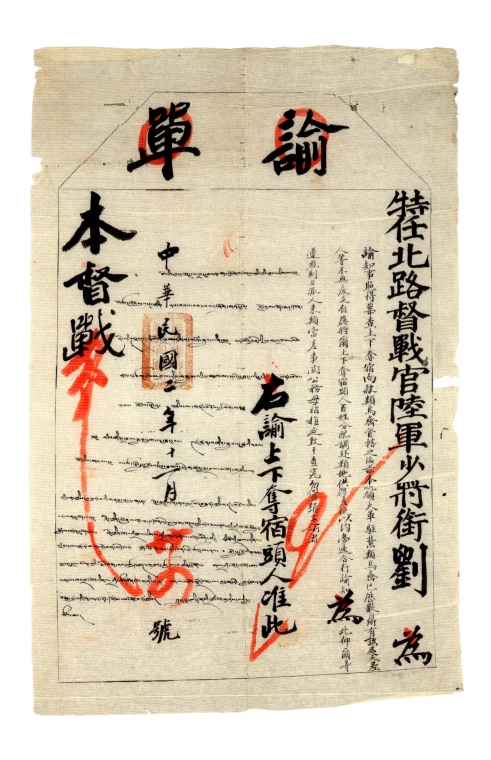

　　1912 年"西藏事变"爆发后，内地各省纷纷要求中央勘乱稳藏。同年 6 月，民国政府令尹昌衡、蔡锷等组织"西征军"向西藏进发。这件民国二年的"谕单"即为时任西征军北路督战官的刘瑞麟驻守类乌齐期间发给类乌齐一带藏北三十九族之"上夺宿"和"下夺宿"等部族头人的命令。大意是说，由于西征军驻扎类乌齐已经数月之久，当地民众支应差役众多，已经疲惫不堪，而上、下"夺宿"属于类乌齐管辖，自然应当前往类乌齐当差，以彰显公平，因此要求上、下"夺宿"头人即日起派遣人夫前往西征军驻扎之地应差，否则将予以追究。

西藏地方政府制造的钱模与货币

清末民国时期

　　宣统元年（1909），西藏地方政府趁时局危乱之机，在未经清朝中央政府和驻藏大臣批准与许可的情形下，擅自在拉萨札什地方建厂铸币，但随即遭到驻藏大臣联豫的查封。

　　1912年，清朝灭亡，中华民国建元，西藏地方上层分裂势力在制造所谓"西藏事变"的同时，先后开始在札什、梅吉、罗堆造币厂铸造和印制钱币，发行了"雪阿""噶阿""雪冈"等币种。1931年，西藏地方又将梅吉、罗堆、夺底造币厂合并为扎什电机厂，继续印造各类钱币。此后的1941年至1949年期间，时任摄政的达扎活佛先后印制有十两和五两套色纸币，并铸造有"雪松""雪阿"等钱币。这些货币的发行与流通，不仅是旧西藏"三大领主"盘剥压榨西藏人民的经济手段，更是西藏地方上层分裂势力筹措军费、购买武器、对抗中央，图谋所谓"西藏独立"政治阴谋的反映。

硬币模具

硬币模具

硬币

纸币

纸币模具

国民政府致祭十三世达赖喇嘛祭文及纪念章

民国二十三年（1934）
汉、藏文

　　1933 年十三世达赖喇嘛圆寂之后，国民政府不仅在南京举办了盛大的致祭活动，而且追赠他为"护国弘化普慈圆觉大师"，派遣蒙藏委员会委员长黄慕松为专使进藏致祭和追封。1934 年 9 月 23 日，追封十三世达赖喇嘛典礼在布达拉宫举行，黄慕松代表国民政府授予"护国弘化普慈圆觉大师"玉印和玉册。10 月 1 日，又在布达拉宫设立灵堂举行十三世达赖喇嘛致祭仪式，黄慕松代表国民政府宣读了祭文，敬献了内地各界赠送的金灯、挽联，并向在场人员发放了致祭活动纪念章。

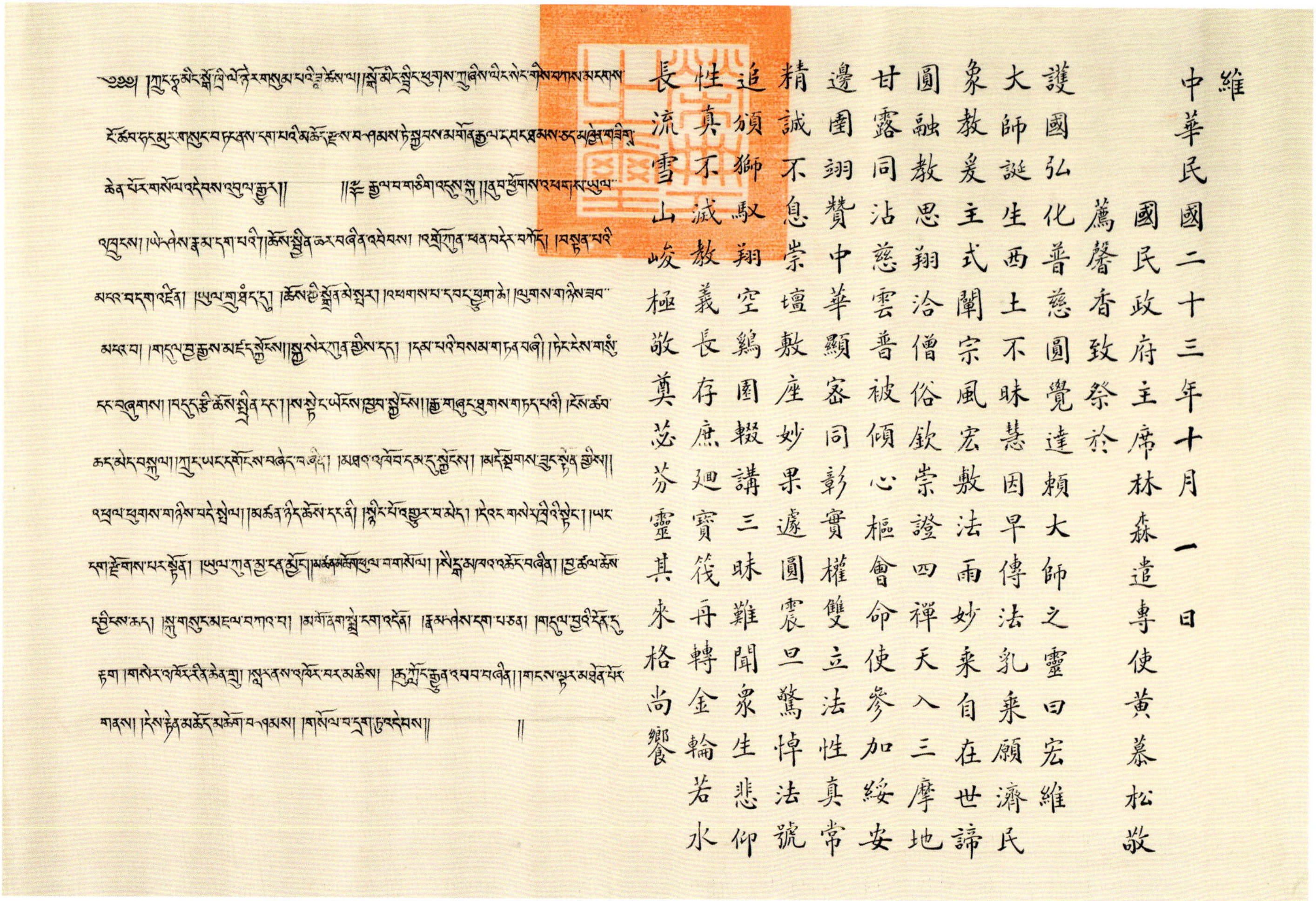

祭文

纪念章

国民政府相关机构及官员致祭十三世达赖喇嘛祭文及挽联

民国二十三年（1934）
纸　　　汉文

　　十三世达赖喇嘛土登嘉措圆寂后，在国民政府举行盛大祭祀活动的同时，党政军各界也纷纷以机构或私人身份予以悼念，并筹办了大量祭奠仪礼，委托致祭专使黄慕松于1934年携带进藏代为致祭。其中，仅挽联现存数量就达到50余件之多，致祭人员和机构包括孙科、何应钦、何健、张群、杨虎城等要员及国民政府立法院、监察院等军政机构。

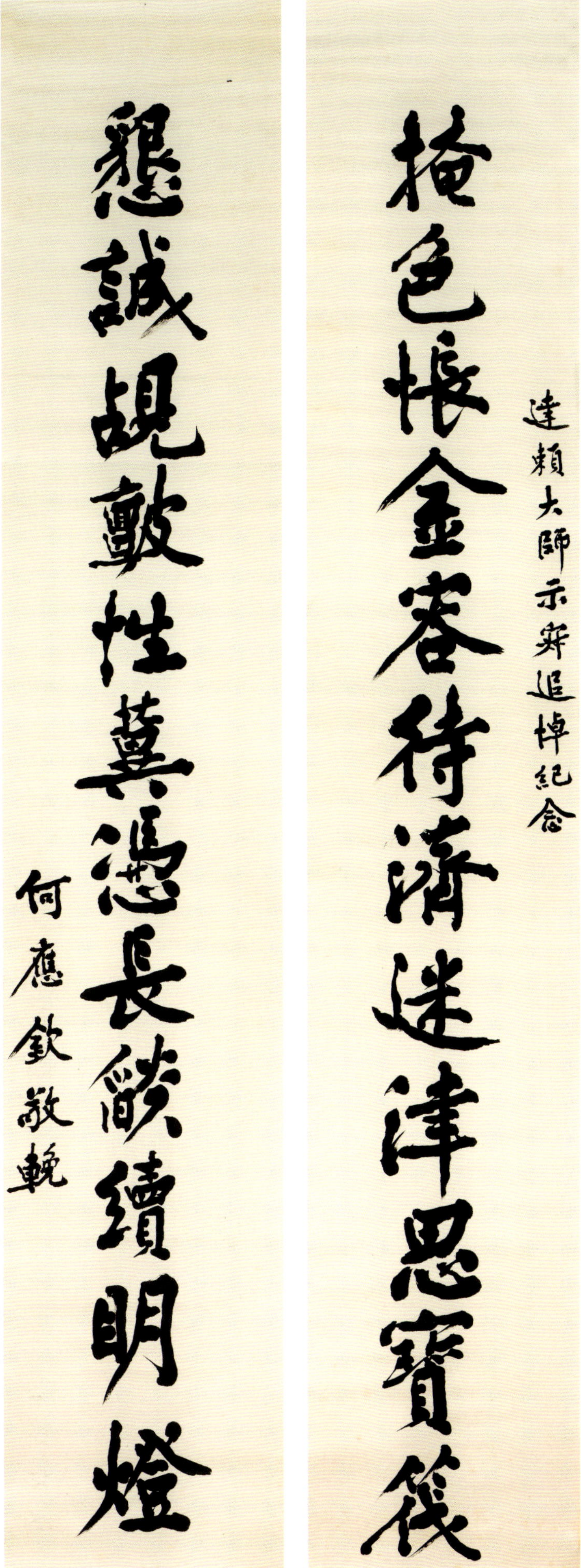
達賴大師示寂追悼紀念
掩色悵金容待濟迷津思寶筏
懇誠覲敷性冀憑長燄續明燈
何應欽敬輓

致祭十三世达赖喇嘛金灯

民国二十三年(1934)

供灯是用于礼供佛像的主要供器，十三世达赖喇嘛圆寂后，国民政府主席林森、行政院长汪兆铭、军事委员会委员长蒋中正、蒙藏委员会委员长石青阳、四川省善后督办刘湘等国民政府要人均以个人身份向十三世达赖喇嘛灵塔礼供了金质酥油供灯，以示祭奠。

四川善后督办刘湘致祭金灯

蒙藏委员会委员长石青阳致祭金灯

民国中央政府册封第五世热振活佛铜印和文册

民国二十四年（1935）
汉、藏文

　　热振呼图克图是清代有资格出任西藏地方摄政的四大活佛系统之一。第五世热振活佛图旦绛白益西丹巴坚赞是一位具有爱国反帝思想的西藏地方政教领袖，在他担任西藏地方摄政期间，反对帝国主义势力染指西藏，致力于恢复和改善与中央关系。

　　1935 年，为褒奖五世热振活佛"翊赞中央，抚绥地方"，国民政府决定授予其"辅国普化禅师"名号，并颁授这件印信和文册，交由护送九世班禅返藏专使前往册封。但由于西藏地方政府的阻挠，九世班禅返藏之行未能实现，因而册封五世热振活佛典礼亦未能举行。直到 1940 年，蒙藏委员会委员长吴忠信进藏主持十四世达赖坐床仪式之时，才代表民国中央政府将这套册印颁给五世热振活佛。

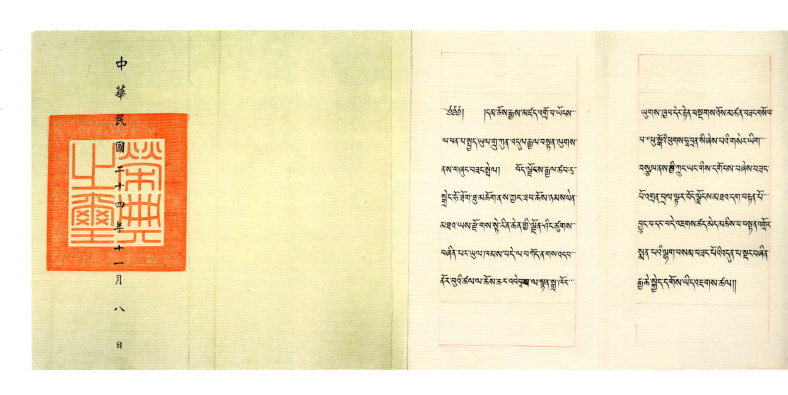

加給熱振呼圖克圖輔國普化禪師名號冊文

宏法利生為行持之本願敦
教導俗洵治世之良規熱振
呼圖克圖妙契玄微廣窮正
覺扇宗風於寶樹化溥烏斯
沛法雨於珠林德弘鹿苑風

聲所樹厥德懋昭著加給輔
國普化禪師名號於戲布中
樞之德意渙汗遙頒永西土
之教思邊陲長奠式頒冊命
尚其祗承

輔國普化禪師
熱振呼圖克圖印

中華民國二十四年十一月　日
印鑄局　造

刘公亭碑

民国二十三年(1934)

汉、藏文

　　十三世达赖喇嘛圆寂后，国民政府于1934年派遣参谋本部次长黄慕松为致祭专使入藏致祭，刘朴忱以致祭十三世达赖喇嘛专使行署总参议身份同往。在完成对十三世达赖喇嘛追封和致祭事宜之后，刘朴忱等留驻拉萨，以保持与西藏地方的接触和中央的联络，但仅一个月之后，刘朴忱便病逝于拉萨。

　　为纪念刘朴忱的功绩，国民政府为之举行了隆重的葬礼，在其墓地修建了"刘公亭"，并"建塔纪事，以资后人敬仰"，当时与刘朴忱一同进藏的黎丹、蒋致余为之撰写了碑名和碑文。

戴传贤赠九世班禅"护国济民"印（2枚）

民国二十四年（1935）

金　　　汉文

　　1912年西藏地方爆发了变乱，十三世达赖喇嘛从印度返回拉萨，开始在后藏原班禅辖区内设置各级行政机构，并向当地百姓和寺庙摊派粮税款和乌拉差役，从而侵犯了班禅的固有地位和职权，双方关系迅速恶化。1923年底，九世班禅曲吉尼玛被迫出走祖国内地寻求国民政府的保护，并为国家统一和民族团结奔走呼号。这两枚"护国济民"金印即是1935年时任国民政府考试院院长的戴传贤，在九世班禅大师当选为国民政府执行委员后所赠。

国民政府颁授第五世热振活佛二等采玉勋章（1套）

民国二十九年(1940)

银鎏金镶珐琅

  1933 年 12 月，国民政府公布《颁给勋章条例》，设立了采玉大勋章与采玉勋章两种国家勋章，规定凡中华民国人民有重大勋劳于国家或社会者 (军人除外)，由国民政府颁给采玉勋章。

  1940 年，国民政府以五世热振活佛及噶伦等人"拥护中央，安定地方"，特准授给热振二等采玉勋章，噶伦等三等采玉勋章各一枚，并由蒙藏委员会委员长吴忠信进藏主持十四世达赖坐床之便授予。同年 2 月 15 日上午 10 时，五世热振授勋典礼在其驻锡寺庙拉萨锡德林举行。吴忠信在代表国民政府颁授五世热振活佛"辅国普化禅师"铜印和册文的同时，一并颁授了这套勋章。

  这套二等大绶采玉勋章含正章、副章各一套，背部铭"国民政府文官处印铸局制"及篆书"采玉勋章"字样。

民国中央政府颁授西藏地方官员三等嘉禾勋章

民国

铜质珐琅

正面

背面

嘉禾勋章设于 1912 年，1916 年设定为共九等十级（后有变动），包括一等大绶、二等大绶、二等无绶，三等领绶，以及四、五、六、七、八、九等襟绶。分别为金色或银色八角，中心为白底金色嘉禾图案，下端是五色彩带。背面圆形中心为红底篆书"嘉禾勋章"字样，另有年号和制作局印戳。

民国时期，中央政府曾多次授予西藏地方政府驻京人员嘉禾勋章。其中，仅民国六年 (1917)，蒙藏院在请示大总统冯国璋核准后，就曾授予西藏地方驻京参议员罗桑班觉、巫怀清、夏仲阿旺益喜、江赞桑布、罗卜桑车珠尔等人若干二等和三等嘉禾勋章，以昭激劝。这枚三等嘉禾勋章当亦属此例。

西藏达赖驻重庆办事处印

民国

铜　　汉、藏文

在民国中央政府和广大爱国力量影响下，十三世达赖喇嘛晚年逐渐认识到帝国主义分裂中国的险恶用心，开始转变其此前的非爱国主义态度和倾向，致力于改善同中央政府的关系，在京设立办事处，派遣代表参加国民大会和国民政府行宪国民大会，主动参与到国家事务中，国民政府同西藏地方的关系有所好转。

抗日战争爆发后，国民政府迁都重庆，西藏驻京办事处也随迁重庆，更名为"西藏达赖驻重庆办事处"，这枚印章即是达赖办事处移驻重庆后改制之印。

沈宗濂赠送十四世达赖金碗（一对）

民国　　金

沈宗濂，民国时期国民政府官员，因其对西藏问题有着深入研究和独到见解，于1943年受任为蒙藏委员会驻藏办事处处长，次年8月抵达拉萨，这对金碗即为他进藏之初按例赠送给十四世达赖的见面礼。

沈宗濂在藏任职期间，在树立中央权威的同时，加强与西藏地方上层联络，培养感情，改善关系，并积极开展与英印势力的交涉与斗争，宣示对藏主权。从而在一定程度上缓和、改善了西藏地方政府与民国中央政府的关系，巩固了对藏主权。

第六单元 交流交融

　　清代民国时期，随着中央政府对西藏地方的全面管辖和有效治理，西藏地方与祖国其他地区的交往交流达到前所未有的密切程度，人员往来与商贸活动频繁，众多兄弟民族人民留居西藏，无数物资通过赏赐、馈赠和民间贸易，源源不断进入西藏，推动了西藏经济社会的发展，促进了各民族文化的交融与互鉴。

ས་བཅད་དྲུག་པ། སྐྱེལ་རེས་དང་མཉམ་འདྲེས།

ཆིང་རྒྱལ་རབས་དང་མིན་གོའི་དུས་སྐབས་སུ། གུང་དབང་སྲིད་གཞུང་གིས་བོད་ལྗོངས་ས་གནས་ལ་ཕྱོགས་ཡོངས་ནས་བདག་སྐྱོང་དང་ནུས་ལྡན་དང་འཚོས་སྐྱོང་གནང་བ་དང་ཆབས་ཅིག བོད་ལྗོངས་ས་གནས་དང་མེས་རྒྱལ་གྱི་ས་གནས་གཞན་དག་དབར་འབྲེལ་འབྲེལ་དང་སྐྱེལ་རེས་བྱེད་པ་དེ་སྔར་བྱུང་སྐྱོང་མེད་པའི་འབྲེལ་བ་ཟབ་པོའི་སུ་བསྐྱལབས་ཡོད་ལ། མི་སྣ་འབད་ཆུན་འགྲོ་འོང་དང་ཚོང་འབྲེལ་རེ་མང་དུ་སོང་སྟེ། སྤུན་ཟླའི་མི་རིགས་གཞན་པའི་མི་མང་བོ་བོད་ལྗོངས་སུ་གནས་སྡོད་བྱས་ཤིང་། གནང་སྦྱིན་དང་། ཕུལ་ཧྲགས། དེ་བཞིན་དམངས་ཁྲོད་ཚོང་འཚམ་ཀྱི་ཐོག་ནས་དངོས་ཟོག་གྲངས་ལས་འདས་པ་བོད་ལྗོངས་སུ་རྒྱུན་ཆད་མེད་པར་འཛུལ་གྱི་ཁྱབ་པར་བརྟེན། བོད་ལྗོངས་ཀྱི་དཔལ་ཚོགས་དང་དཔལ་འབྱོར་གོང་འཕེལ་འགྲོ་རྒྱུལ་སྐུལ་འདེད་བྱུབ་པ་དང་། མི་རིགས་ཁག་གི་རིག་གནས་སྐྱེལ་རེས་དང་ཕན་ཚུན་སློབ་དཔེའི་འབྲེལ་རྒྱུ་སྐུལ་འདེད་བྱུབ་ཡོད།

Unit Six   Communication and Integration

In time of the Qing dynasty and the ROC, with the comprehensive management and effective governance over Xizang by the Central Government, the exchanges and communication between Xizang and other parts of the motherland reached an unprecedented level. Personnel exchanges and business activities were frequent. Many people of fraternal ethnic groups stayed in Xizang, and countless materials continuously entered Xizang through bestowing, offers, and non-governmental trade. All these have promoted the economic and social development of Xizang, and promoted integration and mutual learning of different national cultures.

万寿寺法事活动捐资单

清代

纸　　　汉、藏文

　　清雍正十一年（1733），郡王颇罗鼐和驻藏大臣青保为驻军之需，在拉萨北郊修建了"札什城"军营。乾隆二十六年（1761）为"札什城"回族官兵而专设清真寺，后又改设成万寿寺，以便供奉皇帝龙牌并祝祷万寿之用，万寿寺遂成为清末至民国时期内地人民在西藏的重要宗教场所。此捐资单为万寿寺的一次法事活动中内地各民族、各阶层人士的捐资明细。

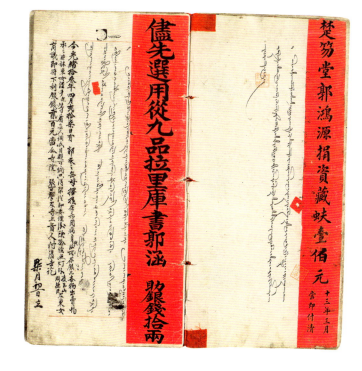

木刻神像

清代民国时期

　　清代民国时期，随着清军与内地商民大量入驻西藏，各类内地生活用具也源源不断进入西藏地区。这些木刻雕像造型古朴、神情生动。人物题材多为内地土地神像和道教神灵等，应为清代、民国时期驻藏清军或内地商民携带进藏并按照其乡土习俗供养收藏，反映了清代民国时期生活在西藏高原的其他兄弟民族的精神信仰和对故土诸多怀恋与不舍的情感依托。

玉泽藏地

　　清代民国时期，大量精美玉器以赏赐、贸易的形式不断传入西藏，特别是康熙、雍正、乾隆时期，传入西藏的玉器数量达到了顶峰。这些玉器类别繁多、材质各异、器型多样、纹饰丰富，直接反映了西藏地方与祖国其他地区交往交流的兴盛局面。

玛瑙透雕花鸟纹盖瓶
清代

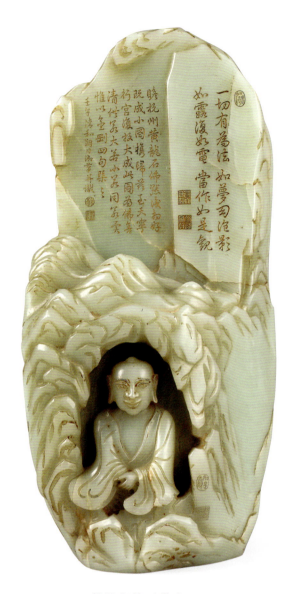

乾隆御笔玉佛山子
清代

汉白玉卧佛
清代

鼻烟壶

清代

翡翠鼻烟壶

珊瑚鼻烟壶

茶晶鼻烟壶

　　鼻烟壶是用于盛装鼻烟的一种小型容器，小可手握，便于携带。近代以来，西藏人民亦有吸食鼻烟的习惯，因此中央政府也将鼻烟壶列入赏赐品之列。用于制作鼻烟壶的材料很多，有金、铜、银、瓷、玉石、珊瑚、玛瑙、琥珀、翡翠、水晶等，这三件鼻烟壶分别用翡翠、水晶和珊瑚制作而成，用料较为考究，是鼻烟壶中的精品。

牙角天工

　　牙角器是指用象牙、犀牛角、牛角、鹿角等动物牙角为材料雕刻而成的器物或工艺品。清代民国时期，牙角器作为中央政府赏赐西藏地方上层的珍贵礼品，以其材料珍贵、雕工精巧、题材多样、雅致美观而备受珍视。

犀角杯

清代

镂雕梅花犀角杯

清代

牙雕仕女
清代

牙雕白菜昆虫
清代

牙雕人物花鸟
清代

牙雕庭院楼阁纹盖盒

清代

木雕嵌象牙折扇盒、折扇

清代民国时期

象牙多穆壶

清代

珐琅华彩

　　"珐琅"又称"景泰蓝"，为元朝晚期阿拉伯地区传入中国的一种外来制器工艺，因盛行于明景泰年间，故又称"景泰蓝"。珐琅器从明初开始通过官方赏赐和民间贸易的方式从祖国内地传入西藏。清代民国时期，中央政府赏赐给西藏地方的珐琅器数量更为庞大，且巧妙融入了藏传佛教文化元素，深受西藏各族人民喜爱。

珐琅净水瓶

清代

　　此净水瓶为执壶样式，瓶身整体用珐琅勾画，瓶腹开光，用料极为讲究。整套器物线条流畅，图案装饰典雅，是珐琅器中的精品。

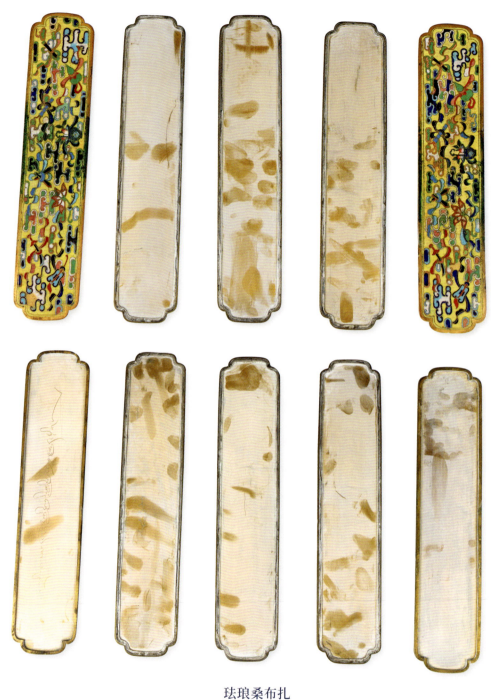

珐琅桑布扎

清代

珐琅、木

　　"桑布扎"即写字板，是古代西藏人民使用的一种书写工具。使用时，在"桑布扎"板面涂抹一层酥油，酥油上撒一层黑灰，书写时用竹签笔划开黑灰露出白底酥油从而形成字迹。再次书写时，将黑灰抹平或者重新撒灰即可，因此"桑布扎"具有反复使用的功能。该"桑布扎"为木质，上下以珐琅板面包夹，制作极为精美，每片周沿均以珐琅箍边装饰，应是清朝中央政府赏赐西藏上层之物。

书画挂屏

　　清代民国时期，以书画、挂屏为代表的装饰品通过赏赐、馈赠大规模传入西藏，进一步丰富了西藏地方的文化艺术形态，更加密切了西藏地方与祖国内地的关系。这些精美的艺术品，不仅承载了重要的历史信息，还蕴含了丰富的文化内涵，是西藏地方重要的陈设品类。

《西游记》人物挂画

清代　　　丝绸

　　《西游记》是中国四大古典名著之一，随着《西游记》故事在民间影响的加大，《西游记》人物形象和故事也常常被运用到其他工艺品种中，如绘画、刺绣、瓷器绘制等。清代、民国时期，大量的绘画精品通过官方赏赐和民间贸易进入西藏后，西藏人民按照唐卡的形式再次装裱，形成了国画和唐卡工艺的结合。此画描绘的是唐太宗率领众臣迎接取经返回长安的唐僧师徒四人的情景。

《八仙图》挂画之"何仙姑"

清代　　　丝绸

此组挂画共八幅，每幅均以工笔画法描绘一位"八仙"人物。此幅画面人物为八仙之一的何仙姑，画面布局构思巧妙，着色清丽淡雅，再巧妙结合唐卡的装裱手法，使其更具装饰功能，是国画工艺与西藏唐卡装裱形式巧妙融合的产物。

织锦《八仙图》
之吕洞宾、蓝采和、铁拐李、何仙姑

清代　　　丝绸

　　"锦"泛指具有多种彩色花纹的提花织物，以书画为底本用织锦工艺织成的书画作品称为"织锦画"或"彩织"。明、清时期织锦画高度发展，其题材多为民间传说、人物传记、历史故事等。此织锦八仙图流传到西藏地方，说明清代、民国时期祖国内地和西藏地方的交往交流益加频繁。

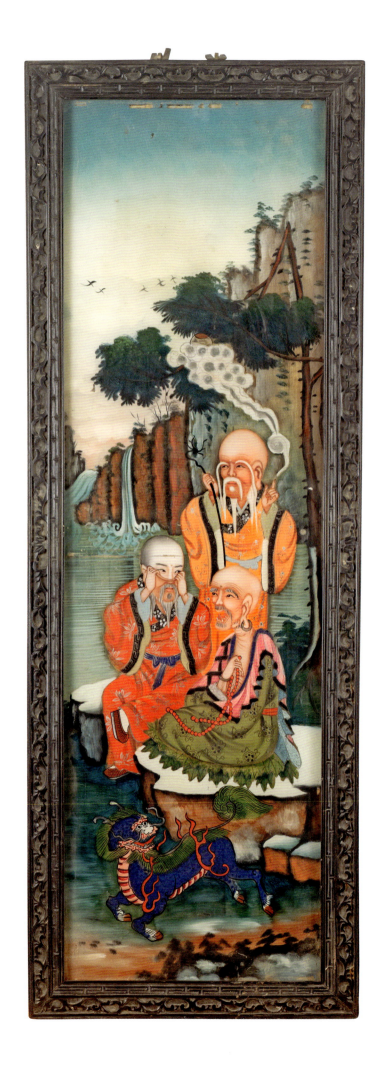

罗汉挂屏

清代　丝绸、木、玻璃

　　明末清初之际，我国出现了"挂屏"这种以绘画图案为主的艺术品类，它多代替画轴在墙壁上悬挂，起到装饰效果。清代、民国时期，挂屏以赏赐或商业贸易的形式大规模进入西藏，由于其丰富的艺术内涵，一度为西藏上层人物所珍爱，成为当时西藏地方室内陈设的一种时尚。

"延年益寿"挂屏

清代　丝绸、木、玻璃

　　此图画面由仙鹤、桃树、山石和流水构成，寓意山高水长、延年益寿，落款为"浙江沈铨写"并钤盖两枚朱方图章，应为沈铨为清代宫廷所绘，继由清朝中央政府赏赐西藏地方上层。

　　沈铨（1682-1762），字衡之，号南蘋，浙江湖州人，清代著名宫廷画家，工花卉、翎毛、走兽，以精密妍丽见长，也擅长画仕女，创"南蘋派"花鸟写生画，常奉旨为宫廷作画，传世之作有《秋花狸奴图》《盘桃双雉图》《五伦图》等。

中华锦绣

　　丝织品是西藏地方与祖国内地工艺美术交流中的重要品种之一。清代民国时期，大量匹料、成衣等丝织品以赏赐和贸易形式源源不断传入西藏。这些丝织品不仅数量庞大、工艺精美且纹饰多样，是这一时期各民族交往与文化融合的重要历史见证。

明黄色缎绣彩云金龙十二章龙袍

清代

丝绸

　　清代皇帝的服饰分为三大类，即礼服、吉服、便服，绣有寓意吉祥、色彩艳丽的图案和纹饰，如龙纹、蝙蝠纹、牡丹纹、吉祥八宝纹、祥云纹等。"十二章"也是其中一种重要的纹饰，所谓十二章，即日、月、星辰、华虫、龙、山、粉米、藻、宗彝、黻、黼、火，是清代皇帝的专有纹饰，一般绣在帝王的吉服（祭祀时穿用服饰）上。这件绣有"十二章"的龙袍显然是清朝中央政府赏赐达赖、班禅等西藏地方政教上层人物的礼品。

孔雀翎大褂
近代

短褂
近代 丝绸、皮毛

原封匹料

清代

丝绸

　　织成袍料是宫廷织造局根据袍服样式，将领、身、袖、裾等各部分设计在一张料上。缝制成衣时，再根据需要将各部分裁剪，直接拼合缝制即可。这种织造方法既节省了织造原料及成本，也为制作成衣带来了便利。此匹料上的封印至今仍保存完好，显然为清朝中央政府赏赐达赖喇嘛、班禅额尔德尼等西藏地方政教上层人物的礼品。

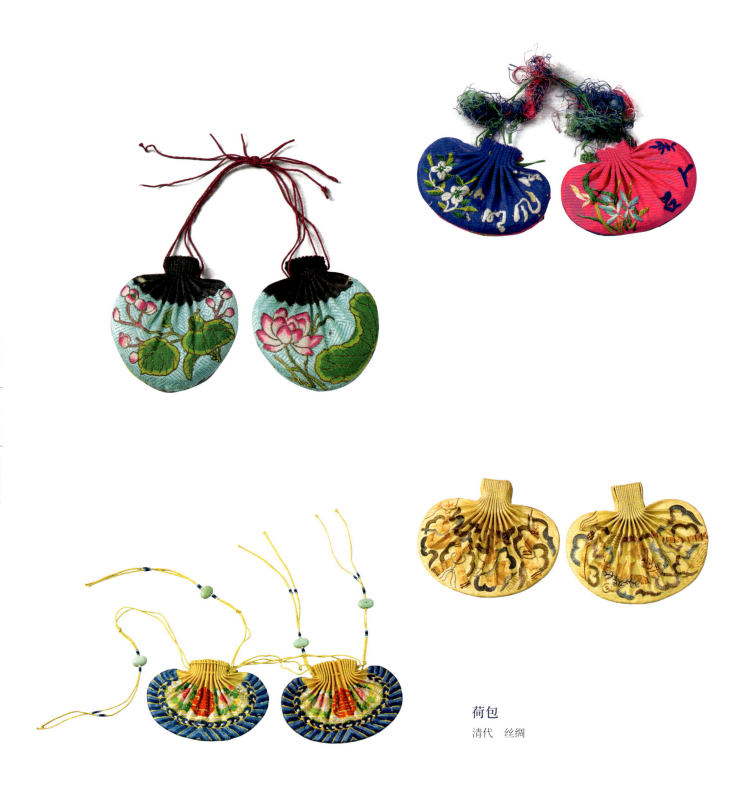

荷包

清代 丝绸

荷包是中国传统服饰中一种存放零星物品或香料的小包，同时也具有显著的装饰意味，通常佩戴于腰部。其造型除常规的圆形、方形之外，也有桃形、如意形、石榴形等，图案则包括花卉、鸟兽、山水、人物以及吉语、诗词。明清时期，中央政府经常将各色绣制精美的荷包作为礼品赏赐西藏地方上层人物，这组荷包即在此例。

工艺唐卡

工艺唐卡是指采用内地丝绸织造工艺制作的唐卡艺术形式，是内地丝绸技艺与我国西藏地区唐卡艺术的完美结合。早至宋代，西藏地区就已经出现工艺考究的缂丝唐卡。其后，刺绣唐卡、织锦唐卡、堆绣唐卡等工艺唐卡种类相继出现。至清代民国时期，各类工艺唐卡大量涌现、精彩纷呈，极大地丰富了唐卡艺术形式，推动了唐卡艺术的发展，是西藏地方与祖国内地民族文化与工艺技术深度融合的反映。

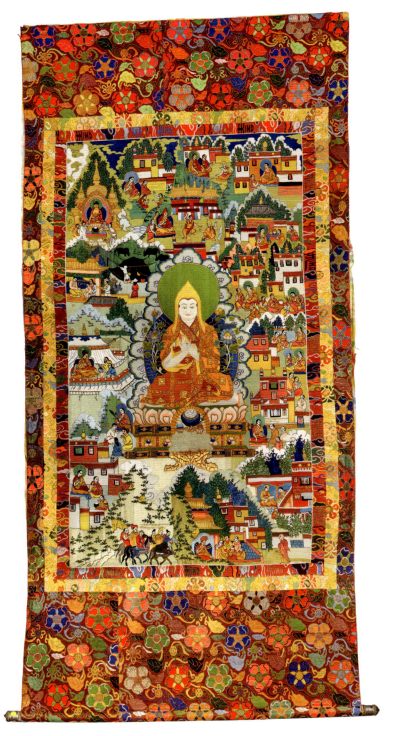

刺绣宗喀巴传记唐卡

清代　布、丝绸

堆绣白度母唐卡

清代 布、丝绸

緙丝三世佛唐卡

清代　布、丝绸

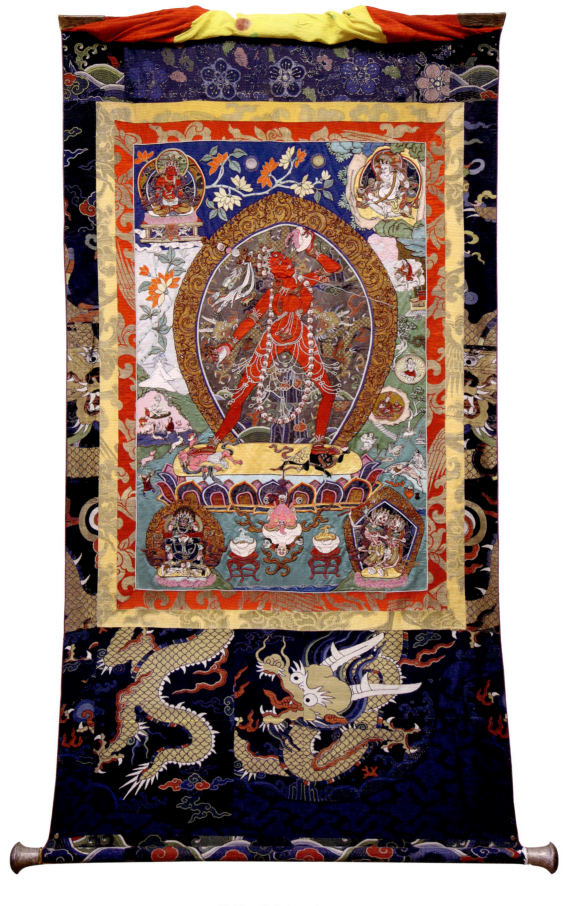

堆绣那若空行母唐卡

清　布、丝绸

织锦六世班禅肖像唐卡

民国　布、丝绸

器蕴吉祥

　　清代民国时期，随着西藏与祖国其他地区关系的进一步密切，内地的工艺技术和文化符号得以全面融入西藏社会，表现在衣、食、住、行、用等方方面面，潜移默化地促进着中华民族文化的深度融合，影响和改变着西藏人民的生活习俗和意识形态，推动着西藏社会的发展进步。

　　这些器物多为西藏人民的日常生活用具，有着浓郁的西藏地方特色，但同时融入了福、寿、龙等具有吉祥寓意的内地传统文化符号，是内地传统文化为西藏人民借鉴和吸纳的体现。

铜鎏金镂雕龙纹高足碗套
清代

　　高足碗从元代开始风行并流行了数百年，有"靶茶钟""靶碗"等称谓，各类官窑多有烧造，历代中央政府亦常将其赏赐西藏地方上层，如今西藏寺院和文物机构收藏的若干高足瓷碗便是佐证。由于瓷器具有珍贵易碎的特点，因此大多配有金属或皮质碗套，以便于随身携带和保护，这件镂雕铜鎏金高足碗套华丽而精致，无疑是精品之作。

嵌绿松石金执壶
清代

　　该器物为西藏典型的酥油茶壶样式，由壶盖和壶身两部分组成，均以宽带纹进行装饰并镶嵌有绿松石，整体造型敦厚、稳重，镶嵌工艺精湛，凸显其富贵华丽。在器物造型上，壶盖呈盛开的莲花造型，壶柄和流均呈龙形，特别是在其颈部以绿松石堆砌镶嵌出吉祥八宝纹饰，彰显了工匠高超的器物造型能力。而在其色彩搭配上，以器物本身的金色质感搭配翠绿的绿松石，凸显了极其强烈的色彩对比效果。

"五福捧寿"漆盘
清代民国时期

寿字纹铁质糌粑盒
清代民国时期

福寿纹葫芦形银质酒壶
民国

万寿纹银镀金供碗
清代

嵌宝石金质索拉（盛食器）
清代

　　藏语"索拉"即盛食器之意，是由挤奶桶发展演变而来的一种饮食器具，常见金、银、铜、木等多种材质，主要用于寺院开展大型集会活动时向僧众分发人参果八宝饭，如今在普通家庭中则更多为陈设装饰功能。

　　这件索拉为纯金制作，器盖有莲蕾钮并装饰一圈带状箍，器身则分别装饰有四条纵向箍和三道横向箍，其上镶嵌若干绿松石并錾刻八吉祥、六长寿及四合如意等纹饰。圈足内壁刻有藏文铭文，记载该器物为藏历火猪年"雪堆白"工艺坊制作，供布达拉宫达赖喇嘛专用厨房使用。

第五部分

中华屹立 西藏新篇

ཞེའུ་ལྔ་པ།

བོད་ལྗོངས་ཀྱི་ཞེའུ་གསར་པ།

Part Five
Xizang in the New Era

1951年5月23日《中央人民政府和西藏地方政府关于和平解放西藏办法的协议》在首都北京签订，宣告西藏和平解放，开启了西藏走向繁荣进步的光明前程。70多年来，在党中央坚强领导下，在全国人民大力支持下，西藏自治区党委、政府团结带领各族干部群众艰苦奋斗、顽强拼搏，社会制度实现历史性跨越，经济社会实现全面发展，人民生活极大改善，城乡面貌今非昔比，创造了"短短几十年，跨越上千年"的人间奇迹。迈入新时代，习近平总书记亲自为西藏工作把舵定向、谋篇布局，多次发表重要讲话、作出重要指示，两次召开中央西藏工作座谈会，提出新时代党的治藏方略，量身定制行动纲领、战略擘画宏伟蓝图，推动西藏各项事业取得全方位进步、历史性成就。围绕习近平总书记关于西藏工作的重要指示和新时代党的治藏方略，自治区第十次党代会作出"四个创建""四个走在前列"的战略部署，开启了建设社会主义现代化新西藏的崭新篇章。

1951ལོའི་ཟླ་5ཚེས་23ཉིན་རྒྱལ་ས་པེ་ཅིང་དུ《བོད་ཞི་བས་བཅིངས་འགྲོལ་འབྱུང་བར་སྐོར་གྱི་ཀྲུང་དབྱང་མི་དམངས་སྲིད་གཞུང་དང་བོད་ས་གནས་སྲིད་གཞུང་གི་གྲོས་མཐུན》བཞག་ནས་བོད་ཞི་བས་བཅིངས་འགྲོལ་འབྱུང་བའི་ཁྱབ་བསྒྲགས་བྱས་ཤིང་བོད་ལྗོངས་འདི་ཉིད་དར་རྒྱས་ཡར་རྒྱས་ཀྱི་སྐྱིད་འབར་བའི་མདུན་ལམ་ལ་ཞུགས་སུ་སྐྱོད་འགོ་ཚུགས་ཡོད། ལོ70ལྷག་ཙམ་རིང་། ཏང་ཀྲུང་དབྱང་གི་ཞལ་མེད་སྐབས་ལྟ་སྤྱི་ཡི་འགོ་ཁྲིད་དང་རྒྱལ་ཡོངས་མི་དམངས་ཀྱི་ཤུགས་ཆེན་རྒྱབ་སྐྱོར་འོག བོད་རང་སྐྱོང་ལྗོངས་ཀྱི་ཏང་གཞུང་གི་སྲིད་གཞུང་གཉིས་ཀྱིས་མི་རིགས་ཁག་གི་ལས་བྱེད་མང་ཚོགས་ལ་མཉམ་སྒྲིག་དང་སྣེ་ཁྲིད་བྱས་ཏེ། དཀའ་སྤྱད་འབད་བརྩོན་དང་ཧུར་བརྩོན་བཅོན་བ་བྱས་ནས། སྤྱི་ཚོགས་ཀྱི་ལམ་ལུགས་ལ་ལོ་རྒྱུས་རང་བཞིན་གྱི་མཆོང་སྐྱོད་བྱུང་བ་དང་། དཔལ་འབྱོར་དང་སྤྱི་ཚོགས་ཚོགས་ཡོངས་ནས་གོང་འཕེལ་བྱུང་། མི་དམངས་ཀྱི་འཚོ་བར་ཡར་རྒྱས་ཆེན་པོ་བྱུང་བ། གྲོང་ཁྱེར་གྲོང་གསེབ་ཀྱི་རྣམ་པ་སྔར་དང་སྤྱུར་བསྡུར་བས། "དུས་ཡུན་ཐུང་ཐུང་ལོ་ཤས་ཀྱི་རིང་ལ་ལོ་སྟོང་ཕྲག་མང་པོ་མཆོང་འདས་གཏོང་བ" ཞེས་པའི་མི་ཡུལ་གྱི་ངོ་མཚར་བཏོད་ཡོད། དུས་རབས་གསར་པར་སྐྱོད་ནས་ཞི་ཅིན་ཕིང་སྤྱི་ཁྱབ་དྲུང་ཆེ་མཆོག་གིས་རང་ཉིད་ནས་བོད་ཀྱི་ལས་དོན་ལ་འཁོར་ལོ་བརྟན་པོར་གཟུང་ཞིང་ངེས་གཏན་དང་ལེ་ཚན་སྒྲིག་འགོད་དང་། ཐེངས་མང་པོར་གལ་ཆེན་གཏམ་བཤད་གནང་བ་དང་། ཐེངས་གཉིས་ལ་ཀྲུང་དབྱང་བོད་ཀྱི་ལས་དོན་བགྲོ་གླེང་ཚོགས་འདུ་འཚོགས་པ། དུས་རབས་གསར་པའི་ཏང་གི་བོད་དུ་སྲིད་འཛིན་ལམ་སྲོལ་བཏོན་པ། བེ་བྲག་གི་བྱ་སྤྱོད་ལས་འཆར་དང་འཐབ་ཇུས་ཆེ་ཆུང་གི་རྒྱ་ཆེའི་བཟོ་རྩལ་བརྟེན་ནས་བོད་ཀྱི་དོན་རྣམ་ལ་ཕྱོགས་ཡོངས་ནས་ཡར་ཐོན་དང་ལོ་རྒྱུས་རང་བཞིན་གྱི་གྲུབ་འབྲས་ཐོབ་པ་སྟེར་བར་སྐུལ་འདེད་གཏོང་གི་ཡོད། ཞི་ཅིན་ཕིང་སྤྱི་ཁྱབ་དྲུང་ཆེ་མཆོག་གི་བོད་ཀྱི་ལས་དོན་སྐོར་གྱི་གལ་ཆེན་བཀོད་ཁྱབ་དང་དུས་རབས་གསར་པའི་ཏང་གི་བོད་དུ་སྲིད་འཛིན་ལམ་སྲོལ་ལ་བསྐོར་ནས། རང་སྐྱོང་ལྗོངས་ཚོགས་ཆེན་ཐེངས་བཅུ་པར་"འཛུགས་སྐྲུན་གཏོང་རྒྱུ་བཞི"དང་"མདུན་གྲལ་དུ་སྐྱོད་རྒྱུ་བཞི"འཐབ་ཇུས་བཀོད་སྒྲིག་བྱས་ཏེ། སྤྱི་ཚོགས་རིང་ལུགས་དེང་རབས་ཅན་གྱི་བོད་གསར་པ་འཛུགས་སྐྲུན་བྱེད་པའི་ལེ་ཚན་གསར་པ་འབྱེད་འགོ་ཚུགས་ཡོད།

Xizang witnessed its peaceful liberation on May 23, 1951 as *the Agreement of the Central People's Government and the Local Government of Xizang on Measures for the Peaceful Liberation of Xizang* was signed in Beijing. Since then, Xizang has ushered in a bright prospect of prosperity and progress. For over 70 years, under the strong leadership of the Central Committee of the Communist Party of China and with the strong support of the entire country, the Party committee and government of Xizang Autonomous Region have united cadres and people of all ethnic groups to work hard and persevere. Xizang has achieved a leap forward in its social system. It has witnessed all-round economic and social development, remarkable improvement in people's lives and sea change in its urban and rural areas. A thousand years of darkness have dissipated in the past seven decades. Entering the new era following the 18th CPC National Congress in 2012, General Secretary Xi Jinping has set the direction and made overall plans for the development of Xizang. He has delivered many important speeches and issued important instructions, held two national symposiums on work of Xizang, proposed the Party's general plan for governing Xizang in the new era and made the action plan and strategic blueprint to promote comprehensive progress and historic achievements in all areas in Xizang. To put into practice General Secretary Xi Jinping's important instructions on work of Xizang and the Party's general plan for governing Xizang in the new era, the 10th CPC Congress of Xizang Autonomous Region made the strategic deployment that Xizang will work to lead the country in building model areas for ethnic unity and progress, high-quality development pilot areas of plateau economy, national ecological highlands, and national demonstration areas for defending and developing border areas and improving people's lives, opening a new chapter of building a new modern socialist Xizang.

"中华人民共和国各民族团结起来"锦旗

1950年
丝绸　　　汉、藏文

　　新中国成立初期，为了疏通民族关系，加强同少数民族的联系，消除民族之间的隔阂，中央派遣西南、西北、中南、东北和内蒙古4个民族访问团，于1950年至1952年期间，分赴各民族地区访问，传达党中央对各族人民的关怀和慰问。其中，西南访问团由120余人组成，团长为刘格平，访问了川、康、滇、黔民族地区。西北访问团团长为沈钧儒，访问了新疆、甘肃、宁夏、青海等民族地区。

　　在西南访问团出发前，毛泽东主席接见了访问团全体同志，与大家合影留念，并亲笔题写了"中华人民共和国各民族团结起来"的条幅。此后，各地访问团均以毛主席题词制作了锦旗，作为礼物送给各兄弟民族。这面锦旗有汉、藏文题词，因此应当为西南或西北访问团访问涉藏地区时所赠。

十七军指战员献给十八军进军西藏锦旗

1950年

丝绸　　汉文

新中国成立后，为了驱逐在西藏的帝国主义侵略势力，维护祖国领土统一和完整，解放长期生活在残酷农奴制下的西藏人民，党中央、毛主席把进军西藏的光荣任务交给了西南军区第十八军。

接受进军西藏任务后，十八军指战员于1950年3月4日在四川乐山举行进军西藏誓师大会。大会宣誓：一定要把五星红旗插上喜马拉雅山！此后，十八军将士克服千难万险，胜利完成了进军西藏的任务。

这是当时驻军贵州的第十七军指战员，在十八军将士进军西藏前夕赠送的锦旗，预祝他们"把胜利的大旗，插在祖国西南边疆！"

昌都解放委员会布告 （西藏自治区档案馆藏）

1951年

纸　　汉、藏文

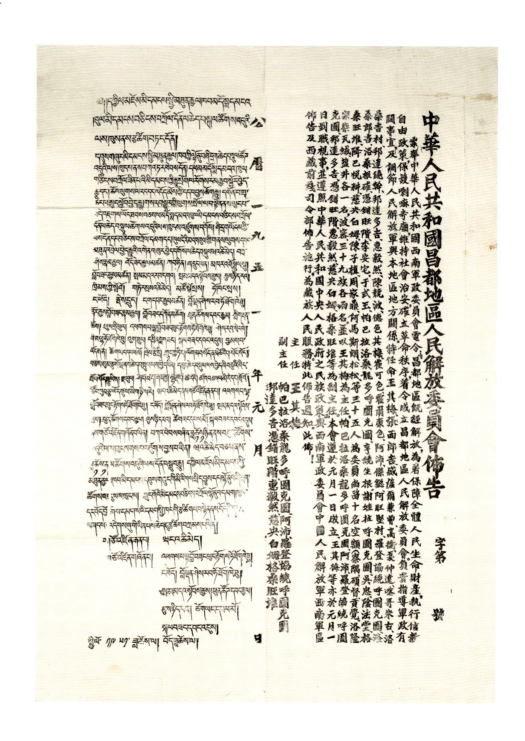

　　1950年昌都战役胜利后，昌都获得解放，废除了西藏地方政府昌都总管府，解除了原西藏地方政府对昌都地区的实际管辖，打开了解放西藏的大门。1950年12月27日至1951年1月3日，昌都地区召开第一届人民代表会议，选举王其梅担任昌都解放委员会主任，帕巴拉·格列朗杰等8人为副主任，选举包括原昌都地方军政官员以及各地民族宗教上层人士和人民解放军领导干部共26人为委员，昌都地区人民解放委员会宣告成立。

　　此为昌都解放委员会发布的第一号布告，通告解委会成立，即"昌都地区既经解放，为保障全体人民生命财产，执行信教自由政策，维护社会治安，确立革命秩序，着令成立昌都地区人民解放委员会，负责指导军政有关事宜……为藏族人民服务。"

十八军《进军守则》

1951年
纸　　　汉文

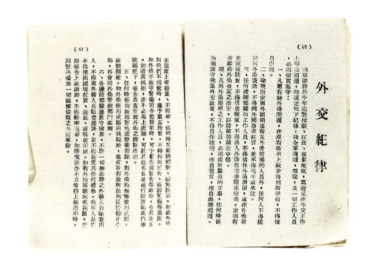
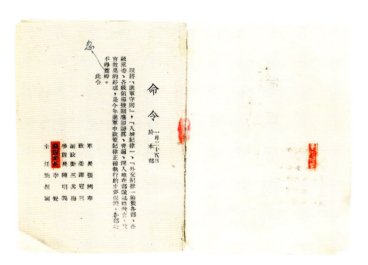
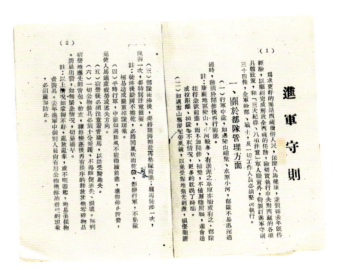

　　十八军《进军守则》是由中共西藏工委委员天宝提出初步意见，并经过政策研究室专家和有关人员讨论，十八军政治部于1951年1月颁发实施的进军西藏过程中自我约束的纪律条例。守则共34条，其中19条都是有关爱民和尊重西藏风俗方面的条例。

　　在进军西藏的整个过程中，十八军全体指战员都以《进军守则》严格约束自己的一言一行，在尊重西藏同胞、实行民族平等、做好民族团结工作的各个方面，恪守信条，忍辱负重，付出了常人难以想象的代价，从而赢得了西藏人民的广泛爱戴和拥护，为顺利进军西藏起到了积极的作用。

《十七条协议》及文具 （西藏自治区档案馆藏）

1951年
纸、竹、玉石　　汉、藏文

　　1951年5月23日，中央人民政府代表李维汉、张经武、张国华、孙志远和原西藏地方政府代表阿沛·阿旺晋美、凯墨·索安旺堆、土丹旦达、土登列门、桑颇·登增顿珠，在北京中南海勤政殿正式签署了《中央人民政府和西藏地方政府关于和平解放西藏办法的协议》（简称《十七条协议》）。中央人民政府副主席朱德、李济深和政务院副总理陈云主持了签字仪式。

　　这里即是《十七条协议》汉、藏文文本，以及双方代表签字使用的毛笔、竹笔（书写藏文用笔）、印章、镇纸等文具，其中的毛笔和竹笔是中央政府委托百年老字号——"戴月轩"特制的，每一件均刻有"和平解放西藏办法协议签字纪念"和"一九五一年五月二十三日于北京"字样。

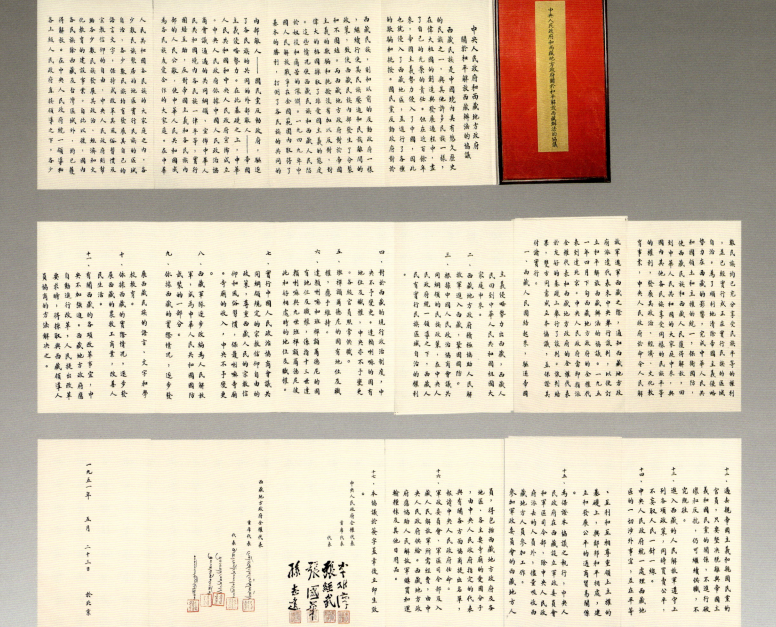

中央人民政府和西藏地方政府关于和平解放西藏办法的协议

西藏民族是中国境内具有悠久历史的民族之一，同其他许多民族一样，在伟大祖国的创造与光荣的奋斗中，尽了自己的重要的责任。但在近百余年来，帝国主义势力侵入了中国，因此也就在西藏地区进行了种种的欺骗和挑拨。

国民党反动政府对于西藏民族，则和以前的反动政府一样，继续执行其挑拨离间和分化的政策，致使西藏民族内部发生了分裂和不团结。而西藏地方政府对于帝国主义的欺骗和挑拨没有加以反对，对伟大祖国采取了非爱国主义的态度。这些情况使西藏民族和西藏人民陷于奴役和痛苦的深渊。

一九四九年中国人民及其人民解放军在全国范围内取得了基本的胜利，打倒了各民族的共同内部敌人——国民党反动政府，驱逐了帝国主义的侵略势力在中国的力量。在此基础之上，中华人民共和国中央人民政府宣告成立。中央人民政府遵照中国人民政治协商会议所通过的共同纲领，宣布中华人民共和国境内各民族一律平等，实行团结互助，反对帝国主义和各民族内部的人民公敌，使中华人民共和国成为各民族友爱合作的大家庭。在中华人民共和国各民族的大家庭之内，各少数民族聚居的地区实行民族的区域自治，各少数民族均有发展其自己的语言文字，保持或改革其风俗习惯及宗教信仰的自由，中央人民政府扶助各少数民族的政治、经济和文化教育的建设事业。从此，国内各民族，除蒙古族及回族已获得解放外，其余各少数民族得以从上级反动统治下陆续解放，并在中央人民政府统一领导之下，各少

为了顺利地清除帝国主义侵略势力在西藏的影响，完成中华人民共和国领土和主权的统一，保卫国防，使西藏民族和西藏人民获得解放，回到中华人民共和国大家庭中来，与国内各民族享受同等的民族平等的权利，发展其政治、经济、文化教育事业起见，西藏地方政府特派全权代表与中央人民政府特派全权代表进行会谈。双方代表在友好的基础上，经过协商，一致同意成立本协议，并保证其付诸实行。

一、西藏人民团结起来，驱逐帝国主义侵略势力出西藏，西藏人民回到中华人民共和国祖国大家庭中来。

二、西藏地方政府积极协助人民解放军进入西藏，巩固国防。

三、根据中国各民族的民族政策，并按照西藏人民的意志，西藏人民有实行民族区域自治的权利。

四、对于西藏的现行政治制度，中央不予变更。达赖喇嘛的固有地位及职权，中央亦不予变更。各级官员照常供职。

五、班禅额尔德尼的固有地位及职权，应予维持。

六、达赖喇嘛和班禅额尔德尼的固有地位及职权，是指十三世达赖喇嘛与九世班禅额尔德尼彼此和好相处时的地位及职权。

七、实行中国人民政治协商会议共同纲领规定的宗教信仰自由的政策，尊重西藏人民的宗教信仰和风俗习惯，保护喇嘛寺庙。寺庙的收入，中央不予变更。

八、西藏军队逐步改编为人民解放军，成为中华人民共和国国防武装的一部分。

九、依据西藏的实际情况，逐步发展西藏民族的语言、文字和学校教育。

十、依据西藏的实际情况，逐步发展西藏的农牧工商业，改善人民生活。

十一、有关西藏的各项改革事宜，中央不加强迫。西藏地方政府应自动进行改革，人民提出改革要求时，得采取与西藏领导人员协商的方法解决之。

十二、过去亲帝国主义和亲国民党的官员，只要坚决脱离与帝国主义和国民党的关系，不进行破坏和反抗，仍可继续供职，不究其既往。

十三、进入西藏的人民解放军遵守上列各项政策，同时买卖公平，不妄取人民一针一线。

十四、中央人民政府统一处理西藏地区的一切涉外事宜，并在平等、互利和互相尊重领土主权的基础上，与邻邦和平相处，建立和发展公平的通商贸易关系。

十五、为保证本协议之执行，中央人民政府在西藏设立军政委员会和军区司令部，除中央人民政府派去的人员外，尽量吸收西藏地方人员参加工作。参加军政委员会的西藏地方人

十六、军政委员会、军区司令部及人民解放军进入西藏所需经费，由中央人民政府供给。西藏地方政府应协助人民解放军购买和运输粮秣及其他日用品。

十七、本协议于签字盖章后立即生效。

中央人民政府全权代表
首席代表
代表
李维汉 张经武 张国华 孙志远

西藏地方政府全权代表
首席代表

一九五一年　五月　二十三日　于北京

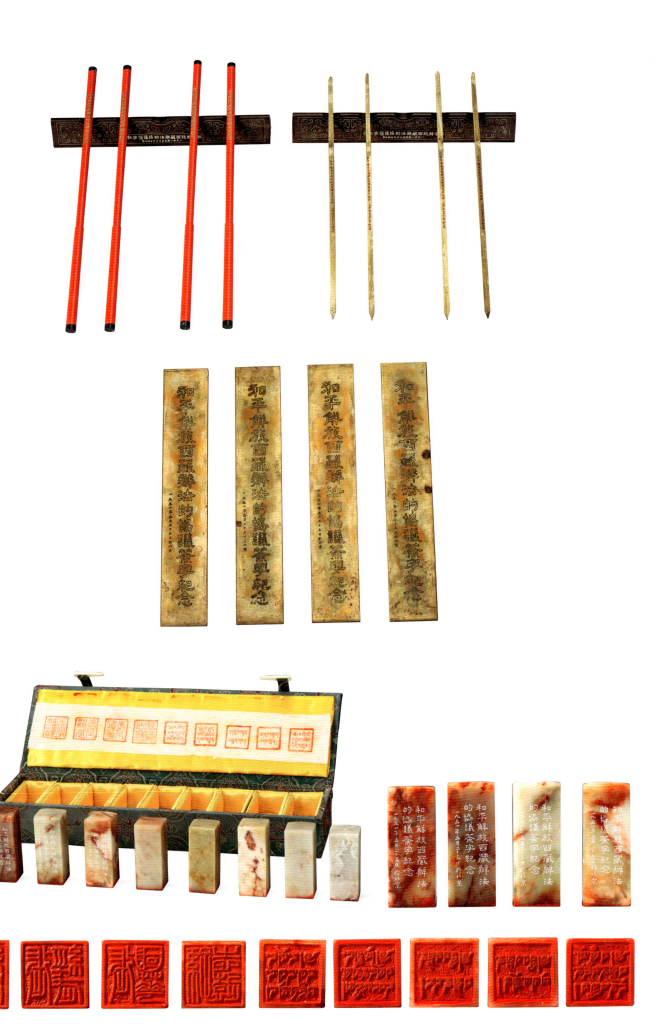

玉提梁壶与和平鸽

1951年

　　1951 年 5 月 23 日，《十七条协议》正式签订。同年 8 月，中央人民政府驻藏代表张经武和十四世达赖在亚东会晤后先后抵达拉萨。9 月 28 日，张经武在罗布林卡代表毛泽东主席向十四世达赖赠送了 70 多箱礼品。当这些礼品抬经拉萨大街时，民众争相围观，万人空巷，轰动一时。这件玉提梁壶和一对墨玉和平鸽应当就是当年张经武代表带来的礼品。

张经武祝贺西藏军区成立锦旗

1952年

丝绸　　汉文

　　人民解放军在进藏途中就着手考虑建立党的各级工作委员会，从组织上完善党对西藏工作的领导，进而建立中国人民解放军西藏军区，使西藏工作有党组织的领导和军队的保障。

　　1952年2月10日，西藏军区成立大会在拉萨河畔孜仲林卡举行，时任西藏工委书记的张经武向西藏军区赠送了他亲笔题写的这幅锦旗，题写内容为"庆祝中国人民解放军西藏军区成立，全军团结起来，发扬爱国精神巩固西南国防，建设新西藏！"

解放西藏纪念章

1952年

铜　　　汉、藏文

　　1952年8月1日，为庆祝西藏和平解放，西南军区特意制作并颁发了解放西藏纪念章，授予解放西藏和进军西藏的全体解放军指战员。纪念章章体由红铜材质制造，装饰有珐琅，正面有中国版图图案，还有一颗闪闪的红星，带有毛主席头像的红旗插在西藏区域上，下有"解放西藏纪念"汉藏双语铭文，背面的"西南军区颁发，1952.8.1"字样则是颁发机构和颁发时间。

毛主席为康（川）藏公路通车昌都题词锦旗

1952年
丝绸　　汉文

　　和平解放前的西藏，交通运输极端落后闭塞。修通公路是进藏部队站稳脚跟、长期建藏的关键所在，也是加强西藏与祖国内地联系的重要通道。在中共中央、毛主席号召下，进藏部队用血肉之躯，以高度的革命热情和顽强的战斗意志，逢山开路、遇河架桥，战胜种种艰难险阻，"背着公路"走进了西藏。

　　这面锦旗是康（川）藏公路东线至昌都通车后，毛主席鼓励筑路人员的题词："为了帮助各兄弟民族，不怕困难，努力筑路！"毛主席的题词极大地鼓舞了筑路军民的士气。1954年12月25日，川藏公路和青藏公路同时通车拉萨，天堑终变通途，从此结束了西藏无一条正式公路的历史。

筑路纪念章

1950年、1954年

金属　　　汉文

　　1954 年 12 月 25 日，康藏公路（1955 年改称川藏公路，包含此前的川康公路和康藏公路）和青藏公路同时通车拉萨，结束了西藏没有现代公路交通的历史，开创了西藏公路交通乃至各项事业的新篇章，社会主义新西藏从此迈开了矫健步伐，向前发展。

　　图中两枚纪念章分别为 1950 年西南公路局颁发的"川青康筑路纪念章"和 1954 年中央交通部颁发的"康藏筑路纪念章"。其中，前者由红黄黑白四色组成，外圈黄色环线，由上部红色五星、两侧金色稻穗和下部绸缎组成。环内绘有三名筑路工人的劳动场景，中间一条 S 形公路穿过褐色大地，并间有"川、青、康"三字，下端有"筑路纪念章"字样，背面铸有"川康康青两路筑路纪念""西南公路局制""1950.-12.1."字样。由此可知，这枚纪念章颁发于 1950 年 12 月。其时，为了配合人民解放军进军西藏，从四川和青海进入当时西康省涉藏地区的公路建设已经全面展开，而且正在修建川藏公路最为艰险也是后来牺牲人数最多的二郎山段。因此，为了勉励两路筑路官兵鼓足干劲、排除万难，西南公路局颁发了这枚纪念章。

　　"康藏筑路纪念章"则由红黄两色组成，外围呈五角形，中间由红星和毛主席像叠加而成，下端有"康藏筑路纪念"字样，背面铸有"中央交通部赠 1"字样。据相关资料记载，这枚纪念章颁发于 1954 年底。其时，川藏（康藏）和青藏公路均已通车拉萨。因此这是康藏公路全线通车后，中央交通部向参加康藏公路建设的全体筑路军民颁发的纪念章。

毛泽东主席庆祝西藏自治区筹备委员会成立贺电

1956年

纸　　汉、藏文

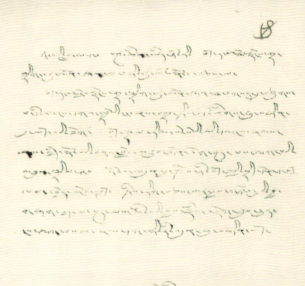

　　为祝贺西藏自治区筹备委员会成立，毛泽东、周恩来等党和国家领导人于1956年4月20日特致电十四世达赖、十世班禅额尔德尼和西藏自治区筹备委员会委员，在祝贺筹委会成立的同时，鼓励他们在发展西藏政治、经济和文化事业上获得更大的成就。这里即是毛主席给自治区筹委会的贺电及当时的藏文译件。

全国人大常委会赠西藏自治区筹委会成立锦旗

1956年
丝绸　　汉、藏文

　　1956 年 4 月 22 日，西藏自治区筹备委员会举行成立大会，中央代表团团长陈毅宣布西藏自治区筹备委员会成立，并代表全国人民代表大会常务委员会赠送锦旗，鼓励筹委会委员们进一步加强和巩固全国各民族团结，为建设伟大的社会主义祖国和繁荣幸福的西藏而奋斗。

中共中央关于西藏民主改革问题的指示电文 （西藏自治区档案馆藏）

1956年
纸　　　汉文

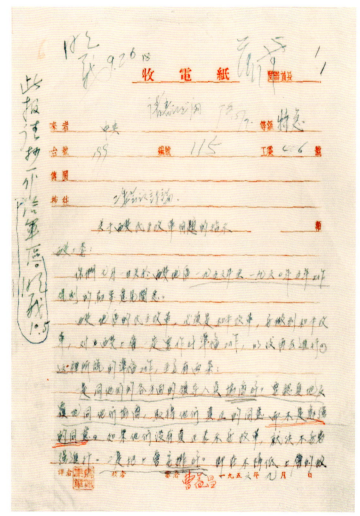

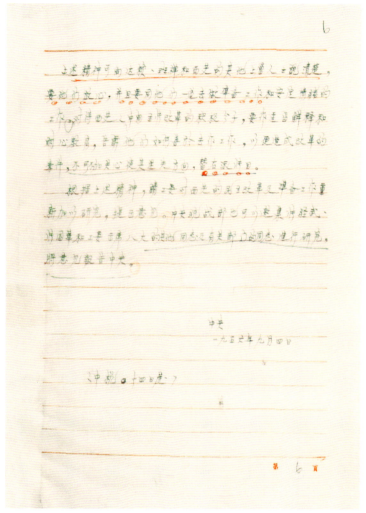

　　1956 年 9 月 4 日，中央对西藏工作做出重要指示："从西藏当前的工作基础、干部条件、上层态度以及昌都地区最近发生的一些事情看来，西藏实行改革的条件还没有成熟，我们的准备工作也绝不是一两年内能够做好的。因此实行民主改革，肯定不是第一个五年计划期内的事，甚至还可能要推迟到第三个五年计划期内去。在西藏民主改革问题上，我们已经等待好几年了，现在还必须等待。"中央的这一指示，纠正了前一段西藏上下急于改革的做法，西藏工作开始大幅度收缩。这封 1956 年 9 月 4 日的电文，即是当时中共中央关于西藏暂缓推进民主改革给西藏工委的指示。

西藏自治区筹备委员会赠西藏公学与西藏团校锦旗

1958年

丝绸　　汉、藏文

　　为加强对民族干部的培养，1957年6月，西藏工委报经中央批准，将原西北工业学院在咸阳的旧址划归西藏公学、西藏团校作为固定校址，把大收缩精简下来的3000多名藏族优秀青年送去学习，张国华兼任西藏公学第一任校长。1958年9月，西藏公学和西藏团校举行隆重的开学典礼，西藏自治区筹备委员会送去锦旗，鼓励全校师生鼓足干劲、力争上游、多快好省地完成教学任务，努力向又红又专迈进。

山南各界赠送平叛部队锦旗

1959年

丝绸　　汉文

　　在西藏上层反动集团直接策划指使下，叛乱分子组织的所谓"卫教军"从1958年夏季就开始分批前往山南等地，他们烧杀抢掠，无恶不作，给山南人民造成了深重灾难。1959年3月10日，西藏叛乱分子发动了以拉萨为中心的全面武装叛乱，人民解放军奉命平定叛乱。3月28日国务院发布命令，宣布解散原西藏地方政府。拉萨平叛结束后，部分溃逃的叛乱武装窜至山南，与当地叛乱武装会合，成立总指挥部，妄想把山南地区变成武装叛乱的大本营。

　　为迅速歼灭叛乱武装主力，西藏军区命令参加平叛的九八三七部队分进合击，围歼山南叛乱武装。从1959年4月4日开始，平叛部队兵分五路，日夜兼程，连续奔袭，不断进剿，捣毁了叛乱武装的巢穴，迅速控制了整个山南地区，切断了叛乱集团与国外的联系，为平息西藏全区叛乱奠定了基础。同年5月1日，山南各界召开"五一"劳动节庆祝活动及平叛胜利大会，并向九八三七部队指战员赠送了这面锦旗。

昌都军管会平叛布告

1959年

纸　　　汉、藏文

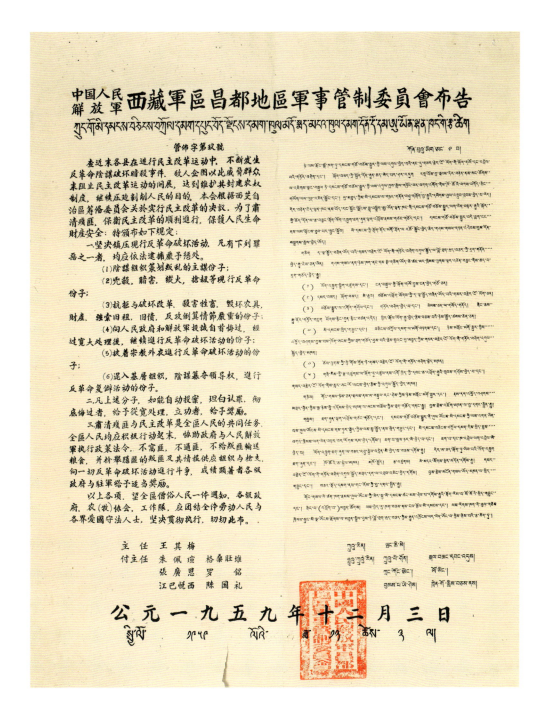

　　西藏全面武装叛乱爆发后，国务院于 1959 年 3 月 28 日发布命令，决定立即解散原西藏地方政府，由西藏自治区筹委会行使原西藏地方政府职权。1959 年 4 月 20 日，国务院发布命令，撤销昌都地区人民解放委员会及其所辖各宗人民解放委员会，同时成立昌都地区军事管制委员会及昌都县人民政府。

　　这是 1959 年 12 月 3 日，西藏军区昌都地区军事管制委员会颁发的第 9 号布告，指出，为了肃清残匪，保卫民主改革的顺利进行，保护人民生命财产安全，昌都军管会将坚决镇压反革命破坏活动，对坦白认罪者宽大处理，号召民众积极协助政府与人民解放军，不窝匪，不通匪，与一切反革命破坏活动作斗争，成绩显著者将给予奖励。

土地所有证

1960年

纸　　汉、藏文

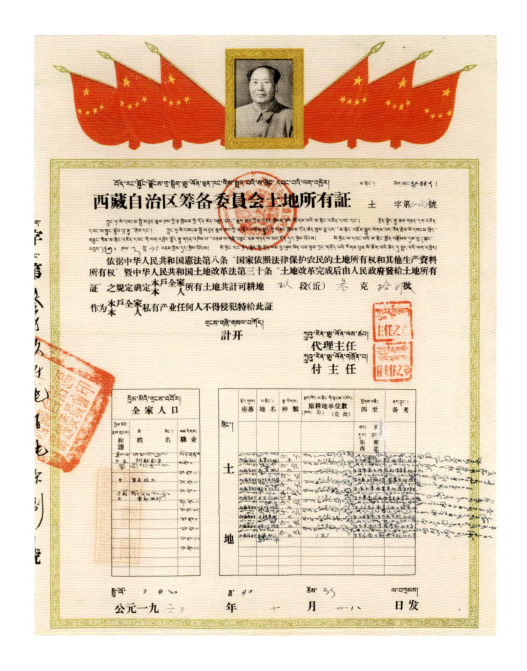

　　土地等生产资料所有权的改革始终是农村民主改革的关键问题，千百年来，广大农民所盼望的就是有自己的土地。在西藏民主改革之初，各地群众即纷纷要求政府发放土地所有权属证书，西藏工委迅速将这一情况报告给中央。1960 年 9 月 12 日，中央电复西藏工委，同意发给农民土地所有证，西藏人民从此真正拥有了自己的土地。这是 1960 年 10 月西藏自治区筹备委员会颁发的写有汉、藏两种文字的土地所有证。

土地分配清册

20世纪60年代

纸　　　汉、藏文

　　按照中央的指示，西藏工委于 1960 年 10 月 8 日下发了《关于颁发土地证工作的通知》，同时指示西藏自治区筹备委员会党组，从行政执行上尽快落实中央的批复精神。这是当时记载西藏山南错那县年扎乡群众土地分配情况的花名册。

西藏军区奖给对印自卫反击战部队的锦旗

1963年

丝绸　　　汉文

　　1947年印度独立后，继承了英国殖民主义扩张和侵略的遗产，企图以武装蚕食、入侵手段改变边界现状，不断挑起边境流血冲突，并于1962年悍然入侵我国西藏地区。我人民解放军被迫进行自卫反击，最终赢得了对印自卫反击战的全面胜利，维护了祖国领土完整，打出了国威军威。

　　1962年对印自卫反击战分为东、西两线作战，其中，我西线作战部队为新疆军区，我东线作战部队又分别为东部的54军和西部的西藏军区。七八八八部队即是西藏军区参战的藏字419部队所属155团。该团七连和八连在关键的克节朗战役中，勇猛顽强，所向披靡，战功卓著，均被授予集体一等功，此即为西藏军区于战后的1963年奖励给这两个连的锦旗。

"草原英雄"布德遗物

20世纪

丝绸等　　　汉文

　　布德是原西藏那曲地区巴青县一名贫苦牧民。西藏和平解放后，布德成为巴青县养护段所属红旗林场的一名工人。1959 年初，叛乱分子包围了布德所在的红旗林场，当时林场负责人安排布德等 4 人向解放军传送情报。途中，布德等人被 300 多名叛乱分子包围，落入了叛乱分子魔掌。为了不泄露机密，布德把情报嚼碎后咽进肚子里，叛乱分子用各种残酷手段拷问仍一无所获，最后他们用铜勺挖掉了布德的双眼。布德被解放军救出后，他的英雄事迹广为流传，并被任命为巴青县解放委员会委员。1960 年，周恩来总理在北京接见布德，并赠送他一把手枪。1965 年，党和国家授予布德"草原英雄"称号。1976 年 6 月，那曲地区革委会、那曲军分区授予了布德这面"继续革命永向前"锦旗。

专题论述

用文物谱写西藏早期文明的新篇章

四川大学　霍巍

一、西藏早期文明的考古学书写

人类的所谓早期历史,从考古学的时代序列而言,主要是指从史前旧石器时代、新石器时代(这当中还包括细石器时代,或称中石器时代)、铜石并用时代、青铜时代、早期铁器时代直到铁器时代等不同阶段。具体到西藏地区传统的史学编年体系,其早期文明发展大致包括了这些阶段在内:一是史前时代(大约距今5万年至3000年左右);二是进入到吐蕃政权建立之前各"小邦"林立的时期(大约距今3000年至公元6世纪前后);三是吐蕃时代(大约从公元7至9世纪)。之所以将其下限延长到吐蕃时代,主要基于西藏历史发展的特殊性,一般认为迟至吐蕃时代,这个地区才开始有文字(古藏文)的发明及相应的文献记载,相较于其他地区而言,有史记载的历史相对偏晚。即使如此,由于真正属于吐蕃时代的古藏文文献数量极其有限,迄今为止主要以敦煌发现的古藏文写卷、残存于吐蕃各地的吐蕃金石铭刻,以及新疆、西藏、青海等地出土的极少古藏文简牍与印章文字等为主,还不足以构成编年史体系必要的文献支撑,与公元14世纪以降大量藏文文献的出现以及大量具有佛教"教法史"特征的西藏历史记载相比较,人们对于从史前社会直到吐蕃政权各个阶段的认识还极为有限。所以从这个层面而言,我们仍将上述阶段都列入"西藏早期文明"的范畴,尽管事实上大量考古发现已经证明吐蕃时代的社会文明已经达到了较高的发展水平。

在西藏早期文明阶段,仍然包括了与世界上其他文明发展同样经历过的人类起源、农业起源(城市革命)、文明起源(政权起源)等重要的阶段,同样需要回答诸如人类最早是何时踏上西藏高原的?旧石器时代的人类在西藏高原是如何适应青藏高原高寒、缺氧的自然条件和地理环境、采取何种生存方式得以生存发展的?农业何时在西藏高原发生?人们学会种植和家畜繁殖的品种和传播途径是什么?西藏的铜器和铁器的生产制作是独立发生的吗?西藏进入阶级社会是从什么时候开始的?其早期社会形态又如何?这里的文明发生和发展是否与世界其他地区的古代文明经历过相同的历程?生活在这里的人们所创造出的文明是否具有独特的面貌和内涵?他们与高原周邻的人群、社会之间有过何等程度的交流往来?等等。然而,由于文献史料的极为匮乏,要回答这些人类早期文明所经历过的重大问题,仅仅依靠现有的文本书写——包括历史文献或者根据神话传说、口传历史等整理而成的文献——都无法科学地、客观地对此做出回答。因此长期以来,对于西藏高原的早期历史,始终如同云遮雾障,难识其真实面目。

20世纪50年代以西藏和平解放为标志,西藏考古工作转由中国学者承担主力。但现代科学考古学(田野考古学)进入西藏,却是以20世纪70年代由四川大学已故著名考古学家童恩正先生主持的西藏昌都卡若遗址的发现和发掘为标志,从此揭开了认识西藏早期历史崭新的一页。继此之后,西藏考古取得了一系列丰硕的成果和重要的进展,尤其是在改革开放之后,西藏的考古事业更加充满生机与活力,曲贡、邦嘎、昌果沟等处新石器时代遗址相继发现,和昌都卡若遗址相互呼应,对于重新认识西藏早期文明中具有转折性意义的人类定居与农业发展史,提供了前所未有的新的科学资料①。近年来,在旧石器时代考古领域,随着尼阿木底遗址、夏达措东北岸遗址等具有地层关系的石器地点的考古发掘,人类最早进入西藏高原的时间可上溯到距今约5万年前至1万年前,也基本上成为定论。

在西藏的史前考古中,还陆继发现了一批年代大约相当于"早期金属时代"的考古学遗存,主要包括

①杨曦:《西藏考古60年(1951～2011年)》,《西藏文物考古研究》第1辑,北京:科学出版社,2014年,第1—16页。

专题论述

石丘墓(包括石棺葬)、洞室墓、木棺墓、大石遗迹以及出现大量动物形纹饰的古代岩画等。由于文化发展的不平衡性，这个阶段一般仍被划入西藏史前时期(或称为吐蕃"小邦""部落联盟"时期)，以有别于后来进入成熟的文明阶段的吐蕃政权时期。这个阶段西藏的考古学文化面貌极其纷繁，所体现出的文化特征也各有不同，反映出当时社会发展日趋复杂化、各地族群空前繁盛的状况。尤其是在国家文物局和西藏自治区文物局组织的"考古中国·阿里考古"重大项目中，在西藏西部的象泉河、噶尔河等流域发现了一大批年代早于公元7世纪以后吐蕃时代的古墓葬，它们广泛分布于皮央·东嘎、格布赛鲁、故如甲木、桑达隆果等地，从墓葬中出土有带有汉字"王侯"字样的丝绸残片、茶叶、黄金面具、木具和陶器等随葬器物，既显示出本土的独特文化传统，又与汉晋时代的新疆、西域、中原内地以及与之相邻近的南亚、中亚地区有着密切联系，极大地开拓了人们的认识视野，展现出吐蕃王朝建立之前辽阔的西藏高原与外界所发生的交往、交流和交融的历史图景。

特别值得一提的是，在吐蕃政权的发祥地西藏山南地区，近年来在浪卡子县查加沟等地也多次从古墓葬中发掘出土黄金制品，如鎏金的动物牌饰、束发器、金戒指、管状器等①，甚至在一些地点还出土了多枚波斯萨珊朝的银币②，这类银币以往在丝绸之路沿线的新疆、甘肃、青海等地曾有发现，时代多在4、5世纪之交的东晋南北朝时期，和往来于丝绸之路的商人、军人可能有关③。山南地区是吐蕃王室先陵所在地，也是政权的故地，波斯萨珊朝银币的发现，暗示着这个地区很可能早在吐蕃王朝兴起之前，已经通过不同的渠道与丝绸之路有所联系，为以后"高原丝绸之路"的最终开通奠定了基础。

公元7世纪初，著名的赞普松赞干布统一西藏高原各部，建立起统一的吐蕃政权，进入到西藏文明形成的最为重要的历史时期。吐蕃文明也是后来西藏文明的前身，今天藏族文化的许多主体因素，如藏文文字、宗教信仰、艺术传统、生活习俗、礼仪制度等，在吐蕃时代便已经基本形成，并对后世产生了深远的影响。

20世纪80年代以后，中国考古学者在吐蕃时代考古领域取得了一系列重要成果，对于复原吐蕃社会和深入认识西藏文明的特质提供了大量可靠的实物证据。目前年代较为确切的属于吐蕃时代的考古学证据，主要有古藏文金石铭刻、古藏文写卷、木牍、金银器、丝织品、佛教造像与绘画作品等不同门类的遗物，以及寺院建筑、墓葬、石窟寺与摩崖造像的遗址。历史文献记载，吐蕃政权在文化、制度建设上曾积极向其周边地区与民族学习借鉴，藏族史籍《贤者喜宴》记载："是时(吐蕃)自东方汉地及木雅(mi nyag)获得工艺与历算之书，自南方天竺翻译了诸种佛经，自西方之胡部泥婆罗，打开了享用食物财宝的库藏，自北方霍尔(hor)、回纥(yu gur)取得了法律及事业之楷模。如是，松赞干布统治四方，边地之全部受用财富悉聚于(松赞干布)权势之下。"④在关于吐蕃政权制度形成的问题上，学术界有人认为其多系模仿中原唐朝⑤，也有的提出其多系取法于与吐蕃毗邻的突厥⑥，不过如果从吐蕃整体性的文化建构而论，来自中原大唐王朝的影响显然占据主导地位。

以考古材料最为丰富的吐蕃时期墓葬为例，我们可以观察到，无论是吐蕃最高统治阶级的陵墓制度，还是西藏各地发现的吐蕃不同等级的墓葬，甚至到吐蕃本土以外的吐蕃占领地区内(如青海都兰热

①霍巍：《西藏高原早期金器的考古发现及其相关问题》，《西藏研究》2001年第4期。
②此系本次展出的展品，由西藏山南地区博物馆提供，具体的考古出土背景不详。
③宿白：《考古发现与中西文化交流》，北京：文物出版社，2012年，第59页。
④黄颢：《贤者喜宴摘译(二)》，《西藏民族学院学报》1981年第1期，第20页。
⑤王尧：《吐蕃文化》，长春：吉林教育出版社，1989年，第25～34页。
⑥陆庆夫、陆离：《论吐蕃制度与突厥的关系》，《兰州大学学报》(社会科学版)第33卷第4期，2005年7月。

水吐蕃墓地)发现的吐蕃时期墓葬,都深受唐文化为代表的汉地文化影响,这是吐蕃在其陵墓制度方面一个极为重要的标志性特征。上述吐蕃墓葬考古材料清楚地揭示出唐代吐蕃与中原文化之间的紧密联系,也清楚地勾勒出一条西藏古代文明自身发展的轨迹。作为西藏古代文明核心的吐蕃文明,一方面继承了自西藏高原新石器时代和早期金属时代以来已经开始孕育的自身文化传统,另一方面也积极地吸收外来文明的先进成果加以融合改造。如同藏文文献记载,在西藏古代文明形成过程当中最为重要阶段的吐蕃时期,吐蕃的最高统治者曾经一度向东面的唐朝、南面的印度和北面的突厥、回纥等地区和民族寻求过制度、文化上的支持。我们也丝毫不否认在吐蕃文明形成过程中,不同时代可能受到的外来影响有所不同,所接受的文化因素也具有开放性和多元性,但是在其基本构架和主体因素方面,却始终保持着它的传统和基色,而正是在这些传统与基色当中,如同水乳交融一般已经深深带有中原文明影响的痕迹。吐蕃墓葬考古遗存从一个侧面,也反映出这种特质的存在。

二、用文物讲述西藏早期历史故事

习近平总书记强调:"让收藏在博物馆里的文物、陈列在广阔大地上的遗产、书写在古籍里的文字都活起来。"文物是历史文化的记忆,也是民族基因的重要载体。西藏博物馆新馆所陈列的大量珍贵历史文物,对于重新谱写西藏早期文明的新篇章,具有多方面的重要价值。

首先,就人类历史而言,99%以上的历史都是没有文字记载的史前史,这些历史的片断全靠出土文物来加以反映。史前时代的这些藏品大多数都没有文字,所以它们好比是一件件带有远古文明"密码"的"无字天书",让我们得以从中探求和解读所蕴藏的丰富历史信息。虽然和文献记载不同,每一件文物都只是历史上遗留下来的"历史碎片",没有像历史文献那样连续不断的、宏观的叙事和书写,但却遗留下来它们形成的年代、器物的功用,制作的工艺等若干其他信息。透过这些信息,人们可以从中窥见一个时代的物质生活水平,甚至也可以从某种程度上获知这个时代精神文明的发展水平。以昌都卡若遗址中出土的彩陶双耳罐为例,这件造型独特,对称均衡,如同双兽对卧的陶器,既反映出史前农业定居生活的片断,也反映出人们在劳作之余已经有了专业的制陶工艺,而且制作者具有独到的艺术审美情趣与高超的造型制作能力,使之成为我国史前艺术创造的佳作之一。

其次,丰富多彩的文物如同是一个时代、一个社会的"横截面",不仅可以反映出文献记载很难达到的若干社会物质生活和精神生活的细节,更为重要的还在于,这些人们无意识遗留下来的遗物,不同于经过后世有意识加以整理、选择、淘汰过后重新"书写"而成的文献历史(或称为"文本历史"),从中看不到不同文化、不同民族、不同文化传统之间某些人为造成的歧视,给人们留下来最为本真、最为"原生态"的人文历史本体,是后世认识不同民族历史与文化宝贵的标本。通过这些文物,可以突破无数人为造成的认识误区,去客观、真实地触摸历史、走近文明。对于西藏早期历史和文明而言,长期以来笼罩着重重谜雾,要正确地认识和书写这段历史,文物的重要意义不言而喻。

再次,展出的展品当中,既有作为科学考古发现的标本,也有具有科学、艺术、审美等多重价值在内的文物。这两类经过策展者精心挑选、组合而成的展品互为补充,形成独特的"博物馆语言",旨在向人们讲述人类社会过去的"故事",这本生也是一种"透物见人"的历史书写方式。我们的读者不仅仅只是通过文字和图表,更重要的是可以通过历史遗留下来的实物,来阅读和理解历史。例如,过去对于文献记载的古老"象雄"(汉文文献称为"羊同"),正是因为近年来西藏西部阿里地区一系列新的考古发现,人们开始逐渐揭开它神秘的面纱,露出了冰山一角。在象雄贵族的墓葬中,出土了带有汉字"王侯"字样的丝绸,死者面部覆盖着用丝绸为底、上面缀有黄金面具的"覆面"。随葬的大量物品当中,有了盛放在铜器和木器当中的茶叶。这一切都构成了一组生动而丰富的历史场景,让人们可以遥想古老象雄的盛况。今天,当来自世界各地的参观者走进我们的展厅,来到这些文物的面前,也一定会触景生情,让思绪飞向那古老而神奇的神山与圣湖之间……

三、铸牢中华民族共同体意识的实证

　　著名考古学家、四川大学已故童恩正先生曾经指出:"从新石器时代早期开始,我们可以看到西藏文化已经接受了黄河流域古文明的深刻熏陶,从而成为中华民族古文明在边疆发展的一支。与此同时,它又感受了西亚、南亚、东亚诸地文化的影响,并将自己的优秀文化因素通过山间谷地流传到远方。"①西藏博物馆新馆中展出的这些珍贵的有关西藏早期历史的文物,从新的视野和角度展示出西藏自古以来和祖国内地文明之间的密切关系,证明了西藏文明和祖国内地源远流长的交往、交流和交融的历史。另一方面,这些文物也显示出西藏文化所具有的开放性、包容性:从其一开始便与外部世界之间有着连绵不绝的联系,从周边不同国家和地区吸收了许多文化因素,同时又进行了创新和改造,形成具有自身特色的文化面貌,并将其优秀文化向外影响和扩散。例如,展出的吐蕃时期金银器和丝绸,都是一方面吸收了中原唐朝的工艺、形制和纹饰特点,同时又融入了中亚、西亚一带的装饰图案元素,还加入了吐蕃自身创造的纹饰和神灵、动物形象,成为文明交流互鉴的精萃之作,也是"高原丝绸之路"的历史见证。

　　综上所述,西藏古老而灿烂的文化,从来就是中华文明的重要因子和组成部分,西藏民族始终都是中华民族共同体的一员。虽然历史文献留下来的线索极其有限,但是这些考古出土和流传于世的文物,却为我们谱写出新的篇章,展示出壮丽的风采,具有永恒的魅力。

---

① 童恩正:《西藏考古综述》,《文物》1985年第9期。

历代中央政府的治藏方略

中国藏学研究中心　张云

中国是一个统一多民族国家, 中国的历史是由各民族共同缔造的, 包括藏族在内的各民族自远古以来形成、发展的历史都是中国历史的组成部分, 西藏自古是中国一部分, 世代居住西藏地区的藏族和其他兄弟民族共同开发、建设和守卫了祖国的大好河山, 共同创造了祖国灿烂的文化。从元朝开始, 西藏地方纳入中央王朝的行政管辖之下, 开启了西藏地方历史发展的新纪元。

一、元朝对西藏地方的经营与治理

元朝是中国统一多民族国家形成发展史上的一个重要历史时期, 在实现北方地区大统一的同时, 也实现了西南地区的大统一, 各民族之间交往交流交融进入一个新的阶段, 元朝建立的行省等制度也相沿至今。

元太宗窝阔台(1186—1241)时期的凉州会谈。南宋端平二年(元太宗窝阔台七年, 1235), 皇子阔端经略秦、巩, 兵临巩昌, 遣汪古人按竺迩谕降, 十月四日, 汪世显献所统诸城军民归降蒙古, 阔端赐以蒙古章服, 令仍任其旧官职。南宋嘉熙三年(元太宗十一年, 1239), 坐镇凉州的阔端王子令大将多达率军万人进入西藏侦察虚实。回来后多达向阔端报告:"现今藏土以噶当派丛林最多, 达隆派法王最有德行, 止贡派京俄大师最具法力, 萨迦班智达学富五明, 最有学问, 声誉最隆。"阔端经过权衡, 决定邀请萨迦班智达·贡噶坚赞(简称萨班, 1182—1251)前来凉州会谈。南宋淳祐七年(元定宗贵由二年, 1247), 阔端与萨班在凉州会晤。阔端钦佩萨班智慧、学识与品德, 承诺放弃武力进攻西藏, 并邀请萨班前去蒙古传授佛法。双方经过协商, 确定西藏地方和平归附蒙古条件, 其内容主要有:归附者官仍原职;任命萨迦派人员为达鲁花赤, 西藏各地头人必须听命;缮写各地官员姓名、百姓数目、贡品数额等各三份, 一份送阔端, 一份送萨迦, 一份由各地长官收执;绘制一份归附者与未归附者之地图;蒙古官员将来藏, 会同萨迦人员议定税目。

元宪宗蒙哥(1209—1259)时在西藏地方括户、分封。宋淳祐十一年(元宪宗元年, 1251), 蒙哥汗继任大汗是为元宪宗。次年在西藏进行人口清查, 推行千户万户制度, 建立了西藏地方较早的一批万户。与此同时, 开始在西藏地方推行诸王分封制度。元宪宗蒙哥曾赐给噶玛拔希一顶金边黑色法帽, 成为创立了活佛转世制度的噶玛噶举黑帽系活佛的标志性象征。

元世祖忽必烈(1215—1294)时期确定西藏地方管理体制和制度。第一, 设立总制院(宣政院)。中统元年(1260), 忽必烈即大汗位之后, 即任命八思巴为国师, 授以玉印, 统释教。初步明确了建立中央机构管理全国宗教和西藏地方事务的原则。大约在至元元年(1264), 建立总制院, 设立总制院使, 受帝师节制。至元二十五年(1288), 为了适应形势发展需要, 改总制院为宣政院, 秩从一品, 印用三台, 以尚书右丞相桑哥兼院使。宣政院掌管全国佛教事务和藏族地区的军事、行政、司法和宗教等各项事务, 是西藏和其他藏族地区的最高管理机构。第二, 建立行政区划。元朝对西藏地方基本采取三级管理体制, 一是以萨迦派为代表的地方政权, 即元朝设立在西藏地方的乌思藏纳里速古鲁孙等三路宣慰使司, 以及以萨迦本钦或者乌思藏本钦为首的西藏地方统治集团。二是以各个万户为代表的地方骨干势力集团, 也就是所谓的"乌思藏十三万户"。三是各个万户势力内部最基层的管理者阶层。第三, 任命官员。元朝宣政院辖下的三路宣慰司长官均由帝师推荐, 朝廷任命。乌思藏地方十三万户的万户长, 都是由朝廷任命的, 违法者将受到处分, 直至被处死。第四, 设立驿站。至元元年(1264), 元朝在西藏建立驿站。首先在吐蕃佛教后弘期之发源地朵思麻丹底寺, 以及朵甘思卓多桑珠、后藏萨迦等处, 召集众人, 颁发赏赐品, 宣读皇帝诏书和帝师法旨,令从汉藏交界处起直至萨迦,共计建大驿站27处,包括:朵思麻役户支应之驿站7处,乌思藏驿站11处,其中乌思役户支应的有索、夏克、孜巴、夏颇、工、官萨、甲瓦等7处,藏地役户支应的有达、春堆、达尔垅、仲达等4处,并规定各个万户供应驿站之办法。第五,驻扎军队。元朝在西藏地方几次用兵,派出了强大的兵力,保持有战必胜的态势。至元十七年(1280),桑哥带兵入藏平息卸任本钦贡噶桑布叛乱,就有7万蒙古军和朵甘司、朵思麻的3万士兵,合计10万人的队伍。此后还在西藏驻扎军队维护驿站和地方安全稳定。西平王及其子孙一直履行着带兵镇守吐蕃地方的使命。第六,清查户口。元朝时期曾多次在西藏地方清查户口,并制定了一套办法,即按"霍尔堆"或者叫做"蒙古户"来计算人户。第七,征收赋税。元朝在西藏和其他藏族地区征收赋税包括丁税即依据诸户人丁数交纳赋税,也就是"人头税"。

元英宗硕德八剌(1303—1323)时期对西藏地方的施治。元英宗继承了其父元仁宗以儒治国的政策,加强中央集权和官僚体制,在继承元世祖时期编纂的《至元新格》和元仁宗时期《风宪宏纲》的基础上,于至治三年(1323)下令编成并颁布元朝正式法典——《大元通制》。该法典在西藏地方得到推行。元朝还在西藏地方设立法庭,裁决各万户之间的纠纷,审判地方重大案件,维护地方政治和社会安定。

二、明朝治理西藏地方的政策措施

明朝继承了元朝在西藏地方的政治遗产,并且通过采取各项措施,在基本沿袭元朝对西藏地方管理体制和制度基础上,因地制宜,进行必要的调整和变革,从而实现了治理目标。

(一)招抚西藏地方首领,更换元朝印信为明朝印信,建立行政管理体制。从洪武四年(1371)到六年,明朝廷陆续在西藏设置了乌斯藏、朵甘卫指挥使司以及宣慰使司等行政机构,并颁发印信和官服。洪武七年(1374)七月,明朝设西安行都指挥使司于河州,升河州卫指挥使韦正为都指挥使,总辖河州、朵甘、乌思藏三卫。后来又升朵甘、乌思藏二卫为行都指挥使司。当年十二月炽盛佛宝国师喃加巴藏卜及朵甘行都指挥同知锁南兀即儿等遣使来朝,又奏举土官赏竺监藏等56人。明太祖遂设朵甘宣慰司一、招讨司六、万户府四、千户所十七,以赏竺监藏等分别为指挥同知、宣慰使、招讨使、万户长、千户长等,并派员外郎许允德携诏书及诰、印前往赐之。洪武十二年(1379)二月丙寅,"乌思藏指挥同知监藏巴藏卜、宣慰司官朵儿只令真、前都元帅索南藏卜、赏巴前司徒罗古监藏、仰思多万户公哥帕遣镇抚汝奴藏卜、僧哈麻剌来朝,贡兜罗帽、铁骊绵等物"。洪武十八年(1385)正月丙寅,"以西番班竹儿为乌思藏都指挥使"。最初,明朝是封蔡巴、羊卓、止贡、嘉玛等故元万户府首领为乌思藏的行都指挥使或都指挥佥事等职,对帕竹政权家臣中的内邬宗(治所在今拉萨市堆龙德庆区柳梧乡,辖今拉萨市城关区和堆龙德庆区一部)、桑珠孜宗(今日喀则市桑珠孜区)的宗本则称为寨官。后来在了解帕竹政权的情况后,明朝就开始任命帕竹政权的主要宗本为乌思藏行都指挥使司的官员,并且进一步在内邬宗和仁蚌宗(今西藏仁布县)这两个最大的宗设立了行都指挥使司。

(二)册封西藏地方宗教首领,影响地方政教势力。永乐四年(1406),噶玛噶举派第五世活佛却贝桑波受永乐皇帝邀请到达南京,次年被封为大宝法王。永乐十一年(1413),萨迦派贡噶扎西受邀至南京,明成祖封其为大乘法王。次年(1414),宗喀巴弟子释迦也失至京,受封大国师。宣德九年(1434),释迦也失再至京(北京),明宣宗封其为大慈法王。同时还于永乐四年(1406)封帕竹噶举派首领扎巴坚赞为阐化王,永乐五年(1407)封朵甘灵藏(邓柯林葱)僧人著思巴儿监藏为赞善王,同年封朵甘馆觉(今贡觉)僧人斡即南哥巴藏卜为护教王,永乐十一年(1413)封止贡噶举派僧人领真巴儿吉监藏为阐教王,永乐十三年(1415)封萨迦派僧人南渴列思巴为辅教王,万历十四年(1586)明神宗还封三世达赖喇嘛索南嘉措为"朵儿只唱"(金刚持)。

(三)恢复驿站。《明史》记载,永乐五年(1407),明成祖开始大规模恢复驿站,他直接给阐化王下诏:"谕帕木竹巴灌顶国师阐化王同护教王、赞善王、必力工瓦国师、川卜千户所,必里、朵甘、陇三卫、川藏等簇,复置驿站,以通西域之使。"《明实录》记,成祖命"都指挥司刘昭、何铭等往西番、朵甘、乌思藏等处设立站赤,抚安军民"。"令所辖地方驿站有未复旧者,悉如旧设置,以通使命"。后刘昭升都指挥使,镇河州,宣德二年(1427)协助陈怀讨平松潘寇乱,累进都督同知,镇西宁二十年,为番汉各族所畏服。《明史》记载,经过朝廷7年经营,"自是道路毕通,使臣往还数万里,无虞寇盗矣"。

(四)通过茶马贸易加强西藏与内地的经济文化联系。内地和西藏间的茶马贸易起源甚早,阿里噶尔县故如甲木遗址发现的茶叶与王侯文锦证明了这种联系的古老和悠久。《明史·食货志》详细记载:"番人嗜乳酪,不得茶,则困以病,故唐、宋以来,行以茶易马法。"明朝茶马贸易进入繁荣时期,主要的形式包括官府主导茶马交易,僧人参与的贡马易货贸易和民间商人进行商业贸易等。由此带动内地的茶叶、丝绸、布匹、纸张及金银器皿等源源不断运入西藏,而西藏的马匹、氆氇、皮张、药材、铜佛像和土特产等相应输入内地,增进了交流与联系,加深了两地人民之间的感情。

三、清朝治藏方略与法规制度

清朝是中国历史上最后一个大一统的封建王朝,清朝统治者从经营北方地区入手,采取了"兴黄教之所以安众蒙古"的策略,通过重视发挥格鲁派的影响和作用来经营西藏地方,因势利导,及时调整管理西藏地方的政策、体制和制度,包括早期的册封地方政教首领,实行政教分治,继之而起的噶伦主政制,郡王制,以至达赖喇嘛和驻藏大臣领导下的噶厦体制,直至驻藏大臣统揽一切的管理制度,产生了积极的实际效果。

(一)册封西藏地方政教首领。顺治十年(1653),清朝中央政府正式授予五世达赖喇嘛金印、金册,承认他在西藏政治宗教上的合法地位。同时册封和硕特汗王顾实汗(固始汗)"遵行文义敏慧顾实汗"。康熙五十二年(1713),封五世班禅罗桑益西为"班禅额尔德尼",并赐诏书、金印。康熙六十年(1721),封康济鼐为贝子,令其与阿尔布巴、隆布鼐等共同掌管西藏政务。雍正二年(1724),赐给七世达赖喇嘛金册、金印,封颇罗鼐、扎尔鼐为台吉,封七世达赖喇嘛之父为公爵。乾隆四年(1739),晋封噶伦颇罗鼐为多罗郡王。乾隆十二年(1747),颇罗鼐病故,其次子珠尔默特那木扎勒袭封郡王。

(二)设立驻藏大臣管理西藏地方各项事务。雍正五年(1727)正月,清世宗派遣内阁学士僧格、副都统马喇驻拉萨,"与达赖喇嘛、康济鼐、阿尔布巴等和衷办事",并设立驻藏大臣衙门。自此,朝廷派驻藏大臣二员办理西藏事务。驻藏大臣的地位有一个不断加强的过程,即由早期对西藏事务的监管、共管到《钦定藏内善后章程二十九条》颁布后的统管,在清朝的西藏治理中具有突出的地位并发挥着至关重要的作用。

(三)颁布治藏章程和法规制度。乾隆十六年(1751),朝廷依据策楞所奏颁布《西藏善后章程十三条》,正式设立噶厦,驻地在拉萨大昭寺,长官为噶伦,秉承驻藏大臣、达赖喇嘛旨意办事,噶伦员额为4人。乾隆五十六年(1791),廓尔喀因与西藏盐税银钱纠纷,受噶玛噶举派红帽系活佛却珠嘉措唆使,武装入侵西藏,抢掠扎什伦布寺中财宝。乾隆五十七年(1792),乾隆命福康安、参赞大臣海兰察率兵驱逐廓尔喀军队,制定《钦定藏内善后章程二十九条》,涉及西藏地方的政治、军事、宗教、经济、外交等多个方面,核心是加强驻藏大臣统揽西藏地方政教大事的权力,采取金瓶掣签选择达赖喇嘛、班禅额尔德尼等大活佛的转世灵童,由朝廷主持认定。道光二十四年(1844)琦善制定了《酌拟裁禁商上积弊章程》二十八条,在《钦定藏内善后章程二十九条》的基础上,依据具体执行情况和出现的新问题做了修改完善,重点限制摄政的权力, 严格僧俗官员的晋升使用制度等。

（四）金瓶掣签认定达赖喇嘛、班禅额尔德尼等大活佛转世灵童。为了纠正西藏地方活佛转世中的突出弊端问题, 乾隆皇帝专门撰写《喇嘛说》一文陈明缘由并提出解决办法, 后来成为《钦定藏内善后章程二十九条》中的第一条, 即大皇帝特赐一金瓶, 今后遇到寻认灵童时, 用满、汉、藏三种文字写于签牌上, 放进瓶内, 由呼图克图和驻藏大臣在大昭寺释迦佛像前正式掣签认定, 从而规范了活佛转世办法, 成为后代相沿不改的历史定制。

（五）驻扎军队, 镇守地方, 维护大局稳定。1720年, 抚远大将军十四皇子允禵在平定准噶尔叛乱后, 向康熙皇帝奏曰:"西藏虽已平定, 驻防尤属紧要。"康熙便令蒙古王公策旺诺尔布为定西将军率军赴藏, 此为清朝在西藏驻防军队的开始。这些驻扎西藏的3000名官兵皆为蒙古族和汉族士兵, 此后康熙皇帝又从云南、四川各调500名满族士兵入藏, 使西藏驻军达到4000人, 后因顾忌后勤给养问题, 乱平后大部裁撤。当时清军在西藏主要驻防前藏拉萨, 后藏日喀则和川藏要道昌都。乾隆皇帝派福康安等驱除廓尔喀入侵者之后, 开始建立正规藏军, 员额3000人, 分别驻守拉萨、日喀则、江孜、定日四要地, 统归驻藏大臣节制, 在一定程度上既增强了驻藏大臣处理西藏地方各项事务的能力, 也有效地维护了地方的稳定和边防安全。

四、民国治理西藏的主要举措

民国时期是中国历史上一个特殊时期, 由于帝国主义入侵, 军阀割据与混战, 西藏地方出现英帝国主义势力支持的"西藏独立"逆流, 使西藏地方的治理面临诸多挑战。但是, 即便在这种艰难条件下, 民国政府依然采取了多项措施, 维护了国家在西藏的主权。

（一）宣布共和, 维护国家在藏主权。1912年1月1日, 孙中山在《中华民国临时大总统宣言》中, 庄严宣布:"国家之本, 在于人民, 合汉、满、蒙、回、藏诸地为一国, 即合汉、满、蒙、回、藏诸族为一人, 是曰民族之统一。武汉首义, 十数行省先后'独立'。所谓'独立', 对于清廷为脱离, 对于各省为联合。蒙古、西藏意亦同此。行动既一, 决无歧趋, 枢机成于中央, 斯经纬周于四至, 是曰领土之统一"。这一根本原则始终保持不变。

（二）建立管理西藏地方事务的中央机构。1912年7月, 民国政府正式成立蒙藏事务局, 管理蒙古和西藏事务。1914年5月, 建制撤销, 改为蒙藏院, 直属北洋政府总统府。1928年3月21日, 国民党中央政治会议第133次会议修正通过《国民政府蒙藏委员会组织法》, 明确了蒙藏委员会的相关职能和行政地位。规定蒙藏委员会隶属于国民政府, 掌理审议关于蒙藏行政事项及蒙藏之各种兴革事项。民国二十二年(1933), 十三世达赖喇嘛圆寂, 国民政府派参谋本部次长黄慕松入藏致祭, 并就中央政府与西藏地方政府的关系与噶厦方面谈判多次, 取得噶厦同意, 在拉萨设立了蒙藏委员会办事处, 下设交通部的商业电台、主要招收拉萨汉回子弟的拉萨小学、诊疗所及气象站等, 办理相关联络事务。

（三）册封达赖、班禅, 主持其灵童转世与坐床典礼。1938年12月12日, 摄政热振致电吴忠信, 表示"三灵儿迎到后, 举行掣签典礼之际, 为昭大信、悦遐迩计, 中央应当派员参加"。28日, 国民政府下令"特派蒙藏委员会委员长吴忠信会同热振呼图克图主持第十四辈达赖喇嘛转世事宜"。1949年, 在广州的国民政府颁布命令:"青海灵童官保慈丹, 慧性澄圆, 灵异夙著, 查系第九世班禅额尼德尼转世, 应即免于掣签, 特准继任为第十世班禅额尔德尼"。同年8月, 在国民政府专使关吉玉(蒙藏委员会委员长)和青海省政府主席马步芳主持下, 在塔尔寺举行了坐床大典。

（四）吸收西藏地方上层僧俗人士参与国家管理。历届民国政府都吸收蒙藏等少数民族上层人士参与国家的政治生活, 北洋时期的国会参众两院、1931年国民会议、抗战时期的国民参政会、1946年国民政府召开的制宪国民大会及1948年召开的行宪国民大会等, 西藏均派出代表参加, 履行职责。

（五）抵制外国势力分裂西藏的阴谋活动。即使是软弱的北洋政府在陈贻范遭受英印政府胁迫签订丧权辱国的"西姆拉条约"之际，也电令陈贻范："执事受迫画行，政府不能承认，应即声明取消。"使英印政府的罪恶图谋未能得逞。1943年5月，在美国首都华盛顿举行的"太平洋会议"期间，英国首相丘吉尔诬称西藏为国家，指责民国政府在西藏采取的有关政策。蒋介石电文严词回击："邱（丘）吉尔称西藏为独立国家，将我领土与主权，完全抹杀，侮辱实甚。西藏为中国领土，藏事为中国内政，今邱（丘）相如此出言，无异干涉中国内政。中国对此不能视为普通常事，必坚决反对。"尽管当时的中国当政者在帝国主义列强面前显得软弱，但是也没有屈服列强淫威，放弃在藏主权，没有放弃维护西藏是中国固有领土的一贯立场。而包括西藏地方在内的全国人民坚定维护国家统一、反对外国势力分裂西藏的罪恶图谋，则为反对外国侵略西藏和"西藏独立"活动提供了有力保障。

1930年3月，国民政府委派文官处一等书记官刘曼卿出使拉萨，受到十三世达赖喇嘛两次接见。达赖喇嘛对刘曼卿说："汝之好意吾早领之，吾不敢背中央前已言之。……吾所最希求者即中国之真正和平统一，……至于西康事件，请转告政府，勿遣暴厉军人，重苦吾民，可派一清廉文官接收。吾随时可以撤回防军，都是中国领土，何分尔我。"又说，"英国人对吾确有诱惑之念，但吾知主权不可失，性质习惯不两容，故彼来均虚与周旋，未尝予以分厘权利。中国只须内部巩固，康藏问题，不难定于樽俎。"九世班禅更在内地发表《西藏是中国领土》的公开演讲，这些都清楚说明了民国西藏属于中国一部分的事实。

1949年中华人民共和国建立以后，1951年西藏实现了和平解放，西藏地方的治理已一扫近代以来帝国主义侵略所制造的阴霾，在中国共产党领导下走上社会主义道路，沐浴着春风与和煦的阳光，踏上新的历史征程。

历史上西藏与内地各民族的交往交流交融刍议

四川大学　熊文彬

　　早在4万年前西藏就有人类活动,一代又一代的高原居民经过艰难不懈的拓荒,开启了西藏文明的进程。自公元7世纪青藏高原的统一,藏族逐渐形成以来,西藏创造出光辉灿烂的地域文化,成为中华民族文化百花园中一朵瑰丽的奇葩。

　　考古发现和文献记载表明,西藏社会、经济和文化的形成与发展,极大地得益于西藏与周边地区,尤其是与内地各民族持续不断的交往、交流、交融及对其文化的充分吸收与融合,从而成为中华文化不可分割、重要的有机组成部分之一。西藏与内地各民族的交往、交流和交融,历史悠久,持续不断,并且随着历史的发展,其广度、深度和频度日益加强,至少体现出如下一些显著特点。

一、西藏的命运与内地各民族休戚与共

　　按考古发现和研究,西藏与内地的交往和交流至少可以追溯到4500年前的新石器时代,昌都卡若新石期时代遗址中出土的农作物粟、石器、陶器和半地穴居址表明,此时的西藏就与内地黄河中上游文化发生了联系。近年相继在贡嘎县昌果沟等遗址出土的大麦、小麦等农作物,又进一步丰富了新石期时代晚期西藏在东西方农作物传播过程中的作用。自金属时代以来,西藏与内地的交流逐渐增强,尤其是近年全国在阿里地区的大规模考古充分揭示出这一特点。札达县曲踏、格布赛鲁、桑达隆果、东嘎、皮央和噶尔县故如甲木等墓地遗址出土的木俑、箱式木棺、带柄铜镜等文物都与新疆地区关系密切,而青铜剑、青铜无足匜等则在器型上体现出与四川、湖北一带的联系。更为重要的是,曲踏等墓地出土的茶叶残留物和故如甲木墓地出土的带有汉文"王侯"文字的丝绸的发现,直接将内地茶叶和丝绸传入西藏的历史追溯到1800年前的汉代,极大丰富了西藏史前与内地各民族交往、交流的种类和内容。

　　进入历史时期后,随着松赞干布统一青藏高原,建立吐蕃政权,西藏从此迎来了与内地各民族交往、交流和交融的第一个高潮。西藏与新疆、甘肃、青海、陕西、四川、云南等各地在政治、军事、经济、宗教、艺术、科技等各个方面都展开了大规模、空前的互动,随着大量的人员来往、经贸往来、技术输入和文化互动,内地政治、经济、科技、文化等各个领域新鲜血液的输入为西藏文化在吐蕃时期的逐步形成奠定了坚实的基础。进入宋代,随着唐朝和吐蕃王朝的灭亡,西藏和内地同时进入分裂时期,两地之间在政治上的交流虽然有所削弱,但以茶马古道为主的经济、贸易和文化,特别是佛教文化之间的交流依然十分活跃,西藏藏传佛教后弘期两大源头之一的下路弘法再次由东(青海化隆县)传入西藏。13世纪,随着元朝的统一,中央政府在西藏建立萨迦地方政权,划分十三万户,驻扎军队,建立驿站,清查人口,征收赋税,对西藏进行有效的施政,西藏与内地各民族的交流和交融规模空前,迎来了又一个高潮。1368年,随着元明更替,在明代中央政府对西藏实施多封众建的治理策略下,西藏僧俗首领前往首都南京和北京朝贡的使团络绎不绝,以茶马贸易为主的经贸交往和文化交流日益走向深入。1644年清朝建立后,随着清朝中央政府对西藏在政治、军事、经济、外交等方面的全面施政,西藏与内地各民族之间的交流和交融无论是在规模、广度、深度上都跃上了一个新的台阶。1912年民国建立后,冲破帝国主义的重重阻挠,西藏与内地无论是在官方还是在民间都依然维持着密切的联系。1949年新中国的成立,特别是改革开放以来,随着中央政府一系列方针、政策在西藏得到有效的贯彻和实施,西藏与内地各民族之间的交流、交融更是迈入了史无前例的崭新时期,实现了质和量上的巨大飞跃。西藏历史发展,尤其是唐以来的历史表明,西藏社会、经济和文化的发展与其同内地各民族的交流、交融息息相关,西藏的命运与内地各民族的命运紧密相连,休戚与共。

二、广度全方位、深度多层次

历史上西藏与内地各民族交流、交融的范围几乎覆盖整个中国的各个民族和族群,其中以新疆、甘肃、青海、宁夏、陕西、四川和云南等近邻为主,东北远至辽宁,东南远至福建,南方远至广东;交流和交融的领域涉及政治、经济、军事、法律、交通、文学、宗教、艺术、饮食、民俗、生产、生活等人文领域,以及医学、天文、历算、建筑、造纸、雕版印刷等科学技术的各个方面,并且形成了物质文化、制度文化和精神文化等不同层次的广泛、深度交流。通过不同历史时期频繁、大规模、持续的交流,西藏从内地各民族吸收新鲜血液,从而形成了以西藏传统文化为主、兼容并蓄内地各民族文化、具有鲜明地域特点的西藏文化。

物质层面的交流从日常生活必需品茶叶、白菜、萝卜等蔬菜,上至华丽昂贵的绫罗绸缎等丝织品和瓷器。其中茶叶和丝绸在1800年前的东汉就传入西藏,对西藏文化产生了极其重要的影响,时至今日,茶叶依然是西藏农牧民每天生活的必需品;丝绸也备受青睐,从日常迎接客人的哈达,至服饰,乃至寺院殿堂装饰、宗教仪式、唐卡绘画中都必不可少;纸张及其制作技术和雕版印刷术先后在唐代和元代的传入和普遍采用,对于西藏文化的传承和发展更是产生了划时代的变革,西藏现存浩如烟海的文献、典籍及其文化的传承很大程度上均归功于这些技术的传入及其广泛运用。

制度文化层面的交流也十分广泛,涉及政治、经济和社会等各个方面。其中政治、行政和宗教管理制度尤为显著。特别是元以来,历代中央政府在西藏建立的行政机构、封授的职官和推行的各种制度一直贯穿西藏地方历史。元代中央政府在西藏建立地方政府、官员的任命"因俗制宜""僧俗并用",并定期向朝廷进贡、述职的行政管理制度就一直延续到明、清和民国,帝师、国公、司徒、万户长、法王、西天佛子、灌顶国师、国师、都纲、扎萨克喇嘛等等职官的任命和封号的封赐不绝于汉藏文献记载。清代西藏地方政府政教合一制度和活佛转世制度的确立与全面实施,更是西藏与内地文化融合的直接结晶。这些制度的建立和实施不仅是历代中央政府对西藏进行有效治理的重要体现,更为重要的是极大地促进了西藏与内地各民族之间广泛、持续和深入的交流和融合。

在精神文化层面,西藏与内地的交流和融合从日常的文化娱乐到精神信仰都无所不包。在日常娱乐方面,藏牌"巴"最普遍和具有代表性,它是在汉族麻将的基础上融合蒙古族的一些玩法而形成的娱乐形式,至今在拉萨、日喀则等地依然流行。即便是在精神信仰,即藏传佛教方面,西藏也不乏与内地交流和融合的重要内容。佛教在7世纪首次传入西藏之时,东面的长安即是重要的源头之一,大批汉传佛教的僧人前往西藏传法,禅宗首次传入西藏,《五部遗教》记载了百余位吐蕃时期在西藏传法的禅师的姓氏,与此同时以《金光明经》为首的不少汉文佛经也陆续译成藏文,以禅宗为代表的汉传佛教的教法逐渐被藏传佛教吸收、融合,成为藏传佛教的有机部分。另外一方面,内地传统的儒家和道家文化也从唐代开始传入西藏,敦煌莫高窟保存的古藏文写卷《孔子相托相问书》即是其中的代表;与此同时,清代在拉萨市、日喀则市、定日县、吉隆县等各地修建的关帝庙,则是汉地关公信仰随清军入藏驱逐外敌入侵而传入,最后与西藏的格萨尔信仰融合在一起,被称之为格萨尔拉康,其中位于拉萨的格萨尔拉康(关帝庙)仍较为完整地保存至今,成为西藏与内地交流、交融的又一重要例证。

三、双向互动，共同铸造中华民族文化

西藏历史上在与内地各民族交往、交流的过程中借鉴、吸收和融合以汉族为主的各民族文化的同时，也将自己的地域文化传入内地，对其他兄弟民族的文化也产生了重要的影响。西藏文化的东传也包括物质、制度和精神文化等各个层面，但其中藏传佛教文化最有代表性，影响范围和深度也最为显著。

西藏的藏传佛教文化向内地的传播，始于唐代，元代开始受到中央政府的支持，清代广及全国。唐代在内地影响的区域主要集中于今天的甘肃河西走廊、青海、云南和四川藏族地区以及新疆的南疆等地；在宋代则主要集中在今甘肃、宁夏、陕西和内蒙古地区一带的西夏王朝故地；至元代，其影响又扩展到首都北京为首的广大中原和边疆地区，北至蒙古，南至江浙、福建和广东；到清代，又扩展到东北三省，其范围基本囊括整个中国。

元代是藏传佛教传入内地的重要时期，由于从元世祖忽必烈开始，以皇帝为首的上层统治者开始接受藏传佛教，藏传佛教于是在内地得到了大规模的传播和交流。元代中央政府出于统治和信仰的需要，在朝廷专门建立管理西藏地方和全国佛教事务的中央机构宣政院，封授萨迦派首领八思巴为帝师，常驻朝廷，执掌宣政院，同时在西藏建立地方政府萨迦政权；朝廷出钱、出人、出力在大都、中都和上都修建皇家藏传佛教寺院；大量延请藏传佛教高僧至京，令其在皇家寺院中讲经、译经、说法、举办法事，为国家的繁荣和昌盛祝釐，并给予崇高礼遇，以至于"其弟子之号司空、司徒、国公，佩金玉印章者，前后相望"。在中央政府采取的这些行之有效的系列措施下，以萨迦派为首的藏传佛教在内地开始得到广泛传播。北京现存的妙应寺白塔、居庸关云台浮雕，江苏镇江的西津渡过街塔，湖北武汉黄鹤楼的胜像塔，浙江杭州的西湖石窟造像和福建泉州的三世佛造像等都是藏传佛教在元代传入内地的重要实例。

明朝代替元朝后，继承了元朝扶持藏传佛教治理西藏的策略，只是将元代独尊萨迦派的政策调整为扶持西藏各大教派，对各大教派和世俗势力采取"多封众建"的政策，在西藏建立帕木竹巴地方政权的同时，封授各大教派和世俗首领为大宝法王、大慈法王、大乘法王等三大法王和五教王，并令其定期到朝廷朝贡、述职，同时先后在首都修建皇家藏传佛教寺院，延请各大教派高僧前来讲经、说法、举办各种法事，陆续建立和完善藏传佛教僧人"居京自效"和晋升制度。在这些政策和制度的保障之下，藏传佛教各派与内地展开了大规模、持续、频繁的交流。按《明实录》记载，三大法王和五教王朝贡踊跃，由于朝廷封赐优厚，规模也越来越大，人数一次多达数百至千人，到明中后期甚至出现朝贡普遍违例和僧人大规模滞留京城，朝廷三令五申仍无法禁绝的现象，其交流盛况可见一斑。

清朝不仅继承了元以来礼遇藏传佛教的政策及其措施，同时对其不断调整、完善，并加以制度化、法律化，西藏藏传佛教与内地各民族之间的交往、交流和交融进入了一个新时期，体现出一些显著的特点：其一，交流的范围覆盖清代的整个疆域。藏传佛教在内地经过元、明两朝的交流和发展，从清初开始被以皇帝为首的满族王公贵族接受而逐渐影响到东北满族地区，从而覆盖清朝的整个疆域，并与以首都为首的内地和西北、东北、西南等蒙古族、满族、纳西族等各民族聚居区的文化融合，实现本土化，蒙古文和满文《大藏经》的刊印就是其中的代表。其二，深度不断加强，藏传佛教与各个阶层人士都有不同程度的交流。上层不仅有以乾隆皇帝为代表的皇室贵胄、蒙古各大王公贵族、地方大员，也有曹雪芹、钱谦益为首的文人，更多则是普通民众，难以数计。其三，正如乾隆皇帝在《御制喇嘛说》中清楚阐释，清代西藏以格鲁派为首的藏传佛教与内地各民族的交流和交融，尤其是活佛转世制度的建立和实施，为清朝国家的治理和领土的完整也做出了积极的贡献。

总之，历史文献和考古发现都表明，西藏与内地各个民族之间的交往、交流和交融，不仅源远流长，而且从7世纪以来，尤其是在13世纪后，无论在广度、深度和频度上都日益密切，其命运与整个中华民族的命运紧紧相连，休戚与共，同时为光辉灿烂的中华民族文化的铸造做出了重要的贡献。这些历史的不断深入挖掘、整理与研究，对于增强中华民族文化的自信心、向心力和凝聚力，铸牢中华民族共同体意识，实现中华民族伟大复兴的中国梦无疑都具有十分重要的现实意义。

西藏传统政治制度述略

西藏大学 罗布

藏族先民生息、繁衍在青藏高原上已有上万年历史,并在从氏族、部落到地方政权的演变、发展过程中创造了丰富灿烂的文明成果。独具特色的政治制度文化的创制、形成和发展,就是其典型表现之一。

一

及至公元6—7世纪之交,雅隆悉补野部落迅猛发展,突破雅隆河谷局限向周边扩张,各地氏族以"盟誓"方式效忠支持,从而逐步实现从氏部落到邦国的过渡与转变,为统一的地方政权的建立奠定了基础。7世纪前半叶,雅隆悉补野部落在松赞干布统领下先后吞并苏毗、象雄等部落联盟,结束西藏高原邦国林立、互不统属的局面,建立了统一、强大的中国边疆民族政权——吐蕃政权。

吐蕃政权建立后,松赞干布制定了以"顶上王座与十万部众法"为首的大法律令,突出赞普的君主地位,以告身制度确定各地方小王、家臣之间的高低位序,并由赞普指派各氏族成员任官,厘定官员职权,组成一个严密的贵族官僚系统,确立了稳定的君臣关系。

按照这一君主集权的官僚体系,吐蕃政权官制大致分为五个系统:掌管议政、决策的贡伦系统及御前会议;掌管内务行政事务的囊伦系统;掌理风宪司法的喻寒波系统;统兵征战及管理边防的武职系统,以及管理涉外事务的纰伦系统。

吐蕃政权所设大小御前会议是赞普处理吐蕃内外政务之咨询协商性机构。小御前会议由辅佐赞普综理万机的大相、政务官及其他囊伦、喻寒波等官员组成。大相亦称大贡伦,为百官之长,在吐蕃官僚体系中居于赞普之下最高位阶。大相由赞普与众尚伦商议后任命,任期不定。都松芒布杰灭噶尔氏家族后,为防大相专权甚至谋逆,以加衔方式任命其他数位官员为政务大臣,分散相权,巩固赞普权。赤松德赞兴佛抑苯后,佛僧地位提高,设僧相之职,位列包括大相在内的众相之上。大御前会议,除小御前会议成员外,各大贵族、官员、将领等亦参加。根据陈庆英先生的研究,吐蕃王朝重大事项议事决策过程大致为:先由赞普将军政大事、宗教、官员任免等交给小御前会议商议,确定基本方针,再召开大御前会议做最后决定,最终以赞普诏命形式发布。

吐蕃政权以征战而立,守土不易。为了因应军务倥偬、干戈时兴的局面,松赞干布采取军政合一、军民一体的模式,建立了一种特殊的地方行政体制。根据这一体制,将吐蕃本土划分为中翼、左翼、右翼、支翼、苏毗5个翼,后又增置象雄翼,成6个翼。各翼设翼长1人,为最高军政长官,一般由当地最大的氏族部落长担任。翼下设千户,除苏毗翼下设11个千户外,其他翼各设10个千户,共61千户。千户设千户长,一般由当地较大的氏族长担任,或赞普封给有功的家族世代承袭。

吐蕃政权与辖地的关系,主要通过会盟这种特殊集会形式,以及会后署名设誓、颁布盟誓诏书的方式来维系。盟誓成为处理吐蕃重大事务的有效制度设计。

作为一种意识形态,宗教在古代历史上发挥着举足轻重的作用,中外皆然。总体而言,苯教在赤松德赞以前的吐蕃社会中一直占据主导地位,发挥着"护持政权"的重要作用。当然,为统一思想、巩固赞普集权,早在松赞干布建立吐蕃政权之初就开始积极支持佛教的引入和发展。赤松德赞时期,采取各种行政手段发展佛教,译经建寺,剃度出家,确定三户养僧制度,并给寺院划拨土地属民,使寺僧经济实力得到迅速增强,信佛大臣获得重用,从而相应地排抑了苯教及其贵族支持力量。赤德松赞则设立僧相,任用僧人掌政。赤祖德赞进一步将原来的三户养僧扩大为七户养僧制度,继续推行僧相制度,并制定森严法律,极端礼敬僧人。这一系列政策措施,使寺僧不仅拥有土地属民,还享有特权,成为吐蕃社会一个独立的、势力日涨的社会实体。这一趋势破坏了吐蕃原有的政治生态,直接影响到传统贵族的利益,从而引起僧俗之间、佛苯两教及其信奉者之间,以及王室与贵族之间的矛盾和冲突,甚至出现血腥杀戮的严重局面,吐蕃政权就在这些矛盾的积累、扩大和激化过程中趋向分崩离析。

吐蕃政权崩溃后,赞普后裔为继承权展开了持续不断的武装较量。平民起义或新起的贵族势力纷争自保,分裂消解的趋势长期延续。除了沃松后裔在上部阿里建立的古格政权、拉达克政权,下部朵康的甘、凉地区吐蕃部落建立的六谷部政权和河湟地区藏族部落建立的青塘政权等少数地方势力集团外,一直到蒙古势力进入西藏都未能建立起大的统一政权,长期处于分裂割据状态。这一时期,随着佛教的复兴和藏传佛教的形成,各教派逐步成为重要社会力量,影响不断扩大,通过教法传播突破地域割裂,出现走向统一的某种新趋势。赞普后裔等借鉴吐蕃先王的做法,希望借助宗教巩固和壮大自己的势力,与教派力量形成越来越密切的联系乃至联盟。与此同时,在长期战乱中走投无路的百姓为寻求保护,纷纷依附于这些地方贵族或教派领袖,逐步形成一种以人身依附关系为基础的新的社会制度形态。

二

13世纪蒙古的崛起,极大地影响和改变了西藏历史的发展走向。

1239年左右,统治西夏故地的蒙古王子阔端,派部将多达那波带领一支蒙古军队前往西藏。多达那波所向披靡,威震卫藏,并根据京俄·扎巴迥乃推荐和阔端指示,邀请萨班·贡噶坚赞前往凉州会晤。凉州会谈后,西藏各地僧俗头领听从萨班·贡噶坚赞规劝,接受蒙古统治。西藏就此统一于蒙古汗国治下。

蒙哥继汗位后,调整蒙古各宗王贵族的关系,重新分封领地。为此,改变阔端一统西藏的状况,把西藏各地分别封授给自己的兄弟。按《贤者喜宴》记载,具体分封情况大致是:止贡巴和藏郭模巴由蒙哥自己管理,蔡巴封给忽必烈,达隆巴封给阿里不哥,帕竹、雅桑、唐波且封给旭烈兀,而萨迦巴和拉德雄巴继续留给阔端管理。这样,形成了西藏各地分别由不同的蒙古王子占有的局面,使西藏在行政上与当时蒙古汗国本部的制度连接起来。这一做法成了后来西藏地方万户、千户体制建设中辖区划分的重要依据之一。

忽必烈继汗位后,封八思巴为国师(后来晋封帝师),赐玉印,令其统释教。1264年,忽必烈派八思巴返藏,赐《珍珠诏书》,正式授权八思巴处理西藏僧俗事务,并在中央设总制院(1288年更名宣政院),作为掌管全国佛教事务和西藏地区军政事务的机构,命八思巴负责。显然,八思巴此次返藏筹建西藏地方行政体制,从一开始就与蒙古汗国行政体制相联系,并纳入其框架。

根据这样的构想,结合西藏社会历史特点,八思巴在西藏地方建立了一套蒙藏联合、政教结合,僧俗并用、军民通摄的行政体制。

首先,八思巴以帝师身份居朝廷命官之列,领总制院(宣政院)事,"统释教"而"兼治吐蕃之事",一身兼统政教两务,以致"帝师之命,与诏敕并行于西土"。为了有效控制"地广而险远,民犷而好斗"的原吐蕃辖区,元朝在承认并封授青藏地区原有僧俗头领的基础上,设立吐蕃等处宣慰使司都元帅府、吐蕃等路宣慰使司都元帅府、乌斯藏纳里速古鲁孙等三路宣慰使司都元帅府三个区域性军政机构,归总制院(宣政院)统辖。

其次,建立西藏地方政权——萨迦政权,在帝师(或萨迦法王)的统领下,任命本钦具体管理西藏地方行政事务。同时,八思巴还仿照蒙古宗王的怯薛组织,为自己在萨迦设立喇章,并安排被称为"十三职司"的官员管理具体事务。萨迦政权根据皇帝授权,在西藏地区行使如下职权:一是代表帝师对各教的寺院、僧人及寺院属民行使管理权，并带领僧众举行法事，为皇帝祝祷；二是掌管西藏万户、千户等行政机构的设置和划分，奖赏、惩处僧俗人等；三是举荐和委任西藏地方官员，其中本钦、万户长由帝师举荐，皇帝任命，千户长及其以下由帝师任命；四是处理西藏地方行政、户籍统计、劳役赋税征发，以及万户之间诉讼的审理等事务。八思巴逝世后，为加强对西藏地方事务的监督和管理，元朝设立乌斯藏纳里速古鲁孙等三路宣慰使司都元帅府，管理朝廷在藏驻军和驿站，监督十三万户。有些萨迦本钦兼任宣慰使，有助于更好地衔接朝廷驻藏机构与萨迦政权。

再次，设立十三万户。如果说前面两种行政机构设置及其管理制度带有更多中央王朝控制色彩的话，那么万户的设置则主要是在西藏地方原有政教势力基础上，融入蒙古传统体制因素而形成的更具地方色彩的行政体制。忽必烈在《珍珠诏书》中明确给予西藏佛教寺僧免除兵役、劳役和赋税的特权，而西藏地方各势力往往政教结合，僧俗封建领主很难截然划分。因此，八思巴经与各地政教首领商议后，先将所有民户划分为拉德(寺属民户)和米德(俗人民户)，再将乌斯藏地区组合划分为13个万户。据《汉藏史籍》记载，每个万户下设10个千户，其中6个千户为拉德，4个千户为米德。米德须向朝廷缴纳赋税并承担维持驿站等劳役。尽管十三万户名称、地望在各种文献中记载不一，但从制度的角度可以肯定的是，万户长均由帝师举荐，皇帝任命，特殊情况下也可由帝师用法旨或宣政院"札付"形式任命，后由皇帝加以确认。千户长及其以下则由帝师直接任命。虽说任命，但被举荐继承者总体上都有世袭背景，或与萨迦昆氏家族关系密切。

在八思巴逝世后不久，萨迦派及昆氏家族内部，以及萨迦派与噶举派几个支系之间发生矛盾并日益激烈，元朝不得不派兵进藏平定乱局，并加强了对西藏地方政教事务的监督和管理。后来，帝师贡噶洛追坚赞为调节和平衡家族内部关系，将昆氏家族划分为4个喇章，萨迦派权势和封爵因此分成了4个彼此并列的小集团，使萨迦昆氏家族势力不断趋弱，不久便在帕竹万户强有力的挑战下迅速分解，失去管治卫藏地区的政教权力。

绛曲坚赞夺取萨迦派权力掌管乌斯藏政教事务得到了元顺帝的正式认可，并被封为大司徒，颁给印信，使西藏地区政教权力的转移具有了合法性。

绛曲坚赞总结萨迦政权经验教训，在确保朗氏家族执掌政教权力的前提下，对制度设计和行政体制进行调整和规范，并以吐蕃时代法典为据，结合元朝法律和西藏地方习惯法，纠正萨迦政权时期在西藏通行蒙古律例的不切实际之处，制定《十五法典》以规范帕竹政权上下各等人员的各类行为。

在政权体制方面，绛曲坚赞吸取萨迦政权的教训，对朗氏家族执掌政教权力的结构进行明确划分，将其大致分为三个系统，各定规则：

第司：帕竹政权最高行政首领。担任第司必须具备两个条件：一是必须是朗氏家族后裔，二是必须是年轻时出家为僧，戒行整洁、德才兼备者。

京俄：帕竹噶举派根本主寺丹萨替寺座主，也是帕竹噶举派和帕竹政权宗教领袖。京俄一般由朗氏家族中佛学功底深厚、修养品行最佳的长老级高僧担任，通常由卸任第司转任，在政教事务中兼有长老和顾问双重身份。第司空缺、年幼等关键时刻，京俄对帕竹政权政教事务起决定性作用。

承嗣者：朗氏家族男性成员，不担任政教职务，专门负责承嗣家族后裔。承嗣者的婚娶对象、妻妾数量、生活待遇、行为操守等都有严格规定。

与此同时，帕竹政权对地方(基层)行政体制也进行了调整和改革，将萨迦时期万户、千户改为宗或谿卡，设宗本、谿堆作为地方行政长官，并将原来万户长、千户长由家族成员世代承袭之制，改由帕竹第司遴选任命，三年一轮换。一般而言，"宗"设在军事战略地位显要之处，而"谿卡"的设置则更看重社会经济条件。

除了这些完全纳入帕竹第司政权行政体系的宗谿外，西藏各地尚有一些地方势力，如后藏萨迦与贡塘、阿里古格与拉达克地方势力等，处于相对独立状态，都有政教结合乃至合一的特点。15世纪后，随着明朝对西藏地方的管理有所加强，取"多封众建"之策，封王赐号，设立机构，任用本地贵族为官，扎巴坚赞"改革"又放松了绛曲坚赞时期的一些管理制度和规定,从而使一些地方家族势力渐长,威胁帕竹政权的权威。16世纪后期,辛夏巴家族崛起,挑战并最终取代帕竹第司建立了新的政权——藏巴汗政权,但在基本政治制度与行政体制上,仍然沿袭帕竹政权的制度体系,而无大的改变。

如前所述,萨迦、帕竹都是在分裂割据时期形成的地方政教势力代表,并先后建立政权,执掌了西藏地方事务,他们共同的特征是家族式政教合一制即一个家族掌握政教两方面权力。藏巴汗政权与萨迦、帕竹政权的最大区别,就在于突破家族式政教合一局面,创立了以地方家族势力与教派势力联合或联盟的形式掌握政权的形态。

三

甘丹颇章政权时期,西藏政治制度在原有传统基础上逐步趋于完备。由于甘丹颇章政权统治时间较长,不同时期影响制度设计的内外因素变化较大,因而西藏地方政治制度表现出较大的变动性,但总体趋势是制度体系因应现实需要变得越来越完善。

甘丹颇章政权的成功建立,缘于西藏格鲁派寺院集团与和硕特蒙古结成联盟,推翻了藏巴汗政权。顾实汗在征服和控制大部分青藏高原地区后,尊五世达赖喇嘛为宗教领袖,建立起蒙藏联合政权,并将卫藏十三万户奉献给五世达赖喇嘛,在拉萨建立了甘丹颇章政权。这一背景,导致甘丹颇章政权的运行在一定程度上摆不脱和硕特汗王的影响甚至左右,顾实汗在世时,这种干预和左右非常明显。

但是,甘丹颇章政权毕竟是西藏格鲁派寺院集团控制的地方政权,五世达赖喇嘛在充分利用和硕特蒙古军事力量保护作用的同时,又想方设法通过一系列措施削弱他们对西藏政教事务的影响。到17世纪后期,甘丹颇章政权已经建立起一套较为完备的行政体系,有效控制卫藏、阿里、康区南部等辖区,和硕特汗王的影响日渐式微。

在这一行政体制中,第巴是最高行政长官。如果说甘丹颇章政权建立之初顾实汗权威隆盛,不但决定第巴人选的择取和任命,而且在相当程度上掌控第巴行政行为,那么在他去世后,第巴的任命权逐渐收归达赖喇嘛,第巴掌政也越来越多地秉尊达赖喇嘛意旨,而不再听命于和硕特汗王。

在此基础上,五世达赖喇嘛着手建立甘丹颇章政权行政机构、职官体系。首先仿照八思巴设立私人侍从机构的传统,设立"十三职司"管理相关事务,然后逐步恢复和设立噶伦、代本、法官、孜本、米本、商务官、税收官、仓储官等官职以及噶伦厦、孜康、雪巴列空、细康列空、朗孜厦列空、柴德列空、喇恰列空等机构,在第巴统领下负责政府各项事务的管理。

与此同时,为了规范各僧俗机构职司的行为,五世达赖喇嘛命第巴索南群培负责制定了《十三法典》,又亲自制定有关座次排序、官服样式、寺院僧额、钤印定制等方面的法令、规章,以确保和巩固格鲁派的统治地位。桑杰嘉措出任第司后,又制定和颁布了《法典明镜二十一条》,以法律的形式明确规定各级官员的选拔、任用标准及其职责权限,使甘丹颇章政权的行政体制和官僚制度逐步趋于完备。

随着甘丹颇章政权的稳固,逐步在卫藏各地恢复、建立了以宗、谿卡为主体的地方(基层)行政管理体系。到18世纪中叶颇罗鼐执政末期,西藏地区共建立了53个宗,其中52个宗的宗本由甘丹颇章政权委派,一个宗属于萨迦法王自治。印度学者萨拉特·钱德拉·达斯(Sarat Chandra Das)于19世纪后期游历卫藏地区,所写《拉萨及中部西藏旅行记》中记载说当时西藏地区一共有53个宗。可见西藏地区宗级地方(基层)行政机构的设置在18世纪初以前即已基本完成,在此后西藏地方行政体制的多次调整、改革中也没有发生什么改变。谿卡的情况相对复杂一些,五世达赖喇嘛在建立、巩固甘丹颇章政权过程中,将西藏地方一部分土地连同属民一起封赠给格鲁派大小寺院,成为寺属庄园,一部分封授给支持格鲁派的地方贵族,成为贵族庄园,剩下的部分留归政府直接支配,称为政府庄园,形成政府、寺院和贵族三大领主三分天下的格局。这些庄园的头目一般都称为谿堆，但因主属关系不同，政治身份有所区别，寺属庄园和贵族庄园的头目由各寺院、贵族支派，一般不包括在甘丹颇章政权职官序列。

随着蒙藏上层矛盾的加深和清朝权威的日渐扩大，起初以赐赠名号的方式间接影响青藏事务的清廷，对西藏政教事务的干预力度不断趋实趋强，从而对西藏地方上层行政体制与制度设计进行了多次调整与改革。

驱准保藏后，清朝中央政府终结了西藏地方蒙藏联合执政的格局，并废除了第巴制，任命4名（后加授颇罗鼐成5人）世俗贵族为噶伦，联合掌政。卫藏战争后，授颇罗鼐郡王衔，令其统领四噶伦总理西藏事务，统合取舍第巴制与噶伦联合执政的利弊，成郡王制，并派设驻藏大臣，加强朝廷对西藏政教事务的监督。这段时期，清廷有意将达赖喇嘛排除出西藏政治事务，实行政教分离，使西藏政治逐步趋向世俗化。

珠尔墨特那木扎勒叛乱后，清廷总结经验教训，制定《酌定西藏善后章程十三条》，再度对西藏地方政治制度与行政体制进行改革，废除郡王制，正式将西藏地方政教权力交由达赖喇嘛掌管，实行政教合一制度。同时提高驻藏大臣地位，扩大其权力，规定西藏地方重大事务由驻藏大臣与达赖喇嘛商议决定。建立噶厦，任命三僧一俗4名噶伦公同掌办西藏地方世俗事务，另设译仓列空，由4名僧官仲译钦莫负责，掌管西藏地方宗教事务。1757年，七世达赖喇嘛圆寂后，清朝中央政府在西藏地方建立摄政制度，命由佛法造诣深、品行声望高的呼图克图代为掌办西藏地方政教事务，直至下一世达赖喇嘛亲政。

驱逐廓尔喀战争后，清廷颁行《钦定藏内善后章程二十九条》，进一步扩大驻藏大臣权力，规定西藏地方噶伦以下僧俗官员俱归驻藏大臣管辖，明确了驻藏大臣在西藏地方的人事任免、宗教监管、军事领导、司法审判、外事交涉、财税管理等权力，并提高班禅额尔德尼地位，西藏地方重大事务由达赖喇嘛、班禅额尔德尼和驻藏大臣共同商议决定。同时设立金瓶掣签制度，规范高层活佛转世流程与最终裁决。至此，清朝中央通过驻藏大臣管理西藏地方政教事务的权力格局与体制结构完全成型，并以法制化形式固定下来。19世纪40年代颁布的《酌拟裁禁商上积弊章程二十八条》，在重申《钦定藏内善后章程二十九条》基本精神的基础上，根据长期以来西藏地方政教事务一直由摄政执掌的情况，对摄政人选资格与权力范围、僧官晋级程序等进行了规范。

四

进入20世纪以来，西藏地方内忧外患，动荡混乱。清廷在清末新政期间对驻藏大臣衙门体制进行了较大调整和改革，以恢复和加强清朝中央对西藏事务的管理，但对西藏地方政教体制影响不大。

辛亥革命后，十三世达赖喇嘛从流亡中回到西藏，颁布《水牛年文告》，推行"新政"。改革和完善行政管理体制，而加强达赖喇嘛、噶厦对西藏地方事务的管理和控制即是新政改革诸多措施中的重要一环。

实际上，十三世达赖喇嘛在1907年任命夏札·班觉多吉、强钦·钦饶强曲白桑、雪康·顿珠彭措三位前噶伦为伦钦，协助临时摄政管理噶厦，即成为日后改革西藏地方权力结构与行政体制的先声。1926年，十三世达赖喇嘛任命其侄贡噶旺秋继任伦钦，并改称为司伦，进一步加强了达赖喇嘛对噶厦的控制。

"新政"启动后，陆续在噶厦内添设了一些新的机构。比如：马基康（藏军司令部）、农务局、盐茶局、银行、机器制造局、邮政电报局、财赋督察局、乌拉督察局、警察局等，并着手清除大贵族世袭垄断重要官职的弊病,整顿吏治,选贤举能。

与此同时,十三世达赖喇嘛还改革和完善地方行政体制,在噶厦和宗谿之间增设区域性行政管理机构——基巧。如:1913年在昌都设立朵麦基巧,基巧即总管,由一噶伦充任,位高权重,故亦称昌都噶厦;1915年设立日喀则基宗,1916年立设霍尔基巧,1917年设立山南基巧。这种区域性行政机构的设立,成为和平解放后西藏自治区行政体制的重要基础,影响深远。另外,当时还根据开埠通商之需,分别设立了亚东基巧和江孜商务总管。

以1912年召集前、后藏各地宗谿头人代表会议作为重要标志,十三世达赖喇嘛加大了民众会议权重,一切重大政教事务均交由这个会议作出决策。民众会议根据议事内容和参会成员规格、范围的不同,分为由译仓列空仲译钦莫和孜康列空孜本构成的核心会议、核心会议基础上增加三大寺堪布和甘丹赤巴构成的中型会议和全西藏各界僧俗头人参加的扩大会议3个规模。作为一种制度设计,民众会议在西藏地方近代政治生活中发挥着重要作用。

这一时期,无论清末新政时期驻藏大臣衙门体制的改革,还是十三世达赖喇嘛新政对噶厦和地方行政体制的调整,以及相关制度措施的改革和完善,都对西藏地方政教体制突破传统局限,顺应时势,走向近代化道路起到了一定作用。

伟大历程 不朽丰碑——西藏和平解放70年简述

西藏自治区党委党史研究室、区地方志办公室 唐雪连

西藏自古以来就是中国不可分割的一部分。近代以来,在帝国主义入侵和封建农奴制度的双重压迫与掠夺下,西藏陷入了空前灾难,生产发展严重停滞,民不聊生,整个社会处于崩溃边缘。

驱逐帝国主义势力,实现祖国统一,推进西藏社会全面发展,维护民族团结,是中国共产党领导的中国人民革命和人民解放战争的重要组成部分,是包括西藏人民在内的全国各族人民的迫切愿望,是西藏社会向前发展的客观要求,是历史发展的必然,是新民主主义革命的继续,也是中国共产党人的初心和使命。

一、和平解放到社会主义制度初步建立

新中国成立后,党中央、毛主席毅然把解放西藏作为中国新民主主义革命的组成部分提上重要议事日程,提出了和平解放西藏的方针。1950年1月24日,中国共产党西藏地区工作委员会(简称"西藏工委")成立,从此西藏有了中国共产党最早的组织机构。通过中央耐心工作和各方促和努力,1951年5月23日,《中央人民政府和西藏地方政府关于和平解放西藏办法的协议》(简称《十七条协议》)签订,西藏实现了和平解放,从此彻底摆脱了帝国主义势力的羁绊,指明了西藏民族解放和发展的道路。为贯彻落实《十七条协议》,从1951年起,中国人民解放军进军西藏,驻守边疆,巩固国防。同时,为加强党在西藏的统一领导,西藏工委相应工作机构于1952年得以组建和完善,下属分工委及市委也逐步成立,开始了党在西藏地区的各项工作。此后,中国共产党领导下的人民解放军和进藏干部职工,模范执行《十七条协议》,大力发展生产,修筑了康藏、青藏、新藏公路,积极开展群众工作,诚心诚意为群众服务,建立起最广泛的爱国统一战线,同反动势力展开坚决斗争,挫败了上层分裂分子的各种破坏,培养选拔了一批忠于党、忠于西藏革命事业的民族干部,争取和凝聚了人心,在西藏站稳了脚跟,经济和社会建设取得了一定的成就。

20世纪50年代,西藏仍然维持着政教合一的封建农奴制度。变革西藏旧的社会制度,实现百万农奴的彻底解放,与全国人民一道步入现代文明社会,是西藏各族群众的共同愿望。但是考虑到西藏的实际情况,中央提出了"慎重稳进"的方针,没有在和平解放后立即进行民主改革,对西藏地方政府寄以极大的耐心,希望以和平的方式实现民主改革。1956年西藏自治区筹备委员会成立后,中央鉴于当时的实际情况,又提出了"六年不改"的方针。1957年4月,为打消西藏地方政府的疑虑,中央大批内撤进藏的军政人员,党培养起来的藏、汉族干部职工、学员由4.5万人减为3700人,在藏汉族干部减少了92%,驻藏部队减少了70%。然而,西藏上层反动势力为维护其黑暗、残酷、腐朽的封建农奴制度"永远不变",在帝国主义势力的支持下,于1959年3月违背历史潮流和西藏人民的意愿,撕毁《十七条协议》,背叛祖国、背叛人民,悍然发动了全面武装叛乱。

为了维护祖国统一和国家安全,维护中华民族的共同利益和西藏广大人民的利益,在西藏各族人民的坚定支持下,党中央、国务院决定解散西藏地方政府,平息叛乱,废除封建农奴制度,进行民主改革。在这一过程中,中国共产党坚持把百万农奴作为基本依靠力量,广泛团结各界爱国人士和一切可以团结的力量。西藏军民团结一致,认真贯彻中央提出的"边平边改"方针,推翻了封建农奴主阶级的反动统治,极大地解放和发展了西藏社会生产力,促进了西藏经济和社会事业的发展,开辟了西藏历史发展的新纪元。

民主改革后,西藏各级人民政权逐步建立,成立了包括6个专署和1个市、1个区与72个县、20个区和

300个乡的各级人民政府。大批民族干部在实践工作锻炼中迅速成长起来，到1965年，西藏农牧区40%以上的乡有了党员，建立了乡党支部，全区藏族和其他少数民族干部达到1.6万名，其中1000多名分别担任各级领导职务。

根据中央"稳定发展"的方针，西藏工委出台了一系列促进生产发展的政策措施，西藏人民群众长期被压抑的劳动积极性和创造性得到前所未有的释放，生产力得以迅速发展。中央人民政府和兄弟省区市大规模地向西藏提供经济和社会事业发展的帮扶与支持，陆续建起水泥、矿业、森工、食品、造纸、轻纺、皮革等中小型企业，西藏的工业和农牧业发展已初具规模，西藏的文化教育和卫生体育等事业也出现了蓬勃发展的新局面，人民群众的物质生活和精神面貌发生了巨大变化。

1965年9月1日，西藏自治区正式成立，西藏工委更名为中国共产党西藏自治区委员会，各分工委改称中共地方委员会，西藏开始实行民族区域自治制度。

在此后的"文化大革命"期间，西藏地区既有与全国相一致的共性，又有其特殊的演进过程。从"文化大革命"一开始，党中央、国务院、中央军委就明确规定边境地区县不搞"文化大革命"。人民解放军在肩负"三支两军"任务的同时，牢固守卫着祖国边防，使"文化大革命"对西藏工作的损害受到了一定程度的限制，使祖国的西南边防得到巩固。西藏各级党政组织领导西藏各族人民排除干扰破坏，有计划有步骤地进行了社会主义改造，使农牧业、工业的机械化水平得到提高，各项建设事业在曲折中仍有发展，为西藏以后的现代化发展奠定了社会基础和物质基础。与1965年相比，1974年，西藏的工矿企业由80个增加到218个，主要工业产品由18种增加到70种，发电量增长6.7倍，滇藏公路、中尼公路先后建成通车，格尔木至拉萨输油管线建成。与此同时，西藏各级党组织抓紧培养民族干部，一大批优秀的民族干部成长起来，新一代民族知识分子队伍开始形成。1965年至1976年，西藏自治区民族干部从7608人增加到16790人，增长1.2倍。

从和平解放到进行社会主义革命，确立社会主义基本制度，这是中国共产党团结带领西藏各族人民进行的伟大创造，体现了西藏人民的意愿，顺应了历史发展的潮流。这场西藏有史以来最为广泛而深刻的社会变革，为当代西藏一切发展进步奠定了根本政治前提和制度基础，为开创中国特色社会主义在西藏的实践提供了宝贵经验、理论准备、物质基础，西藏人民翻身解放，实现了站起来的伟大飞跃。

二、从改革开放到社会主义现代化建设新时期

1978年，党的十一届三中全会的召开，开启了我国改革开放和社会主义现代化建设新时期。西藏自治区各级党政组织大力拨乱反正，认真落实政策，积极发展各项建设事业，西藏进入了改革开放和社会主义现代化建设的新时期。

在揭批"四人帮"的同时，自治区成立了落实政策办公室，组织力量全面贯彻落实干部政策、纠正冤假错案的工作，一大批领导干部恢复工作，对稳定西藏形势、发展生产起了重要作用。

为了恢复和发展生产，1978年9月，自治区党委颁布了《关于农村经济政策若干问题的规定》《关于牧区人民公社几个政策的规定》，使农牧民有了一定的发展生产的自主权，促进了农牧副业生产。1979年1月，自治区党委和西藏军区党委召开扩大会议，贯彻党的十一届三中全会精神，决定切实把党的工作重点转移到社会主义现代化建设上来。接着，自治区党委出台了相应政策，决定集中三年时间对国民经济进行"调整、改革、整顿、提高"，把农牧业这个西藏国民经济的基础搞好，工交、财贸、基本建设、文教卫生

等其他事业围绕加快农牧业发展进行调整，把西藏经济纳入按比例地稳步发展的轨道。为统一人们对改革的思想认识，1979年9月23日，自治区党委发出《关于开展真理标准问题讨论补课的通知》，在全区开展了真理标准讨论的补课。

为促进西藏发展，在邓小平同志关怀下，中央于1980年3月14日至15日，在北京召开了第一次西藏工作座谈会，批转了《西藏工作座谈会纪要》，明确了西藏面临的任务及需要制定的方针和若干政策问题，提出西藏的中心任务是从西藏实际出发，千方百计地医治"文化大革命"创伤，发展国民经济，提高人民的物质生活水平和科学文化水平，建设边疆，巩固国防，有计划、有步骤地使西藏兴旺发达、繁荣富裕起来。1980年5月，胡耀邦等中央领导同志到西藏考察指导工作，提出在西藏办好六件大事，主要内容包括：在中央统一领导下，充分行使民族区域自治的权利；坚决实行休养生息的方针，减轻群众负担；经济上对西藏实行特殊灵活政策，促进西藏经济发展，建设团结、富裕、文明的新西藏。中央第一次西藏工作座谈会对西藏各项事业的恢复和发展产生了深远的影响，进一步促进了西藏在政治路线和思想路线上的拨乱反正，解放了思想，提高了一切从西藏实际出发，探索加快西藏发展新路子的自觉性。这次中央西藏工作座谈会一个非常突出的特点就是对西藏实行休养生息的方针，在政策上给予西藏一系列特殊照顾，从人力、物力、财力上给予巨大的支持，给西藏落后薄弱的经济基础以有力的扶持，增强了西藏经济竞争的实力和经济的自身活力。这次座谈会提出的建设团结、富裕、文明的新西藏战略奋斗目标，对西藏人民是巨大的鼓舞，看到了现代化的光明前景，极大地激发了西藏人民追赶先进地区的热情和信心，为西藏的历史性转折奠定了基础。

为进一步加快西藏的发展速度，中央于1984年2、3月间又召开了第二次西藏工作座谈会。这次座谈会总结了1980年以来的西藏工作经验，从认识论的角度对西藏的特殊性进行了一次"再认识"，研究了对西藏进一步放宽政策，千方百计加快西藏发展的问题，提出工作中心是把经济搞上去，使人民尽快地富裕起来。为了贯彻中央第二次西藏工作座谈会精神，自治区党委制定出台了《西藏自治区关于农牧区若干政策的规定》等一系列政策，进一步调动了生产者的积极性，使生产力得到进一步解放，标志着西藏经济改革的全面启动，以及由计划经济体制向社会主义市场经济体制转轨的开始。1984年8月19日至31日，中共中央书记处书记胡启立、国务院副总理田纪云等到西藏调查研究指导工作，向党中央、国务院提交了调查报告。在此基础上，中央为西藏制定了"两个为主"和"两个长期不变"的方针，自治区党委、政府相继出台了一系列配套政策，并迅速在全区推广，农牧民群众生产积极性得到空前地调动，加快了西藏农牧经济的发展。与此同时，自治区党委从1986年到1987年在全区开展了"一切从西藏实际出发"的大讨论。这些政策和措施，使人们树立了坚持从西藏实际出发的观点，进一步促进了思想解放，提高了农牧业生产水平，推动了商品经济的发展。

20世纪80年代中后期，苏东社会主义阵营相继出现危机，一些西方国家加大了对中国实施"和平演变"的力度，把西藏作为对中国"和平演变"的突破口。1987年起，内外分裂主义势力互相配合和呼应，先后在拉萨多次制造大规模骚乱事件，严重危害了西藏人民的利益，破坏了安定团结的政治局面和正常的社会生产、生活秩序，使西藏经济社会发展遭受了重大损失，引起了党中央的高度重视。1988年6月15日至29日，中共中央政治局常委乔石率调研组赴西藏进行调查研究。12月29日，党中央针对西藏极其复杂的形势发出了《当前西藏工作的几个问题》的指示，对西藏的反分裂斗争、民族团结、经济工作、干部队伍、落实政策、统一战线、党的建设等作出了明确指示。12月底，党中央任命胡锦涛同志为西藏自治区党委书记。胡锦涛同志在调研的基础上审时度势提出"一手抓稳定局势，一手抓经济建设"两手抓的方针，坚持在稳定中求发展，提出以"四个理直气壮"指导宣传舆论工作，增强人民群众对党和政府的信任感和向心力。在党中央坚强领导下，拉萨市实行戒严，一举平息了延续三年的骚乱，迅速恢复了拉萨市乃至全区的正常社会秩序，沉重打击了境内外分裂主义势力的嚣张气焰，有力维护了西藏社会稳定和国家安全，夺取了反分裂斗争重大胜利。

党的十三届四中全会以后，江泽民总书记于1989年10月主持召开中央政治局常委会议，专门研究西藏问题。会议听取了西藏自治区党委书记胡锦涛同志代表区党委所作的工作汇报,形成了《中央政治局常委讨论西藏工作会议纪要》,提出了旨在稳定西藏社会局势、发展西藏经济的"十条意见",指出西藏工作要紧紧抓住"两件大事",即政治局势的稳定和发展经济。这是党中央在新的历史条件下,综合分析国际、国内形势,立足西藏实际,对西藏的长远发展和当前工作作出的一系列重大决策,为西藏的社会稳定和经济发展明确了指导思想和工作思路,初步形成了党的第三代领导集体的治藏方略,成为新时期西藏工作的转折点。1990年7月,江泽民同志到西藏视察指导工作,提出了一系列具有长远指导意义的治藏思想。为认真贯彻中央政治局常委讨论西藏工作会议精神,自治区党委相继召开三届八次全委(扩大)会议和中共西藏自治区第四次党代会,进一步明确了西藏工作的基本思想。1991年,自治区制定颁布了《西藏经济社会发展战略》,这是西藏的第一个经济发展远景规划。从此,西藏经济建设逐步走上了正确的轨道,社会局势逐步走向稳定。

1992年,邓小平同志发表"南方谈话"和党的十四大召开,全国进入计划经济体制向社会主义市场经济体制转轨阶段。在全国形势的带动下,西藏经济进入蓬勃发展的新阶段。为推进西藏从计划经济体制向社会主义市场经济体制转变,自治区党委、政府于1992年先后制定出台了《关于深化改革扩大开放的决定》等重大决策部署和战略规划,确立了以解放思想为先导,以改革开放为动力,以农牧业为基础,以开放利用优势资源和适度超前发展基础设施建设为重点,以科教兴藏战略为保障的发展思路。西藏改革开放从此有秩序、健康地向更深层发展。

为进一步扶持西藏发展,1994年7月,中央召开第三次西藏工作座谈会。这次会议从战略全局的高度研究西藏工作,确定了西藏在全国所处的战略地位,深刻提出:"决不能让西藏从祖国分裂出去,也决不能让西藏长期处于落后状态"。会议从西藏的实际出发,制定了坚持以经济建设为中心,紧紧抓住发展经济和稳定局势两件大事,确保西藏经济的加快发展,确保社会的全面进步和长治久安,确保人民生活水平的不断提高这一新时期"一个中心、两件大事、三个确保"的西藏工作指导方针。会议进一步明确了对十四世达赖集团斗争的方针、政策和策略,在政治上举起了公开揭批十四世达赖的旗帜,制定了加快发展、维护稳定的具体政策措施,作出了全国支援西藏的重大决策,在投资、金融、财税、企业改革等方面确定了更加优惠的政策,增强了西藏经济的发展后劲,是新时期西藏工作的一个重要里程碑。

1999年6月,中央作出了实施西部大开发的战略决策,为巩固发展西藏已开始形成的大好局面,使西藏在西部大开发中能更好地发展,中央在2001年6月及时召开了第四次西藏工作座谈会,明确了新世纪初西藏工作的指导思想和促进西藏经济社会从加快发展到跨越式发展,促进西藏社会局势从基本稳定到长治久安,进一步加强党的建设的历史任务,加大了对口援藏的力度,决定对口援藏工作在原定十年的基础上再延长十年,扩大对口支援范围,对西藏实行"收入全留、补助递增、专项扶持"的财政补贴政策,为西藏在新世纪跨越式发展和长治久安提供了有力保证。

党的十六大召开后,西藏自治区党委掀起了深入学习贯彻落实十六大精神和"三个代表"重要思想的新高潮,进一步统一思想,明确工作思路,团结带领全区各族干部群众为实现"一加强,两促进"的历史任务而奋斗。在2005年9月西藏自治区成立40周年庆典前夕,中共中央政治局召开会议,专题研究进一步做好新世纪新阶段西藏工作。会议指出,西藏处于同达赖集团和支持他们的国际敌对势力斗争的前沿,同达赖集团及支持他们的国际敌对势力的斗争仍然处于尖锐复杂的时期。做好西藏工作必须以邓小平理论和"三个代表"重要思想为指导,坚持中国共产党的领导、坚持社会主义制度、坚持民族区域自治制度,树立和落实科学发展观,以经济建设为中心,紧紧抓住发展和稳定两件大事,确保西藏经济社会实现跨越式发展,确保国家安全和西藏长治久安,确保西藏各族人民生活水平不断提高。同时,中央派出以中共中央政治局常委、全国政协主席贾庆林为团长的中央代表团进藏参加祝贺西藏自治区成立40周年庆典。

西方敌对势力和达赖分裂集团不愿看到西藏发展和稳定的大好局面,千方百计地进行破坏和捣乱。2008年,为破坏奥运会在北京举办,境内外"藏独"分裂势力相互勾结,精心策划,有组织、有预谋地制造了骇人听闻的拉萨"3·14"打砸抢烧严重暴力犯罪事件,给人民群众生命财产造成重大损失。西藏自治区按照中央精神,依法果断打击不法分子,迅速平息事态,维护了国家法制,维护了社会稳定,维护了西藏各族群众的根本利益,取得了一场反对分裂、维护祖国统一和民族团结斗争的伟大胜利。为帮助西藏尽快克服拉萨"3·14"打砸抢烧严重暴力犯罪事件的影响,支持西藏经济社会保持较快发展势头,国务院下发《关于近期支持西藏经济社会发展的意见》,针对西藏经济社会发展中需要解决的主要问题,出台了一系列优惠政策,在促进旅游等产业恢复发展、加快重点项目实施、支持有关公共服务设施的修复和建设等7个方面给予扶持。

面对汶川特大地震、暴雪灾害和国内经济增长放缓、国际金融危机等重大挑战与考验,西藏自治区党委认真贯彻落实中央部署,积极实施西藏经济发展战略,坚持走有中国特色、西藏特点的发展路子,在艰难曲折中保持了跨越式发展的良好势头、社会局势的基本稳定、人民群众生活的更大改善。在反分裂斗争取得阶段性胜利,斗争形势仍然尖锐复杂的关键时候,西藏自治区九届人大二次会议于2009年1月19日表决通过了《西藏自治区人民代表大会关于设立西藏百万农奴解放纪念日的决定》,将每年的3月28日设立为西藏百万农奴解放纪念日,以纪念西藏百万农奴翻身得解放。为了更有力地解决西藏民生问题,进一步改善农牧民的生产生活条件,自2006年开始,西藏自治区党委、政府把改善农牧民生产生活条件、增加农牧民收入作为首要任务,把保障和改善民生作为出发点和落脚点,以安居乐业为突破口,扎实推进社会主义新农村建设,尽快使农牧民富裕,让各族群众共享改革发展成果。

2010年1月18日至20日,中央召开第五次西藏工作座谈会,全面总结了西藏发展稳定取得的成绩和经验,深刻分析了西藏工作面临的形势和任务,明确了当前和今后一个时期做好西藏工作的指导思想、主要任务和工作要求,对推进西藏实现跨越式发展和长治久安作出了战略部署,丰富和发展了党的治藏方略。会议提出要使西藏成为重要的国家安全屏障、重要的生态安全屏障、重要的战略资源储备基地、重要的高原特色农产品基地、重要的中华民族特色文化保护地、重要的世界旅游目的地。会议形成了《中共中央、国务院关于推进西藏跨越式发展和长治久安的意见》,指出,当前西藏的社会主要矛盾仍然是人民日益增长的物质文化需要同落后的社会生产之间的矛盾。同时,西藏还存在着各族人民同以达赖集团为代表的分裂势力之间的特殊矛盾。西藏存在的社会主要矛盾和特殊矛盾决定了西藏工作的主题必须是推进跨越式发展和长治久安。会议确定了援藏资金稳定增长机制,大大缓解了西藏跨越式发展的瓶颈制约,使社会主义新西藏走在科学发展的道路上,将西藏工作推向了新阶段。中国共产党在改革开放和社会主义现代化建设新时期团结带领西藏各族人民实现了从站起来到富起来的伟大飞跃。

三、走进中国特色社会主义新时代

党的十八大以来,以习近平同志为核心的党中央确定了全面建成小康社会和全面深化改革开放的目标。党的十八届三中、四中、五中、六中全会分别对全面深化改革、全面依法治国、全面建成小康社会、全面从严治党作出重大战略部署;党的十九大明确继续坚持和完善中国特色社会主义制度,推进国家治理体系和治理能力现代化的改革总目标,明确把坚持全面深化改革作为一项基本方略,就继续推进全面深化改革开放作出了重大部署。中国共产党在中国特色社会主义新时代团结带领西藏人民与全国人民一道迎来中华民族从富起来到强起来的伟大飞跃,迎来实现中华民族伟大复兴的光明前景。

党的十八大以来,习近平总书记把西藏工作在党和国家工作全局中的重要战略地位提升到了前所未有的高度,作出了"治国必治边、治边先稳藏"的重要论述,作出了"加强民族团结、建设美丽西藏"等重要指示,对第二次青藏高原综合科考等作出重要批示,亲自给隆子县玉麦乡群众回信,给西藏民族大学建校60周年致贺信,为我们做好新时代西藏工作提供了根本遵循。2015年8月,习近平总书记亲自主持召开中央第六次西藏工作座谈会并发表重要讲话,明确了新形势下西藏工作的指导思想和目标任务,提出了党的治藏方略和依法治藏、富民兴藏、长期建藏、凝聚人心、夯实基础的重要原则,指明了西藏工作的着眼点和着力点、出发点和落脚点,确定了"十二五""十三五"中央支持西藏的一大批重点建设项目,制定了惠及全区各族干部群众的一系列特殊优惠政策,成为党的西藏工作历史上又一个划时代的重要里程碑。在全国迈入新时代发展的关键阶段,中央第七次西藏工作座谈会于2020年8月28日至29日在北京召开,习近平同志发表重要讲话。他指出,党的十八大以来,西藏工作面临的形势和任务发生深刻变化,我们深化对西藏工作的规律性认识,总结党领导人民治藏稳藏兴藏的成功经验,形成了新时代党的治藏方略。做好西藏工作,必须坚持中国共产党领导、中国特色社会主义制度、民族区域自治制度,必须坚持治国必治边、治边先稳藏的战略思想,必须把维护祖国统一、加强民族团结作为西藏工作的着眼点和着力点,必须坚持依法治藏、富民兴藏、长期建藏、凝聚人心、夯实基础的重要原则,必须统筹国内国际两个大局,必须把改善民生、凝聚人心作为经济社会发展的出发点和落脚点,必须促进各民族交往交流交融,必须坚持我国宗教中国化方向、依法管理宗教事务,必须坚持生态保护第一,必须加强党的建设特别是政治建设。新时代党的治藏方略是做好西藏工作的根本遵循,必须长期坚持、全面落实。习近平总书记的重要讲话全面总结了中央第六次西藏工作座谈会以来的工作成绩和经验,深入分析了当前西藏工作面临的形势,阐释了新时代党的治藏方略和做好西藏工作的指导思想,明确了当前和今后一个时期西藏工作的目标任务、方针政策、战略举措。

自治区第九次党代会以来,在历届自治区党委、政府打下的良好工作基础上,自治区党委、政府牢固树立"四个意识",坚定"四个自信",做到"两个维护",始终把西藏工作放在党和国家大局中来谋划,认真贯彻落实新时代党的治藏方略,始终坚持以人民为中心的发展思想,贯彻落实新发展理念,紧紧围绕使市场在资源配置中起决定性作用和更好发挥政府作用,着力深化经济体制改革,以供给侧结构性改革为主线,以处理好"十三对关系"为根本方法,坚持越改越好、越改越符合实际、越改越对群众有利,加强对中央改革整体谋划的承接,着力推动改革举措落地生根,突出重点、攻克难点,从9个领域46个方面搭建起全区改革主体框架,形成改革成果800余项,各项事业取得新的重大成就,有力推动了全面建成小康社会迈出重大步伐,使西藏进入改革开放以来最好的发展时期之一。

坚持以人民为中心的发展思想,抓住教育、医疗、社会保障、就业等重点领域深化改革,基本公共服务均等化程度不断提高,城乡居民收入增速超过经济增速,社会事业加快发展,城乡面貌发生深刻变化。特别是聚焦深度贫困地区和特殊贫困群体,用绣花的功夫全力推进精准扶贫精准脱贫,惠及230万农牧民的安居工程全面完成,脱贫攻坚战取得决定性进展,全区脱贫攻坚任务基本完成。覆盖城乡的社会保障体系基本建立,城乡低保等多项惠民政策连续提标扩面,城乡居民医疗保险实现全覆盖,孤儿和有意愿的五保老人实现集中供养。国家统计局专项调查结果显示,全区群众对生活现状的满意度超过97%,对全面建成小康社会的信心达到97.3%。

按照党中央西藏工作的着眼点和着力点必须放到维护祖国统一、加强民族团结上来,核心是做好反分裂工作、维护国家安全的决策部署,大力推进社会治理改革创新,着力推动社会治理从"要我稳定"向"我要稳定"转变,构建起维护社会稳定长效机制,西藏各族群众的安全感和拉萨市公共安全感,连续多年位居全国前列。

按照党中央保护好青藏高原生态就是对中华民族生存和发展最大贡献的决策部署,牢固树立绿水青山就是金山银山、冰天雪地也是金山银山的理念,自觉把经济社会发展同生态文明建设统筹起来,坚持"生态保护第一"的原则,大力推进生态文明体制改革,确保了雪域高原天蓝地绿水清。

认真贯彻党中央关于全面推进依法治国的重大决策部署,稳妥慎重推进民主法治领域改革,科学立法、严格执法、公正司法、全民守法深入推进,法治西藏、法治政府、法治社会建设相互促进,开创了全面依法治藏的新境界。

全面加强党对意识形态工作的领导,深化文化领域管理体制机制改革,积极推进宣传思想文化理念创新、内容创新、手段创新、制度创新,文化事业和文化产业蓬勃发展,唱响了主旋律、传播了正能量,为实现西藏长足发展和长治久安提供了有力思想保证、精神力量、道德滋养和文化条件。

按照党中央把党的政治建设摆在首位、以党的政治建设为统领的决策部署,深入推进党的建设制度改革,推动全面从严治党向纵深发展,开创了党的建设新局面,各级党组织的创造力、凝聚力、战斗力和领导力显著增强,为西藏各项事业取得历史性成就、发生历史性变革提供了坚强政治保证。坚持用党在各个历史时期的最新理论成果武装广大党员干部头脑,先后组织开展了学习实践科学发展观活动、党的群众路线教育实践活动、"三严三实"专题教育、"两学一做"学习教育、"不忘初心、牢记使命"专题教育、党史教育学习等,广大党员干部的"四个意识"显著增强,理想信念更加坚定,党性更加坚强。完善干部培养选拔使用、管理监督以及基层组织和人才队伍建设等党内法规制度体系,党建工作制度化规范化水平不断提升。健全完善经常性整顿软弱涣散基层党组织机制,机关干部到村担任党支部第一书记实现全覆盖,村(居)"两委"班子成员中党员比例达到100%。稳步推进纪检监察体制改革,构建党统一指挥、全面覆盖、权威高效的监督体系;狠抓中央八项规定精神落实,驰而不息纠正"四风",不断深化政治巡视巡察,强化党对反腐败工作的集中统一领导,反腐败斗争压倒性态势已经形成并巩固发展,营造了西藏风清气正的政治生态。

七十年筚路蓝缕,七十年辉煌成就。新时代,中国共产党将带领西藏各族人民再接再厉踏上新征程,高举中国特色社会主义伟大旗帜,坚持以习近平新时代中国特色社会主义思想为指导,全面贯彻党的十九大和十九届二中、三中、四中、五中全会及中央第七次西藏工作座谈会精神,全面贯彻总书记关于西藏工作的重要论述和新时代党的治藏方略,正确处理好"十三对关系",以推动高质量发展为主题,以深化供给侧结构性改革为主线,全力抓好稳定、发展、生态、强边四件大事,确保国家安全和长治久安,确保人民生活水平不断提高,确保生态环境良好,确保边防巩固和边境安全,在全面建成小康社会基础上,到2035年基本实现社会主义现代化,到本世纪中叶建成富裕民主文明和谐美丽的社会主义现代化西藏,与全国人民一道实现中华民族的伟大复兴。

展品名称汉藏英对照

鹦鹉螺化石
ཉ་དབྱིབས་དུང་གི་འགྱུར་རྡོ།
Nautitlus Fossil

牙饰
དུས་རྒྱན།
Teeth Decorations

尖状器
རྡོ་ཆས་རྩེ་མོ་ཅན།
Pointed Implement

石铲
རྡོ་ཁྱེམ།
Stone Spade

手斧
སྟ་རེ།
Hand axe

骨珠
དུས་ཕྲེང་།
Bone Beads

尼阿底石器
ཉ་དེལ་གནན་ཕུལ་ནས་ཐོན་པའི་རྡོ་ཆས།
Stone Implements Unearthed in Nwya Devu Site

齿状器
སོག་ལེའི་དབྱིབས་ཀྱི་དུས་ཆས།
Bone-tooth-shaped Ware

穿孔石球
རྡོ་རིལ་ཁུང་བུ་ཅན།
Perforated Stone Balls

石磨盘
རྡོའི་དབྱར་གཞོང་།
Stone Saddle Quern

穿孔石刀
རྡོ་གྲི་ཁུང་བུ་ཅན།
Perforated Stone Knives

磨石
དབུར་རྡོ།
Stone Roller

陶塑猴面贴饰
སྤེལ་གདོང་ཅན་གྱི་རྫ་རྒྱན།
Monkey-face Pasting Decoration

石斧
རྡོའི་སྟ་རེ།
Stone Axes

玉锛
གཡང་ཞེའི་ཏེན་ཆག །
Jade Adzes

研色盘
དབུར་གཞོང་།
A Slate for Grinding Paint

骨针
དུས་ཁབ།
Bone Needles

青稞碳化粒
ནས་འགྱུར་གྱི་ནས་རྡོག །
Ancient Barley Carbonized Particles

骨锥
དུས་སྣུན།
Bone Awls

磨光黑陶单耳罐
རྫ་ཁོག་ལུང་རྒྱང་མ།
The Polished Black Pottery Jar with Single Handle

石项饰
རྡོའི་མགུལ་རྒྱན།
A String of Stone Neck Decoration

石网坠
ཉ་རྒྱའི་སྦྲེད་རྡོ།
Stone Net Pendant

小口鼓腹罐
ར་ཁོག་ལྟོ་སྦྲིར་མ།
Jar in the Shape of Small Mouth and Swelling Belly

"豹追鹿"岩画
གཟིག་གིས་ཤ་བ་འདེད་པའི་བྲག་བཀོས་རི་མོ།
Rock Painting "Leopard Chasing Deer"

康玛石构遗迹
ཁང་དམར་རྡོ་རིང་གནན་ཤུལ།
Stones Ruins in Kangma

铁柄铜镜
ཞངས་ཀྱི་མེ་ལོང་ལྕགས་ཡུ་ཅན།
Bronze Mirror with Iron Handle

铜釜与茶叶
ཟངས་སྟོད་དང་ཇ་ལོ།
Copper Boiler and Tea

"王侯"文鸟兽纹锦
ཞང་བློ་རྒྱ་ཡིག་དང་འདབ་ཆགས་གཅན་གཟན་རིས་ཀྱི་དར་གོས།
Brocade Designed with the Pattern of Bird and Animal
and Character of King

黄金面具
གསེར་ཀྱི་འབག །
Gold Mask

金银饰件
གསེར་དངུལ་གྱི་རྒྱན་ཆ།
Gold and Silver Ornaments

方形金牌饰
གསེར་རྒྱན་གྲུ་བཞི་མ།
Square-shaped Gold Decorations

管状金饰
སྦུ་གུའི་དབྱིབས་ཀྱི་གསེར་རྒྱན།
Tube-shaped Gold Decorations

金箔
གསེར་ཤོག །
Gold Foil

金耳饰
གསེར་གྱི་རྣ་རྒྱན།
Gold Earring

金指环
གསེར་གྱི་སོར་གདུབ།
Gold Rings

镂空金饰
གསེར་རྒྱན་ཚག་དགྲོལ་མ།
Hollowed Gold Decorations

镀金铜扣件
གསེར་ཞངས་ཀྱི་རྒྱན་ཆ།
Gild Copper Fastenings

马形金饰
གསེར་རྒྱན་རྟ་དབྱིབས་མ།
Horse-shaped Gold Decorations

羊形金饰
གསེར་རྒྱན་ལུག་དབྱིབས་མ།
Sheep-shaped Gold Decorations

银指环
དངུལ་གྱི་སོར་གདུབ།
Silver Rings

圆形金饰
གསེར་རྒྱན་ཟློམ་དབྱིབས་མ།
Circular Gold Decorations

萨珊银币
ས་ཐན་དངུལ་ཁམ།
Silver Coins of Sassanid Empire

敦煌文献《650-671年间吐蕃大事纪年》
དུན་ཧོང་ཡིག་ཆ《650-671ལོའི་དབར་གྱི་དོན་ཆེན་གནད་བསྡུས》
Dunhuang Manuscript, *Annals of Great Events in Tubo Period
from the Year 650 to 671*

德乌穷摩崖石刻
ལྡེའུ་ཆུང་བྲག་བཀོས་ཡི་གེ །
Lde `u Chung Cliff Inscription

"克吾"印章

ཁའུ་ཐམ་ག །

The Seal of "Kewu" Unearthed in Lie Shan Tomb

铜环

ཟངས་ཀྱི་ཨ་ལོང་།

Copper Ring

噶琼寺石碑

སྐར་ཆུང་རྡོ་རིང་།

Residual of the Stone Tablet in Skr Chung Monastery

铁器残件

ལྕགས་རིགས་ལོ་ཆས།

Iron Broken Wares

吾香拉康碑座

ཨུ་ཤང་ལྷ་ཁང་གི་རྡོ་རིང་རྟེན་གཞི།

Stele Pedestal of `U Shng Lakhang

铜铃

ཟངས་ཀྱི་གཡེར་ཁ།

Copper Bell

《医疗成就精华》

《གསོ་རིག་གསོ་དཔྱད་སྙིང་འདུད》

Tibetan Medicine Collection of Bon Religion

铜锥状器

ཟངས་ཆས།

Copper Cone

石刻围棋盘及棋子

རྡོའི་མིག་མངས་དང་རྡེའུ་དཀར་ནག །

Stone "Go" Board and "Go" Pieces

藤盾

ཕྲ་ཕུབ།

Rattan Shields

那龙墓葬

ན་ལུང་དུར་ས།

Nalong Tomb

皮盾

ཀོ་བའི་ཕུབ།

Leather Shield

青铜饰件

ལི་མའི་རྒྱན་ཆ།

Bronze Accessories

铁甲衣

ལྕགས་ཁྲབ།

Iron Armour

铜花扣式

ཟངས་ཀྱི་རྒྱན་ཆ་མེ་ཏོག་མ།

Copper Flower Buckles

战刀

གྲི་ལང་།

Sabre

绿松石饰件

གཡུའི་རྒྱན་ཆ།

Turquoise Ornament

铁箭镞

མདའ་རྗེ།

Iron Arrowheads

玛瑙饰件

མན་ཆོའི་རྒྱན་ཆ།

Agate Ornament

箭杆

མདའ།

Arrow Shafts

金耳勺

གསེར་གྱི་ར་མལ།

Gold Ear Pick

头盔

རྨོག །

Helmet

铁矛

མདུང་།

Iron Spear

铁枪筒

མེ་མདའི་ལག་ཆས་དུམ།

Iron Gun Barrels

普兰观音碑

སྤུ་ཧྲེང་སྤྱན་རས་གཟིགས་རྡོ་རིང་།

Stele of Avalokiteśvara in Burang

铁锄

ལྕགས་ཀྱི་ཙོ་མ།

Iron Hoe

铁犁

ལྕགས་ཀྱི་ཐོང་གཤོལ།

Iron Plough

铁马掌

རྨིག་ལྕགས།

Iron Horseshoes

铁锅

ལྕགས་ཀྱི་སྐྱ་ང་།

Iron Pot

石锅

རྡོའི་སྐྱ་ང་།

Stone Pot

古格故城木柱及托木

གུ་གེ་གཞན་ཕྱུལ་གྱི་ཀ་བ་གདུང་འདེགས།

Wood Pillar and Bolster of Guge Palace Ruins

"大唐天竺使之铭"石刻

འབགས་ཡུལ་དུ་མངགས་པའི་ཐང་གི་བོ་ཉའི་བྲག་བརྐོས་ཡི་གེ །

Inscription of *the Tang Envoys Went to Hindu*

琵琶

པི་ཝང་།

The Pipa

龙头三弦琴

ཀླུད་གསུམ་སྒྲ་སྙན་འབྲུག་མགོ་མ།

Trichord with Dragon Head

西域根恰琴

ནུབ་གློངས་ཀྱི་རོལ་ཆ།

A Plucked Stringed Instrument Named "Genqia"

西域箜篌

ནུབ་གློངས་ཀྱི་རོལ་ཆ།

The Harp from the Western Regions

木俑

ཤིང་བཀོས་ཀྱི་སྐུ་བརྙན།

Wooden Figurine

崇宁重宝

བང་རིམ་ཆོས་སྡེ་དགོན་ནས་རོན་པའི་ཁྲུང་ཉིང་ཀྱུང་པོ།

Chongning Zhongbao, Ancient Coin Casted in the Year of Chongning

《八千颂》贝叶经

《འབགས་པ་ཤེས་རབ་ན་རོལ་ཏུ་ཕྱིན་པ་བརྒྱད་སྟོང་པ》ཏུ་ལྦེ་ལོ་མའི་ཕྱག་དཔེ།

The Prajnaparamita in Eight Thousand Verses of Palm-leaf Manuscript

《声明要领二卷》

《སྒྲ་སྦྱོར་བམ་གཉིས》

Two Volumes on the Main Points of Prosody

《旁塘目录》

《དཀར་ཆག་འཕང་ཐང་མ》

Bangtang Catalogue

《苯教仪轨集》

《བོན་གྱི་ཆོག་འདུས་མ》

Collections of Bon Rituals

桦树皮经书

གྲོག་ཤིང་ཤུན་གྱི་ཕྱག་དཔེ།

Buddhist Scripture Written in Birch Bark

合金释迦牟尼坐像

ལི་མའི་ཤཱཀྱ་ཐུབ་པའི་བཞུགས་སྐུ།

Alloyed Sitting Statue of Shakyamuni

合金莲花手观音坐像

ལི་མའི་སྤྱན་རས་གཟིགས་ཕྱག་ན་པད་མོའི་བཞུགས་སྐུ།

Alloyed Sitting Statue of Lotus Hand Avalokiteśvara

艾旺寺泥塑菩萨头像

ཨེ་ཝོཾ་དགོན་འཇིམ་བཟོའི་བྱང་ཆུབ་སེམས་དཔའི་དབུ་བརྙན།

Clay Statue of Bodhisattva Head in Aiwang Monastery

合金金刚勇识像

ལི་མའི་རྡོ་རྗེ་སེམས་དཔའ།

Alloyed Sitting Statue of Vajrasattva

忿怒天王唐卡

ཁྲོ་བོ་མི་གཡོ་བའི་རས་བྲིས་ཐང་ཀ །

Thangka of the Wrathful King of Heaven

铜鎏金释迦牟尼立像

གསེར་ཟངས་ཀྱི་ཤཱཀྱ་ཐུབ་པའི་བཞེངས་སྐུ།

Gilded Copper Standing Statue of Shakyamuni

金刚亥母唐卡

རྡོ་རྗེ་ཕག་མོའི་རས་བྲིས་ཐང་ཀ །

Thangka of Vajravārāhī

铜鎏金释迦牟尼坐像

གསེར་ཟངས་ཀྱི་ཤཱཀྱ་ཐུབ་པའི་བཞུགས་སྐུ།

Gilded Copper Sitting Statue of Shakyamuni

释迦牟尼唐卡

ཤཱཀྱ་ཐུབ་པའི་རས་བྲིས་ཐང་ཀ །

Thangka of Buddha Shakyamuni

合金释迦牟尼立像

ལི་མའི་ཤཱཀྱ་ཐུབ་པའི་བཞེངས་སྐུ།

Alloyed Standing Statue of Shakyamuni

除盖障菩萨唐卡

སྒྲིབ་པ་རྣམ་སེལ་གྱི་རས་བྲིས་ཐང་ཀ །

Thangka of Sarvanīvaraṇa-viṣkambhin Bodhisattva Mahā-sattva

合金狮吼文殊菩萨坐像

ལི་མའི་འཇམ་དཔལ་དབྱངས་ཀྱི་བཞུགས་སྐུ།

Alloyed Sitting Statue of Manjusri

阔端敦请萨迦班智达·贡噶坚赞令旨

གོ་དན་གྱིས་ས་པ་བགདན་ཞུའི་བཀའ་ཡིག །

Decree Issued by Godan Khan to Sakya Pandita Kunga Gyaltshan for the Liangzhou Talk

合金度母立像

ལི་མའི་སྒྲོལ་མའི་བཞེངས་སྐུ།

Alloyed Standing Statue of Tara

萨迦班智达·贡噶坚赞致蕃人书

ས་པཎ་གྱིས་དབུས་གཙང་དགེ་བའི་བཤེས་གཉེན་ཡོངས་ལ་སྐྲིངས་པའི་ཡི་གེ །

Sakya Pandita Kunga Gyaltshan's Letter to Leaders of the Secular and Monastic in U-Tsang Region on Submitting to the Authority of the Mongolia Khanate

合金文殊菩萨坐像

ལི་མའི་འཇམ་དཔལ་དབྱངས་ཀྱི་བཞུགས་སྐུ།

Alloyed Sitting Statue of Manjusri Bodhisattva

合金莲花手观音立像

ལི་མའི་སྤྱན་རས་གཟིགས་ཕྱག་ན་པད་མོའི་བཞེངས་སྐུ།

Alloyed Sitting Statue of Lotus Hand Avalokiteśvara

合金萨迦班智达·贡噶坚赞像

ལི་མའི་ས་སྐྱ་པཎྜི་ཏ་ཀུན་དགའ་རྒྱལ་མཚན་གྱི་སྐུ་བརྙན།

Alloyed Statue of Sakya Pandita Kunga Gyaltshan

合金弥勒佛立像

ལི་མའི་རྒྱལ་བ་བྱམས་པའི་བཞེངས་སྐུ།

Alloyed Standing Statue of Maitreya

大朝国师统领诸国僧尼中兴释教之印

ས་སྟེང་བྱ་བཙུན་ཡོངས་ཀྱི་འགོ་འཛིན་རྒྱལ་བསྟན་སྐྱེལ་སྤེལ་བའི་རྒྱལ་ཁབ་ཆེན་པོའི་གོ་ཕྱེའི་ཐམ་ཀ །

Seal of the State Tutor of the Great Dynasty

"萨"字象牙印

ས་ཡིག་གི་བ་སོའི་ཐམ་ཀ །

Ivory Seal of the Tibetan Character "Sa"

合金无量寿佛坐像

ལི་མའི་ཚེ་དཔག་མེད་ཀྱི་བཞུགས་སྐུ།

Alloyed Sitting Statue of Amitāyus

白兰王印

བད་ལན་ཝང་གི་ཐམ་ཀ །

Seal of Prince Bailan

忽必烈颁拉杰僧格贝圣旨

ཆོས་སེ་ཆེན་རྒྱལ་པོས་སྐྱ་སྟེ་སེང་གེ་དཔལ་ལ་བསྩལ་བའི་བཀའ་ཤོག

Imperial Decree to Lajie Sengge Pei Issued by Khubilai Khan

八思巴肖像唐卡

འགྲོ་མགོན་ཆོས་རྒྱལ་འཕགས་པའི་སྐུ་ཐང་།

Thangka of the Portrait of Phakpa

统领释教大元国师之印

རྒྱལ་བསྟན་མཛད་བདག་ཏུ་དབེན་གོ་ཤྲིའི་ཐམ་ག །

Seal of the State Tutor Leading the Buddhism of the Great Yuan Dynasty

大元帝师统领诸国僧尼中兴释教之印

མ་སྟེང་གུ་བཙུན་ཡོངས་ཀྱི་འགྲོ་འདྲེན་རྒྱལ་བསྟན་སྤྱི་ལ་ཏ་དབེན་གོ་ཤྲིའི་ཐམ་ག །

Seal of the Imperial Tutor Leading the Buddhism of the Great Yuan Dynasty

桑杰贝帝师之印

ཏེ་ཤྲི་སངས་རྒྱས་དཔལ་ཐམ་ག །

Seal of Imperial Tutor Sanggyaspal

仁钦坚赞帝师颁多吉旺曲法旨

ཏེ་ཤྲི་རིན་ཆེན་རྒྱལ་མཚན་གྱིས་རྡོ་རྗེ་དབང་ཕྱུག་ལ་བསྩལ་བའི་བཀའ་ལུང་།

Decree to Rdorje Wangchug (the 3rd Shalu Myriarch), Issued by Imerial Preceptor Rinchen Gyaltshan

桑杰贝帝师颁仁钦岗巴法旨

ཏེ་ཤྲི་སངས་རྒྱས་དཔལ་གྱིས་རིན་ཆེན་མཁན་པོར་བསྩལ་བའི་བཀའ་ལུང་།

Decree Issued to Rinchen Gangpa by Imperial Tutor Sanggyaspal

枢密院行院之印

ཡོན་གུང་དབང་སྒོ་གནའང་ཧུའུ་རྗེ་ཡོན་གྱི་ཐམ་ག །

Branch Seal of the Nobumasa Hospital Authority Being in Charge of Tibetan Affairs and National Buddhism Affairs

亦思麻儿甘军民万户府印

སྨར་ཁམས་དམག་འབངས་ཁྲི་སྐོར་གྱི་ཐམ་ག །

Seal of Smarkham Wanhu Office

金字圣牌

གུང་དུ་གསེར་ཡིག་ཅན།

Authority Plate Carving of Gold Words

答吉皇太后颁夏鲁万户长懿旨

རྒྱལ་ཡུམ་དགུ་སྟེང་གྱིས་ཞུ་ལུ་ཁྲི་དཔོན་ལ་བསྩལ་བའི་བཀའ་ལུང་།

Imperial Decree Issued to Shalu Myriarch(was in charge of 10,000 households) Drakpa Gyaltshan by Empress Dowager Daji

妥欢帖木儿皇帝任命察瓮格奔不地方招讨使圣旨

གོང་མ་ཐོ་གན་ཏེ་མུར་གྱིས་ཡོན་ཏན་རྒྱལ་མཚན་ཀྲོའུ་ཐའུ་ཞིར་བསྐོ་བའི་བཀའ་ཤོག །

Imperial Decree Issued by Emperor Toghon Themur to Appoint Yontan Gyaltsan as Zhaotao Shi of the Place Chawengge and Benbu

至元通行宝钞

ཀྲི་ཡོན་ཐུང་ཞིང་ཤོག་དངུལ།

Currency Issued in the Year of Zhiyuan of Yuan Dynasty

第悉释迦坚赞护持夏鲁日布修行地文告

དེ་སྲིད་ཤཱཀྱ་རྒྱལ་མཚན་གྱིས་ཞུ་ལུ་རི་ཕུག་སྒྲུབ་གནས་སྲུང་སྐྱོབ་ཏུ་རྒྱའི་སྲོག་གི་བཀའ་ལུང་།

Statement Protecting Shalu Ribu Hermitage, Issued by Sdesrid Shakya Gyaltshan

洪武皇帝封授俄力思军民元帅府元帅圣旨

གོང་མ་ཧུང་ཟུས་མངའ་རིས་དམག་དམངས་དཔོན་པོ་དེ་ཧྲུའུ་ཡོན་ཧྲེ་ལ་བསྐོ་བའི་བཀའ་ཤོག །

Imperial Decree Issued to Appoint Oris Military and Civilian Marshal's Mansion by Ming Emperor Hongwu

阐化王扎巴绛曲坚赞贝桑布颁发的护持文告

གནས་ཏན་སྤང་གྲགས་པ་བྱང་ཆུབ་རྒྱལ་མཚན་གྱིས་བསྩལ་བའི་བཀའ་ཤོག །

Protecting Statement Issued by the King of Propagation Drapa Changchub Gyaltshan

洪武皇帝封授加麻万户长圣旨

གོང་མ་ཧུང་ཟུས་རྒྱ་མ་ཁྲི་དཔོན་ལ་བསྐོ་བའི་བཀའ་ཤོག །

Imperial Decree Issued to Appoint Jiama Myriarch(was in charge of 10,000 households) by Ming Emperor Hongwu

洪武皇帝封授长河西土官百户长敕谕

ཅུང་ཧུའུ་གོང་མས་མདོའི་མི་དཔོན་བརྒྱ་དཔོན་དུ་བསྐོ་བའི་བཀའ་ཤོག །

Imperial Decree Issued to Appoint a chieftain in the Western Area of the Dadu River by Ming Emperor Hongwu

必力公万户府印

འབྲི་གུང་ཁྲི་སྐོར་གྱི་ཐམ་ག །

Seal of the Vbrigung Wanhu Office

朵甘卫都指挥使司印

མདོ་ཁམས་སླུང་དུའུ་ཀྲི་ཧུའི་ཟི་སེའི་ཐམ་ག །

Sliver Seal of the Commander of Mdo-Khams Region Bestowed by the Ming Central Government

普度明太祖长卷图

གསི་ཟང་ཡུག་རིང་མོ།

The Scroll on the Ritual for Releasing the Soul of the Deceased Ming Taizu and Empress Ma Held by the Fifth Karmapa

永乐皇帝致书五世噶玛巴

གོང་མ་ཡུང་ལོ་ཀརྨ་སྐུ་ཕྲེང་ལྔ་པ་ལ་བཞིན་གཤེགན་པར་བསྐུལ་བའི་བཀའ་ཡིག །

Imperial Decree Issued to the 5th Karmarpa by Ming Emperor Yongle

永乐皇帝封挫失吉为乌思藏都指挥佥事诰书

གོང་མ་ཡུང་ལོས་མཚོ་སྐྱེས་དབུས་གཙང་དུའུ་གི་ཞིའི་ཆན་ཙེར་བསྐོ་བའི་ལུང་ཡིག །

Imperial Decree issued to Appoint Choskyi as Commander of the U-Tsang Region by Ming Emperor Yongle

阐教王印

བསྟན་འཛིན་ཕྱང་གི་ཐམ་ག །

Seal of the Prince of Propagating Dharma Bestowed to the Head of Drigum Kagyu Sect by the Ming Central Government

灌顶净慈通慧国师印

གོང་མ་ཡུང་ལོས་མཆོད་ཕྱིའི་མ་དོན་གྲུབ་འོད་ཟེར་ལ་བསྩལ་བའི་དབང་བསྐུར་གོ་ཕྱིའི་ཐམ་ག །

Seal of the Abhiseca State Tutor of Kindness and Wisdom Absolutely, Which Was Bestowed to Dhondup Odzer by Ming Emperor Yongle

永乐皇帝封授喃渴烈思巴为辅教王诰书

གོང་མ་ཡུང་ལོས་ནམ་མཁའ་ལེགས་པ་ལ་དུའུ་གྱུ་ཕྱང་ལ་བསྐོ་བའི་བཀའ་ཡིག །

Imperial Decree Permited Namkhav Lsipa to Succeed the Title of Assistant Prince of the Doctrine Issued by Ming Emperor Yongle

司徒之印

སེ་ཏུའི་ཐམ་ག །

Seal of Situ, Bestowed by the Ming Central Government

多笼僧纲司印

རིང་སྐྱོང་ཏིའི་ཐམ་ག །

Seal of Duolong Senggang Si (Office of Buddhist Affairs), Bestowed by the Ming Central Government

永乐皇帝颁高日斡琐南观敕谕

གོང་མ་ཡུང་ལོས་བསོད་ནམས་མགོན་ལ་བསྩལ་བའི་བཀའ་ལུང་།

Edict Issued to Kavzhiba by Emperor Yongle

永乐皇帝封喃葛加儿卜为领思奔寨行都指挥佥事诰书

གོང་མ་ཡུང་ལོས་ནམ་མཁའ་རྒྱལ་པོའི་རིན་སྤུངས་ཞིང་དུའུ་གི་ཕྱུང་ཆན་ཙེར་བསྐོ་བའི་བཀའ་ཡིག །

Imperial Decree Appointed Namkha Ygalpo as the Commander of the Rin Spungs Region, Issued by Ming Emperor Yongle

宣德皇帝封领占巴为乌思藏都指挥佥事诰书

གོང་མ་ཤོན་ཏེས་རིན་ཆེན་དཔལ་དབུས་གཙང་དུའུ་གི་ཕྱུང་ཆན་ཙེར་བསྐོ་བའི་བཀའ་ཡིག །

Imperial Decree Appointed Rinchen Pal as the Commander of the U-Tsang Region, Which Was Issued by Ming Emperor Xuande

宣德皇帝封公哥儿忍昝巴为乌思藏都指挥佥事诰书

གོང་མ་ཤོན་ཏེས་ཀུན་དགའ་རིན་ཆེན་དབུས་གཙང་དུའུ་གི་ཕྱུང་ཆན་ཙེར་བསྐོ་བའི་བཀའ་ཡིག །

Imperial Decree Appointed Kungar Renjo Pa as the Commander of the U-Tsang Region, Which Was Issued by Emperor Xuande

宣德皇帝封那儿卜藏卜为领思奔寨行都指挥使司佥事诰书

གོང་མ་ཤོན་ཏེས་ནོར་བུ་བཟང་པོའི་སྤུངས་ཞིང་དུའུ་གི་ཕྱུང་ཏེ་སིའི་ཆན་ཙེར་བསྐོ་བའི་བཀའ་ཡིག །

Imperial Decree Appointed Norbu Btsanpo as the Commander of the Rin Spungs Region, Which Was Issued by Ming Emperor Xuande

妙缘清净印(赐也失藏卜)

ཡེ་ཤེས་བཟང་པོར་བསྩལ་བའི་ཐམ་ག །

Seal of Miaoyuan Qingjing Bestowed to Yeshe Btsanpo by the Ming Central Government

圆修般若印(赐剌嘛菜哩结藏卜)

མངའ་རྒྱས་བཟང་པོར་བསྩལ་བའི་ཐམ་ག །

Seal of Yuanxiu Poruo Bestowed to Lama Choskyi Tsanpo by the Ming Central Government

都纲之印

དུའུ་སྐྱང་གི་ཐམ་ག །

Seal Bestowed to the Primary Official Who Was in Charge of the Buddhist Affairs by the Ming Central Government

灌顶广善慈济国师印

དབང་བསྐུར་གོ་ཕྱིའི་ཐམ་ག །

Seal of the Abhiseca Stata Tutor of Guang Shan Ci Ji

戒定善悟灌顶国师印

དབང་བསྐུར་གོ་ཕྱིའི་ཐམ་ག །

Seal of the Abhiseca State Tutor of Consciousness and Abstinence Perfectly, Which Was Bestowed to the Sakyapa by Ming Emperor Chenghua

弘治皇帝命锁南坚参巴藏卜承袭国师诰书

གོང་མ་ཧུང་ཀྲིའི་བསོད་ནམས་རྒྱལ་མཚན་དཔལ་བཟང་པོ་གོ་ཕིའི་ཆོས་རྒྱལ་འཛིན་པའི་ཆོག་པའི་བཀའ་ལུང་།

Imperial Decree Permited Sonam Gyaltsen Pal Zangpo to Succeed the State Tutor, Issued by Ming Emperor Hongzhi

嘉靖皇帝命劄思巴劄失坚参承袭阐化王敕谕

གོང་མ་ཇ་ཅིང་གིས་བཀྲ་ཤིས་རྒྱལ་མཚན་ལ་དབང་བསྒྱུར་གྱི་ཕྱི་གནད་ཐེ་ཤེང་གི་ཚོ་ལོ་རྒྱལ་འཛིན་ཆོག་པའི་
བཀའ་ལུང་།

Imperial Decree Issued to Drakpa Krashis Gyaltshan to Inherit the Title of Propagation King by Ming Emperor Jiajing

灌顶国师阐化王印

དབང་བསྐུར་གོ་ཕི་གྲུན་ཏའི་ཤང་གི་ཐམ་ག །

Seal of the King of Propagation Bestowed to the Leader of Phagmodrupa by the Ming Central Government

果累千户所印/大觉禅师图记

མགོ་ལོག(སྐུ་སྒྲང)སྟོང་སྐོར་གྱི་བ་ཕིའི་ཐམ་ག །

Seal of Head of the "Guolei" Region Who Was in Charge of One Thousand Households, Which Was Bestowed by Ming Emperor Wanli

乌思藏宣慰司分司印

དབུས་གཙང་ཧྥོན་ཕུང་ཟིའི་ཡན་ལག་ཟིའི་ཐམ་ག །

Seal of the Branch of U-Tsang Pacification Commissioners Office Bestowed by the Ming Central Governmen

乌思藏俺不罗卫行都指挥使司印

དབུས་གཙང་ཡར་འབྲོག་ཤུང་ཞེན་ཏུའུ་གི་ཤུང་ཟི་ཟིའི་ཐམ་ག །

Seal of the Ambolo Branch of U-Tsang Commandery Office Bestowed by the Ming Central Government

如来大宝法王之印

དེ་བཞིན་གཤེགས་པ་རིན་ཆེན་ཆོས་རྗེའི་ཐམ་ག །

Seal of the Great Treasure Prince of Dharma Bestowed to the 5th Karmapa by Ming Emperor Yongle

正觉大乘法王之印

ཐེག་ཆེན་ཆོས་རྗེའི་ཐམ་ག །

Seal of the Great Vehicle Prince of Dharma Bestowed to the Leader of Sakyapa Sect by Ming Emperor Yongle

刺绣大慈法王像唐卡

བྱམས་ཆེན་ཆོས་རྗེའི་སྐུ་ཐང་འཚེམ་དྲུབས་མ།

A Silk Tapestry Thangka of the Great Benevolent Dharma King Shikya Yeshe Portrait Presented by Ming Emperor Xuande

大禅佛宗印

ཐང་གྲགས་ལ་རྒྱལ་མཚན་ལ་བསྩལ་བའི་ཐམ་ག །

Seal of the Great Zen Bestowed to Drakpa Gyaltshan by Ming Emperor Yongle

灌顶国师之印

དབང་བསྐུར་གོ་ཕིའི་ཐམ་ག །

Seal of the Abhiseca State Tutor

净修通悟国师印

གོ་ཕིའི་ཐམ་ག །

Seal of the State Tutor of Practicing Devotionally and Understanding Completely

弘善禅师图书

ཧུང་ཧྲན་བསམས་གཏན་སློབ་དཔོན་གྱི་ཐམ་ག །

Stamp of Zen Master of Propagating Kindness

赏巴国公之印

ཧྲང་བད་གོའི་གུང་གི་ཐམ་ག །

Seal of the State Duke "Shangba" Bestowed to the Leader of the Sakyapa by Ming Emperor Yongle

《十五法典》

《ཞལ་ལྕེ་བཅོ་ལྔ》

The Fifteen Codes

《十六法典》

《ཞལ་ལྕེ་བཅུ་དྲུག》

The Sixteen Codes

莲花纹双龙耳活环青白玉扁壶

པད་རིས་ཀྱི་གཡང་ཞི་དཀར་པོའི་བུམ་པ་འབུགས་ལུང་མ།

Glaucous-white Jade Flat Pot Designed with Lotus and Double Dragon Earring Pattern

釉里红缠枝牡丹纹执壶

མེ་ཏོག་འདབ་འཁྱུད་རིས་ཀྱི་བུམ་པ།

Underglaze Red Kettle with Handle Decorated with Interlocking Peonies

鎏金铜涅槃塔

གསེར་ཟངས་ཀྱི་སྒྲུང་འདས་མཆོད་རྟེན།

Gilded Copper Nirvana Stupa

鎏金铜聚莲塔

གསེར་ཟངས་ཀྱི་པད་སྤུངས་མཆོད་རྟེན།

Gilded Copper Lotus Gathering Stupa

鎏金铜和解塔

གསེར་ཟངས་ཀྱི་དཔྱེ་མ་རྒྱ་མཆོད་རྟེན།

Gilded Copper Reconciliation Stupa

鎏金铜神变塔

གསེར་ཟངས་ཀྱི་ཆོ་འཕྲུལ་མཆོད་རྟེན།

Gilded Copper God-changing Stupa

铜质供灯

ཟངས་ཀྱི་མཆོད་ཀོང་།

Alloyed Copper Offering Lamp

合金铜九股金刚铃、杵

ལི་མའི་རྡོར་དྲིལ་རྩེ་དགུ་བ།

Alloyed Copper Nine-share Dorje Bell and Pestle

青花鱼藻纹大碗

དཀར་ཡོལ་སྟོ་ཁ།

Big Bowl Designed with Blue-and-white Fish and Algae

象耳铜香炉

བསང་པོར།

Alloyed Copper Incense-burner

铜钹

ཟངས་ཀྱི་སྦུབ་ཆལ།

Alloyed Copper Plate

矾红描金兰花纹葵口碗

མེ་ཏོག་རིས་ཀྱི་དཀར་ཡོལ་དམར་མོ།

Iron Red Sunflower Mouth Bowl Painted with Gold in the Pattern of Orchid

青花釉里红七珍宝纹碗

དཀར་ཡོལ་སྟོ་ཁ།

Underglaze Red Bowl Designed with Blue-and-White Flower and Seven Auspicious Symbols

御制墨

གོང་མའི་ཕོ་བྲང་ནས་བཟོས་པའི་སྣག་ཚ།

Ink Sticks Made by Ming Court

镶银翅法螺

ཆོས་དུང་དངུལ་གཀོག་མ།

Dharma Conch Inlaid with Silver Wing

双龙捧寿纹青白玉托盘

གཡང་ཏི་དཀར་པོའི་སྡེར་མ་འབྲུག་རིས་ཅན།

Glaucous-white Jade Tray with the Design of Double Dragon Holding "Shou"

景泰蓝莲纹僧帽壶及壶套

པ་རིས་ཀྱི་གུ་གུ་བའི་དཀར་ཆུན་དང་པོར་ཤུབས་རང་འབྱིག །

Monk's Cup Jug and Case with Design of Cloisonné Lotus

元成宗完者笃颁搽里巴地方圣旨

ཡོན་གོང་མས་ཆལ་བ་ས་གནས་ལ་བསྩལ་བའི་བཀའ་ཤོག །

Imperial Decree Issued to the Tshelpa Area by Emperor Yuan Chengzong

《大般若波罗蜜多经卷》

《ཤེར་ཕྱིན་གྱི་མདོ》

The Great Prajna Paramita Sutra

元顺帝妥欢帖睦尔颁布顿仁钦珠圣旨

ཡོན་གོང་མ་ཐུན་ཏེ་ཧྭ་གན་ཐེ་སྨུར་གྱིས་བུ་སྟོན་རིན་ཆེན་གྲུབ་ལ་བསྩལ་བའི་བཀའ་ཤོག །

Imperial Decree to Buton Renchenzhu, Issued by Yuan Emperor Toghon Temur

元顺帝妥欢帖睦尔颁噶玛巴乳必多吉的圣旨

ཡོན་ཐུན་ཏེ་ཧྭ་གན་ཐེ་སྨུར་གྱིས་ཀརྨ་པ་རོལ་པའི་རྡོ་རྗེར་བསྩལ་བའི་བཀའ་ཤོག །

Imperial Decree to Karmapa Rolpe Dorje, Issued by Yuan Emperor Toghon Temur

元顺帝妥欢帖睦尔颁夏鲁寺圣旨

ཐོ་གན་ཐེ་སྨུར་གྱིས་ཞ་ལུ་དགོན་པར་བསྩལ་བའི་བཀའ་ཡིག །

Imperial Edict Issued to Shalu Monastery by Yuan Emperor Toghon Temur

《释量论》译本

《ཚད་མ་རྣམ་འགྲེལ》བོད་འགྱུར་མ།

Tibetan Translation of the Pramāṇavārttika

洪武皇帝护持哈尔麻剌麻在卒尔普寺修行敕谕

གོང་མ་ཧུང་བུས་ཀར་མ་མཆོ་པུ་དགོན་དུ་སྒྲུབ་པ་ཉམས་ལེན་ཆོག་པའི་བཀའ་ལུང་།

Imperial Decree Issued by Ming Emperor Hongwu on Allowing Karmapa Rolpe Dorje to Practice in Tsurphu Monastery

《菩提道次第广论》

《བྱང་ཆུབ་ལམ་རིམ་ཆེན་མོ》

The Great Treatise on the Stages of the Path to Enlightenment

宣德皇帝敕封第六世噶玛巴为慧慈禅师敕谕

མེ་གོང་མ་ཤོན་ཏེས་ཀཱརྨ་པ་སྐུ་ཕྲེང་དྲུག་པར་ཚོ་ལོ་བསྩལ་བའི་བཀའ་ཤོག །

Imperial Edict Issued by Emperor Xuande to Confer the Sixth Karmarpa the Title of Wisdom and Charity Master

噶玛巴之印

ཀཱརྨ་པའི་ཐམ་ག །

Seal of the Karmapa

多吉锵达赖喇嘛之印

རྡོ་རྗེ་འཆང་ཏཱ་ལའི་བླ་མའི་ཐམ་ག །

Seal of the Dorjichang Dalai Lama

朵儿只唱图记

རྡོ་རྗེ་འཆང་གི་ཐམ་ག །

Seal of Dorjechang(Vajradhara)

《诗镜论》藏文译本

《སྙན་ངག་མེ་ལོང་》བོད་འགྱུར་མ།

Tibetan Translation of *The Mirror of Poetry(Kāvyādarśa)*

《西藏王统记》

《རྒྱལ་རབས་གསལ་བའི་མེ་ལོང་》

History on the Tubo Regime

《青史》

《དེབ་ཐེར་སྔོན་པོ་》

The Blue Annals

《萨迦世系史》

《ས་སྐྱའི་གདུང་རབས་རིན་ཆེན་བྱང་བ་》

History of Sakya Genealogy

《格萨尔王传》写本

《གླིང་སྒྲུང་ཨ་གྲགས་གཉེ་རྫོང་》བྲིས་མ།

Manuscript of *Epic of King Gesar*

铜鎏金不空成就佛

གསེར་ཟངས་ཀྱི་རྒྱལ་རྡོ་ལྡོ་གྲུབ་པ།

Gilded Copper Statue of Amoghasiddhi

铜鎏金刚不动如来坐像

གསེར་ཟངས་ཀྱི་རྒྱལ་བ་མི་འཁྲུག་པའི་བཞུགས་སྐུ།

Gilded Copper Sitting Statue of Buddha Dorje Aksobhya

时轮金刚唐卡

དུས་འཁོར་ཀྱི་རས་བྲིས་ཐང་ག །

Thangka of Kālacakravajra

米拉日巴肖像唐卡

རྗེ་བཙུན་མི་ལ་རས་པའི་རས་བྲིས་ཐང་ག །

Thangka of Milarepa

顺治皇帝封授五世达赖喇嘛之印（自制印）

ཐབས་སྐྱོང་རྒྱལ་པོས་ཏཱ་ལའི་བླ་མ་སྐུ་ཕྲེང་ལྔ་པར་བསྩལ་བའི་གསེར་ཐམ་གྱི་ཐམ་གཡོག །

Seal Conferred on 5th Dalai Lama by Emperor Shunzhi (Imitated)

五世达赖喇嘛汉字私章

རྒྱ་དཔེ་ཙི་ཙི་པོ་བུ།

Private Seal of 5th Dalai Lama with the Chinese Characters

雍正皇帝封授七世达赖喇嘛之印

གོང་མ་ཡུང་ཅེན་གྱིས་ཏཱ་ལའི་བླ་མ་སྐུ་ཕྲེང་བདུན་པར་བསྩལ་བའི་ཐམ་ག །

Seal Conferred on Kelsang Gyatso as 7th Dalai Lama by Emperor Yongzheng

乾隆皇帝颁赐八世达赖喇嘛玉宝和玉册

གནས་སྐྱོང་རྒྱལ་པོས་ཏཱ་ལའི་བླ་མ་སྐུ་ཕྲེང་བརྒྱད་པར་བསྩལ་བའི་གཡང་ཏིའི་ཐམ་ག་དང་འཛན་མ།

Jade Seal and jade Volume Conferred on 8th Dalai Lama by Emperor Qianlong

道光皇帝颁赐十一世达赖喇嘛金册

སྲིད་གསལས་རྒྱལ་པོས་ཏཱ་ལའི་བླ་མ་སྐུ་ཕྲེང་བཅུ་གཅིག་པར་བསྩལ་བའི་གསེར་གྱི་འཛན་མ།

Gold Volume Conferred on 11th Dalai Lama by Emperor Daoguang

咸丰皇帝颁十二世达赖喇嘛敕书

ཀུན་ཁྱབ་འཆེས་རྒྱས་གོང་མས་ཏཱ་ལའི་བླ་མ་སྐུ་ཕྲེང་བཅུ་གཉིས་ལ་ཚོ་ལོ་བསྩལ་བའི་བཀའ་ཤོག །

Imperial Decree Issued to 12th Dalai Lama by Emperpr Xianfeng

慈禧太后赐十三世达赖喇嘛之"福寿"御书

རྒྱ་ཡུམ་ཚེ་ཞེས་པའི་བླ་མ་སྐུ་ཕྲེང་བཅུ་གསུམ་པར་བསྩལ་བའི་ཕྲག་བསྟན་མའི་ཡིག་རིས།

Calligraphy in the Character of "Happiness and Longevity" to 13th Dalai Lama, Drawn and Bestowed by Empress Dowager Cixi

宣统皇帝赐十三世达赖喇嘛多穆壶

ཕོན་ཏོང་གོང་མས་ཏཱ་ལའི་བླ་མ་སྐུ་ཕྲེང་བཅུ་གསུམ་པར་གནང་སྟེང་དུ་བསྩལ་བའི་མཆོད་སྡོ།

Duomu Kettle Bestowed to 13th Dalai Lama by Emperor Guangxu

康熙皇帝敕封五世班禅之印
བདེ་སྐྱིད་རྒྱལ་པོས་པཎ་ཆེན་སྐུ་ཕྲེང་ལྔ་པར་བསྩལ་བའི་ཐམ་ག །
Seal Conferred to 5th Panchen Lama by Emperor Kangxi

班禅额尔德呢之宝
པཎ་ཆེན་ཨེར་ཏེ་ནིའི་ཐམ་ག །
Seal Carving of “Treasure of Panchen Erdene”

御笔写寿娑罗树并赞图
འཇམ་དབྱངས་གོང་མས་མཛད་པའི་ས་ལའི་ཤིང་གི་ལྗོན་པ་དང་བསྟོད་ཚིག་ཐུག་བསྐུར་མ།
Picture of Sal Tree with Praising Words Drawn by Emperor Qianlong

道光皇帝册封七世班禅金册
སྨིད་གསལ་རྒྱལ་པོས་པཎ་ཆེན་སྐུ་ཕྲེང་བདུན་པར་བསྩལ་བའི་གསེར་གྱི་འཛའ་ས།
Gold Volume Confered to 7th Panchen by Emperor Daoguang

乾隆皇帝封赏七世帕巴拉诏书(抄件)
གནམ་སྐྱོང་གོང་མས་འཕགས་པ་ལྷ་ཧོ་ཐོག་ཐུ་སྐུ་ཕྲེང་བདུན་པར་གནང་སྦྱིན་བསྩལ་བའི་བཀའ་ཤོག །
Imperial Edict Concerning Conferring on 7th Pakpalha Issued by Emperor Qianlong

驻藏大臣转咸丰皇帝颁九世帕巴拉活佛上谕
བོད་སྡོད་ཨམ་བན་ནས་བརྒྱུད་སྐྱར་ཞུས་པའི་གོང་མས་འཕགས་པ་ལྷ་སྤྲུལ་སྐུར་གནང་སྦྱིན་བསྩལ་བའི་བཀའ་ཤོག །
Imperial Edict on Emperor Xianfeng Conferring on 9th Pakpalha Transmitted by Amban

嘉庆皇帝颁赏九世济隆活佛敕谕
བསྟགས་སྐྱོན་རྒྱལ་པོས་རྗེ་དྲུང་སྐུ་ཕྲེང་དགུ་པར་གནང་སྦྱིན་བསྩལ་བའི་བཀའ་ཡིག །
Imperial Decree on Rewarding 9th Jilong Living Buddha Issued by Emperor Jiaqing

十一世济隆活佛遣使朝贡档案
རྗེ་དྲུང་སྐུ་ཕྲེང་བཅུ་གཅིག་པས་པོ་ཉ་མངགས་ཏེ་ཆིང་གོང་མར་རྟེན་འབུལ་བའི་ཡིག་ཚགས།
Files on the Affair of 11th Jilong Living Buddha Sending Envoys to Pay Tribute

驻藏大臣奎焕颁十一世济隆朝贡使团马牌
བོད་སྡོད་ཨམ་བན་ཁུའེ་ཧྭན་ནས་རྗེ་དྲུང་སྐུ་ཕྲེང་བཅུ་གཅིག་པའི་རྟེན་འབུལ་ཚོགས་པར་བསྩལ་བའི་ལག་འཁྱེར།
Horse Plate Conferred on 11th Jilong’s Pilgrimage Envoy, by Amban Kui Huan

兵部颁十一世济隆朝贡使团的勘合
པིང་པུའུ་ནས་རྗེ་དྲུང་སྐུ་ཕྲེང་བཅུ་གཅིག་པའི་རྟེན་འབུལ་ཚོགས་པར་བསྩལ་བའི་ཡི་གེ །
Official Document to 11th Jilong’s Envoy, Issued by Military Ministry

四川总督刘秉章颁十一世济隆朝贡使团返程护牌
ཟི་ཁྲོན་ཙུང་ཏུའུ་ལིའུ་པིང་ཀྲང་གིས་རྗེ་དྲུང་གི་རྟེན་འབུལ་པོ་ཉ་ཚོགས་པར་བསྩལ་བའི་ཕྱིར་ལོག་ལག་འཁྱེར།
Protection Plate for the Return Trip Issued by Sichuan Viceroy Liu Bingzhang to 11th Jilong’s Pilgrimage Envoy

光绪皇帝赏赐十一世济隆活佛敕谕
གོང་མ་ཆབ་སྲིད་འཕེལ་རྒྱས་ཀྱིས་རྗེ་དྲུང་སྐུ་ཕྲེང་བཅུ་གཅིག་པར་གནང་སྦྱིན་བསྩལ་བའི་བཀའ་ཤོག །
Imperial Decree on Rewarding 11th Jilong Living Buddha Issued by Emperor Guangxu

驻藏大臣为皇帝赏赐寺院匾额事咨热振呼图克图
བོད་སྡོད་ཨམ་བན་ནས་གོང་མས་དགོན་པར་སྒོ་འཕན་གྱི་གསོལ་རས་བསྩལ་སྐོར་རྭ་སྒྲེང་ཧུ་ཐོག་ཐུར་གནང་བའི་བཀའ་ཡིག །
Offcial Document from Amban Issued to Reting Khutuktu on Emperor Rewarding His Temple with Plaque

金贲巴瓶
གསེར་བུམ།
Gold Vase and Ivory Drawing Lots for the Decision of Living Buddha

驻藏大臣为任命“达喇嘛”事咨摄政济隆文书
བོད་སྡོད་ཨམ་བན་ནས་ཏཱ་བླ་མ་བསྐོ་འཛུགས་སྐོར་སྲིད་སྐྱོང་རྗེ་དྲུང་ལ་ཕུལ་བའི་ཡི་གེ །
Notice on Conferring the Title of Da Lama, Issued to the Regent Jilong by Amban

策楞等遵旨将珠尔默特那木札勒房屋作为驻藏大臣衙署折
ཚེ་རྣམ་གྱིས་གོང་མའི་བཀའ་བཞིན་འགྱུར་མེད་རྣམ་རྒྱལ་གྱི་ས་ཁང་རྣམས་བོད་སྡོད་ཨམ་བན་ཡ་མོན་གྱི་ལས་ཁང་བྱས་སྐོར་གྱི་ཞུལ་ཏེ།
Memorial on Deciding Gyurme Namgyal’s Residence Permanently as Amban’s Administrative Office, Memorialized by Celeng According to Imperial Decree

驻藏大臣确认色拉寺所属庄园田地归属事令牌
བོད་སྡོད་ཨམ་བན་གྱིས་གཏན་འབེབས་གནང་བའི་སེ་ར་དགོན་གྱི་མཆོད་གཞིས་དང་ས་ཞིང་ཁོངས་གཏོགས་ཀྱི་ཡིག་ཆ།
Token on the Confirmation of Land and Manors belonging to Sera Datsan, Issued by Amban

驻藏大臣为札什城万寿寺供养用度事颁发的执照
བོད་སྡོད་ཨམ་བན་ནས་གྲྭ་བཞི་བརྟན་བཞུགས་དགོན་པའི་ལྷ་མར་སྤྲད་པའི་ལག་ཁྱེར།
Token on Offerings and Outlay to the Longevity Temple of Zhashi Town, Issued by Amban

松筠、和宁为驻藏清军粮饷事给噶厦的文书
སུང་ཡུན་དང་ཧྭེ་ཉིང་གཉིས་ནས་བོད་སྡོད་ཆིང་དམག་གི་འབྲུ་སོགས་སྐོར་བཀའ་ཤག་ལ་བསྩལ་བའི་བཀའ་ཡིག །
Official Document to Kashag Government on the Affair of Provisions and Funds for Han Army Stationed in Xizang, Issued by Amban Song Yun and He Ning

驻藏大臣升调孜本等官员事饬令

བོད་སྡོད་ཨམ་བན་ནས་རྩེ་དཔོན་སོགས་དཔོན་རིགས་བསྐོ་འཛུག་གི་བཀོད་ཁྱུ།

Decree on the Amban Promoting Tsebon and Other Tibetan Local Officials

西藏夷情就达木八旗盐税事颁发令牌

མོང་གོལ་སྐྱོང་ཁང་ནས་བསྐལ་བའི་འདམ་པོག་བརྒྱད་ཀྱི་ཚ་ཁྲལ་སྐོར་གྱི་ལག་འཛིན།

Token on Damu Eight Banners' Payment of Salt Tax, Issued by Foertaie Who was in Charge of Ethnic Affairs of Xizang

驻藏大臣处置布鲁克巴头人打伤帕克里营官事晓谕

ཡང་འབྲུག་དང་ཁྲི་ཀུས་གཉིས་ནས་འབྲུག་པའི་མགོ་ལཔས་པག་རེ་དཔོན་གཉིས་རྡུང་བྲས་སྐོར་གྱི་ཁྲག་གཅོད་ཡིག

Statement on Amban Dealing with the Affair of Head of Bhutan Hurting Phakri Local Official

驻藏大臣为救济灾民事给噶厦政府的命令

བོད་སྡོད་ཨམ་བན་ནས་གནོད་འཚེ་ཕོག་པའི་མི་སེར་ལ་རོགས་སྐྱོར་བྱེད་དགོས་སྐོར་བཀའ་ལག་ལ་པ་བའི་བཀའ་ཁྱུ།

Decree Issued by Amban to Kashag Concerning the Affair of Relieving Refugees

驻藏大臣任命宗本等官员事饬令

བོད་སྡོད་ཨམ་བན་གྱིས་རྫོང་དཔོན་སོགས་དཔོན་རིགས་བསྐོ་འཛུག་གི་བཀོད་ཁྱུ།

Decree on the Amban Appointing Dzongbon and Other Tibetan Local Officials

驻藏大臣鄂顺安奏抵藏接受关防日期折

བོད་སྡོད་ཨམ་བན་ཨེ་ཤུན་ཨན་བོད་དུ་འབྱོར་ནས་ལས་ཐམ་བླངས་པའི་དུས་ཚོད་སྙོར་གྱི་ཉལ་ཞེ།

Memorial Amban E Shun'an Reported the Date of Arriving in Lhasa and Receiving Seal of the Amban in Xizang

西藏夷情发给类乌齐活佛的马牌

མོང་གོལ་སྐྱོང་ཁང་གིས་རི་བོ་ཆེ་སྤྲུལ་སྐུར་བསྐལ་བའི་ལག་འཛིན།

Horse Plate to Rewoche Living Buddha, Issued by Tie Staff Who Was in Charge of Ethnic Affairs of Xizang

驻藏大臣处理黄黑教及三十九族争斗案翎照

བོད་སྡོད་ཨམ་བན་གྱིས་ནང་བཀའ་གཉིས་དང་དེ་བཞིན་ཚོ་སོ་དགུའི་འཐབ་རྩོད་ཐག་གཅོད་སྐོར་གྱི་བཀའ་ཡིག

Official Document Issued by Amban on Dealing with the Gelu Sect and Bon Religion and the Thirty-nine Mongolian Clans' Fights

驻藏大臣联豫监造的木斛

བོད་སྡོད་ཨམ་བན་ལན་ཡུས་ཀྱིས་བཟོས་པའི་ཤིང་གི་འོ།

Wood Beaker Made with Supervision and Distributed by Amban Lianyu

前藏理事官就征税事颁发执照

གཙང་གི་དཔོན་རིགས་ཀྱིས་བསྐུལ་བའི་ཁྲལ་བསྡུའི་ལག་འཛིན།

License on Taxation Issued by the Director of Upper Xizang

"朵森格"驻藏大臣衙门石狮

རྡོ་སེང་གི་ལུ་མོན་མདུན་གྱི་རྡོའི་སེང་གེ །

Stone Lion in "Duosenge" Administrative Office

驻藏大臣出巡图

བོད་སྡོད་ཨམ་བན་གྱི་སྐོར་བསྐྱོད་རི་མོ།

Picture of Amban's Inspection Tour

清朝中央政府在西藏地方的试铸币

ཆིང་གུང་དཔུང་སྲིད་གཞུང་གིས་བོད་ས་གནས་སུ་འབྲེལ་སྦྱེལ་བྱས་པའི་ཚོད་ལྟའི་ཏམ་ཀ།

The Trial Tibetan Coins Casted by Qing Central Government

久松西出原版试铸银币 (1792)

དངུལ་ཏམ་བཅུ་གསུམ་ཞེ་དྲུག །

The Original Version of Trial Silver Coins with the Inscription *bcau fsaum zhe drug* in 1792

第一次改良版久松西出银币(1840)

ལེགས་བཅོས་ཐེངས་དང་པོ་བྱས་པའི་དངུལ་ཏམ་བཅུ་གསུམ་ཞེ་དྲུག །

The First Modified Version of Silver Coins with the Inscription *bcau fsaum zhe drug* in 1840

第二次改良版久松西出银币(1850)

ལེགས་བཅོས་ཐེངས་གཉིས་པ་བྱས་པའི་དངུལ་ཏམ་བཅུ་གསུམ་ཞེ་དྲུག །

The Second Modified Version of Silver Coins with the Inscription *bcau fsaum zhe drug* in 1850

"宝藏局"造币厂铸造的钱币

བའི་ཅང་ཇུས་དངུལ་དཔར་ལས་ཁུངས་ནས་བཟོས་ནས་བཏོན་པའི་དངུལ་ལོར།

Coins Casted by Treasure Bureau Mint of Xizang

乾隆宝藏银币(1795)

ཆན་ལུང་པའུ་གཙང་དངུལ་ཏམ།

Silver Coins with the Inscription *Qian Long Bao Zang* in 1795

嘉庆宝藏银币(1820)

བཅའ་གཅིང་པའུ་གཙང་དངུལ་ཏམ།

Silver Coins with the Inscription *Jia Qing Bao Zang* in 1820

道光宝藏银币(1822)

ཏའོ་ཀོང་པའུ་གཙང་དངུལ་ཏམ།

Silver Coins with the Inscription *Dao Guang Bao Zang* in 1822

宣统宝藏铜币(1909-1912)

གོན་ཐུང་པའུ་གཙང་རང་ཁས་ཏམ།

Copper Coins with the Inscription *Xuan Tong Bao Zang* in 1909-1912

宣统宝藏银币(1909-1912)

གོན་ཐུང་པའུ་གཙང་དངུལ་ཁས།

Silver Coins with the Inscription *Xuan Tong Bao Zang* in 1909-1912

嘎朗第巴之印

ཀ་གནམ་སྡེ་པའི་ཐམ་ག །

Seal of Kagnam Sde pa

"持金刚"印

རྡོ་རྗེ་འཆང་གི་ཐམ་ག །

Seal of Vajrapani

皇太极为召请高僧事致萨迦法王书

ཧོང་ཐའི་ཇིས་ས་སྐྱ་ཆེན་གདན་ཞུས་སྐོར་ས་སྐྱའི་ཆོས་རྗེ་སྤྲིངས་པའི་འཕྲིན་ཡིག །

Imperial Edict to Sakya Dharma King on Inviting Eminent Lama to Meeting, Issued by Emperor Huang Taiji

五世达赖喇嘛颁四世第穆活佛文告

ཏཱ་ལའི་བླ་མ་སྐུ་ཕྲེང་ལྔ་པས་དེ་མོ་སྐུ་ཕོག་བཞི་པར་བསྩལ་པའི་བཀའ་ཤོག །

Proclamation Issued to 4th Demu Khutuktu by 5th Dalai Lama

六世达赖喇嘛仓央嘉措颁尚顿普巴的铁券文书

ཏཱ་ལའི་བླ་མ་སྐུ་ཕྲེང་དྲུག་པ་ཚངས་དབྱངས་རྒྱ་མཚོས་ཞང་སྟོན་ཕུག་པར་བསྩལ་པའི་བཀའ་གཏན།

Protecting Document Promulgated to Shangdun Pupa by 6th Dalai Lama Tsangyang Gyatso

五世班禅启用"班臣额尔德尼之印"荐新文告

པཎ་ཆེན་སྐུ་ཕྲེང་ལྔ་པས་བསྩལ་བའི་བཀའ་ཤོག་ཐམ་འདྲུབ་མ།

Imperial Edict on Conferring 5th Panchen Lama Transmitted by Himself for Using the Seal

康熙皇帝封授康济鼐为贝子诏书

བདེ་སྐྱིད་རྒྱལ་པོས་ཁང་ཆེན་ནས་ལ་པའི་ཙེ་ཙེ་ལོ་བསྩལ་བའི་བཀའ་ཤོག །

Imperial Edict on Conferring on Khangchennas as Beizi, Issued by Emperor Kangxi

雍正皇帝封授一世庞球活佛之"协广黄法那门汗之印"

ཡུང་གྲིན་གོང་མས་འབངས་མཆོག་སྐུ་ཕྲེང་དང་པོར་བསྩལ་བའི་ཐམ་ག །

Seal Inscribed *Xieguang Huangfa Namenhan*, Conferred on 1st Pangqiu Trulku by Emperor Yongzheng

颇罗鼐颁贵族贡布拉久铁券文书

པོ་ལྷ་ནས་ཀྱིས་གཡོག་པོ་བ་མགོན་པོ་ལྷ་སྐྱབས་ལ་བསྩལ་བའི་བཀའ་གཏན།

Protecting Document from Polhane to Tibetan Nobility Gongpo Lajiu

颇罗鼐颁杰齐采寺铁券文书

པོ་ལྷ་ནས་ཀྱིས་སྐྱེ་མོ་རྒྱལ་བྱེད་ཚལ་དགོན་ལ་བསྩལ་བའི་བཀའ་ཡིག །

Protecting Document to Rgyl Byed Tshl Monastery Issued by Polhane

颇罗鼐颁七世济隆活佛铁券文书

པོ་ལྷ་ནས་ཀྱིས་རྗེ་དྲུང་སྐུ་ཕྲེང་བདུན་པར་བསྩལ་བའི་བཀའ་ཡིག །

Protecting Document to 7th Jilong Living Buddha Issued by Polhane

"斯西德吉"印

བཀའ་ཐམ་སྲིད་ཞི་བདེ་སྐྱིད་མ།

Seal Inscribed *srid zhi bde skyid* of Kashag (the Xizang local Government)

乾隆皇帝命六世第穆活佛摄政敕印

གནམ་སྐྱོང་རྒྱལ་པོས་དེ་མོ་ཧུ་ཐོག་ཏུ་སྐུ་ཕྲེང་དྲུག་པར་བསྩལ་བའི་སྲིད་སྐྱོང་ཐམ་ག །

Seal of the Xizang Regent Betowed to the 6th Demu Living Buddha Issued by Emperor Qianlong

乾隆皇帝命六世第穆活佛摄政敕谕

གནམ་སྐྱོང་རྒྱལ་པོས་དེ་མོ་ཧུ་ཐོག་ཏུ་སྐུ་ཕྲེང་དྲུག་པ་བོད་ཀྱི་ལས་དོན་འཛིན་འཛིན་འཛིན་པར་བསྐོ་བའི་བཀའ་ཤོག །

Imperial Decree to the 6th Demu Living Buddha on Appointing Him as Regent of Xizang, Issued by Emperor Qianlong

乾隆皇帝颁赏存问六世第穆活佛敕谕

གནམ་སྐྱོང་གོང་མས་དེ་མོ་སྐུ་ཕྲེང་དྲུག་པར་འཚམས་འདྲི་གནང་སྦྱིན་བསྩལ་པའི་བཀའ་ཤོག །

Imperial Edict on Sending Regards and Awards to 6th Demu Living Buddha, Issued by Emperor Qianlong

乾隆皇帝颁赏八世济隆活佛敕谕

གནམ་སྐྱོང་གོང་མས་རྗེ་དྲུང་ཧུ་ཐོག་ཏུ་སྐུ་ཕྲེང་བརྒྱད་པར་གནང་སྦྱིན་བསྩལ་བའི་བཀའ་ཤོག །

Imperial Decree on Rewarding 8th Jilong Living Buddha, Issued by Emperor Qianlong

摄政策墨林颁夏仲活佛铁券文书

སྲིད་སྐྱོང་ཚེ་སྨོན་གླིང་གིས་ཞེ་པོ་ཆེ་དགོན་ཞབས་དྲུང་སྤྲུལ་སྐུར་བསྩལ་བའི་བཀའ་གཏན།

Protecting Document from Regent Tsomon Ling to Xiazhong Living Buddha

驻藏大臣为知照圣上赐寺名及赏物事致八世济隆活佛咨文

བོད་སྲུང་ཨམ་བན་ནས་གོང་མའི་བཀའ་བཞིན་དགོན་མིང་དང་སྐྱེས་བསྐལ་བའི་སྐོར་རྗེ་དྲུང་སྐུ་ཕྲེང་བརྒྱད་པར་ཕུལ་བའི་ཡི་གེ

Information from Amban to 8th Jilong Living Buddha on the Reward of Monastery Name and Goods Bestowed by Emperor

嘉庆皇帝令八世济隆活佛摄政敕谕

བསྐགས་སློན་རྒྱལ་པོས་རྗེ་དྲུང་ཏུ་ཕྲིག་སྐུ་སྐྱ་ཕྲེང་བརྒྱད་པར་འཛམས་འདི་དང་སྲིས་གཏན་བའི་བཀའ་ཕོག

Imperial Decree on Appointing 8th Jilong Living Buddha as Regent of Xizang, Issued by Emperor Jiaqing

掌管济隆活佛所属十八寺院扎萨喇嘛之印

རྗེ་དྲུང་ཏུ་ཕྲིག་ཕུ་ཏ་མ་ག་ལྔ་མའི་ཐམ་ག

Seal of the Jasagh Lama Who Was in Charge of the Trulku Jilong's Eighteen Monasteries

策墨林摄政呈请驻藏大臣委任波密新宗本报告

སྲིད་སྐྱོང་ཚེ་སྨོན་གླིང་ནས་སྨོ་རོང་དཔོན་གསར་བསྐོ་སྲོ་བོད་སྲོ་ཨམ་བན་ལ་ཕུལ་བའི་སྙན་ཞུ

Memorial to Amban on Requesting for Appointing the New Rdzong Dbon of Bome, Presented by Tsomonling Living Buddha as Xizang Regent

道光皇帝令摄政策墨林辅佐十一世达赖喇嘛敕书

སྲིད་གཟབས་རྒྱལ་པོས་ཏུ་བའི་ཀླུ་མ་སྐུ་གླིང་བ་ཏུ་གཅིག་པར་རོགས་སྐོང་གནད་དགོས་སྐོང་སྲིད་སྐོང་ཚེ་སྨོན་གླིང་ལ་བསྐུལ་བའི་བཀའ་ཕོག

Imperial Decree on Ordering Regent Tsomonling to Assist 11th Dalai Lama, Issued by Emperor Daoguang

同治皇帝封授第九世帕巴拉敕书

གོང་མ་ཐུང་ཁྲི་འབགས་པ་ལྷ་སྐུ་ཕྲེང་དགུ་པར་ཚོ་ལོ་བསྐལ་བའི་བཀའ་ཕོག

Imperial Edict on Conferring 9th Pakpalha, Issued by Emperor Tongzhi

摄政热振颁贵族彭绕巴铁券文书

སྲིད་སྐྱོང་ཏུ་སྐྱེད་གིས་ཕུན་རབ་པར་བསྐལ་བའི་བཀའ་གཏད

Protecting Document from Regent Reting to Tibetan Nobility Pengraoba

罗布藏青饶汪曲呼图克图之印

བློ་བཟང་མཁྱེན་རབ་དབང་ཕྱུག་ཏུ་ཕྲིག་ཕུའི་ཐམ་ག

Seal of Blobzang Mkhyen Rab Dbang Phyug Khutuktu

"辑宁边境"印

ཅི་ཉི་མཐའ་མཚམས་ཐམ་ག

Seal of Pacifying the Borderland

康熙皇帝颁赐第巴桑杰嘉措之印

བདེ་སྲིད་རྒྱལ་པོས་སེ་རིད་སངས་རྒྱས་རྒྱ་མཚོ་བསྐལ་བའི་ཐམ་ག

Seal of the Sdepa Sangye Gyatso Bestowed by Emperor Kangxi

噶隆沙公众办事钤记

བགའ་བློན་ཕག་གི་ལས་ཐམ

Official Seal of Kashag

摄政济隆为使用印信事咨请驻藏大臣呈文

སྲིད་སྐྱོང་རྗེ་དྲུང་ནས་སྲིད་སྐྱོང་གི་ལས་ཐམ་བེད་སྲོང་སྐོར་བོད་སྲོང་ཨམ་བན་ཁྲག་ལ་ཕུལ་བའི་ཞུ་ཡིག

Memorial to Amban on Usage of Regent Seal Impression, Submitted by Jilong as Regent

萨迦法台为驻藏大臣巡边致谢信函

ས་སྐྱ་ཁྲི་པས་བོད་སྲོང་ཨམ་བན་ལ་སྒྱང་བའི་འཕྲིན་ཡིག

Gratitude Letter to Amban on His Inspecting the Border in Xizang, Submitted by Sakya Dharma King

策墨林呼图克图印

ཚེ་སྨོན་གླིང་ཏུ་ཕྲིག་ཕུའི་ཐམ་ག

Signet of Tsomonling Khutuktu

类乌齐寺印

རི་བོ་ཆེ་དགོན་གྱི་ཐམ་ག

Seal of Rewoche Monastery

藏军第八代本印章

ཉ་དང་དམག་སྤར་གྱི་ཐམ་ག

Seal of the 8th Regimental Commander of Local Forces in Xizang

十世帕巴拉活佛之印

འབགས་པ་ལྷ་སྐུ་ཕྲེང་བཅུ་བའི་ཐམ་ག

Seal of 10th Pakpalha Living Buddha

第司达孜巴印

སྡེ་སྲིད་སྟག་རྩེ་བའི་ཐམ་ག

Signet of Sde Srid Stag Rtse-pa

子母炮

མེ་སྒྱོགས

The Breech-Loading Swivel Gun

那雪活佛之印

བཀའ་བོད་སྤྲུལ་སྐུའི་ཐམ་ག

Seal of Nashod Living Buddha Confered by Central Government

七世达赖喇嘛颁噶恰巴铁券文书

དུ་ལའི་བླ་མ་སྐུ་ཕྲེང་བདུན་པས་དགའ་ཆགས་པར་བསྩལ་བའི་བཀའ་གཏད།

Protecting Document from 7th Dalai Lama to Dgav Chagspa

颁行《酌定藏内善后章程十三条》晓谕

《བོད་ཆད་བོད་ཀྱི་ལས་དོན་ཉེར་ཉིད་ཕྱོགས་ར་འཇིན་དོན་ཚན་བཅུ་གསུམ》འགྲེལ་ཉེལ་ཕྱེ་ལག་བསྒྲར་ཀྱི་བཀའ་འགོ། །

Order on Issued *The 13-Article Imperial Ordinance of
Tibetan Issues*

磨盘山关帝庙落成碑和铜钟

བར་མ་རེ་གོ་སར་སྐུ་ཁང་གི་རོ་རིང་དང་ཅོང་།

Stele and Copper Bell on the Completion of Construction
of Guan Di Temple on Pongwari Hill

福康安重修双忠祠碑

རྒྱ་ཁང་ཨན་གྱིས་བཞེངས་པའི་རོ་རིང་།

Rebuilding "Shuangzhong Temple"Stele Built by General
Fu Kang'an

孟保等奏拉达克森巴侵藏派委藏官带兵前往防堵折

བོན་པའི་སོགས་ཀྱིས་དབུན་གཅང་དཔོན་དམག་བཏང་སྟེ་སོང་བཚན་འགོག་ཐུས་པའི་སྙོར་ཀྱི་དྭལ་ཆེ།

Memorial on Ladakh Robbing Xizang and Had Already Sent
Tibetan Troops to Defend, Presented by Amban Meng Bao

英国驻华公使就传教士活动事致恭亲王奕䜣外交照会

གུང་གོར་བཙན་སྐྱོང་དཔྱིན་ཇིའི་གཞུང་ཆབ་ནས་ཆོས་ལུགས་སྟེལ་མཁན་བུ་འགུལ་སྐོར་ཀུང་ཆེང་ཝང་བཅད་
བའི་ཕྱི་འབྲེལ་ཡི་གེ། །

Diplomatic Note on the Missionary Activities in Xizang, Pre-
sented to Prince Gong by the British Ambassador in China

亚东开关后进入西藏的西方奢侈品

གྲོ་མོའི་འབྲགས་སྒོ་ཕྱེ་རྗེས་བོད་དུ་སྩེབས་པའི་རྒྱས་སྒྲོས་དངོས་རྫས།

Western Luxury Goods Entering Xizang after the Opening
of Yadong Customs

怀表

བྲང་འབོགས་ཆུ་ཚོད།

Pocket Watches

餐具

གསོལ་ཆས།

Tablewares

座钟

ཆུ་ཚོད།

Desk Clock

文具

ཡིག་ཆས།

Stationery

烛台

སྒྲོན་སྟེགས།

Candlesticks

西洋人物杯

ནུབ་གླིང་གི་བོར་བ།

Cup with Western Figures

有轨火车模型

མེ་འཁོར་གྱི་དཔེ་དབྱིབས།

The Model Train with Trails

望远镜

རྒྱང་ཤེལ།

Telescopes

收音机

སྐྲ་བསྒྲ་འཕྲུལ་འཁོར།

Radio

八音盒

རོལ་ཆའི་སྒྲོམ།

Music Box

留声机

སྒྲ་པར།

Phonograph

珐琅洋花纹高脚杯

གུ་གུ་ཁའི་ཡུ་རིང་བོར་བ།

Enamel Stem Cup with Western Flowers Pattern

《通商各关华洋贸易总册》

《གུང་གོའི་འབགས་སྒོ་ཁག་གི་ཕྱི་ཆོང་ལས་དོན་སྤྱི་དེབ》

General Book of Foreign Trade of China

噶伦宇妥为阻挡英国人进入拉萨事给朗通巴的文书

བཀའ་བློན་གཡུ་ཐོག་ནས་དཔྱིན་ཇི་བ་ལྷ་སར་ཡོང་བར་བཀག་འགོག་བྱེད་དགོས་སྐོར་སྲང་མཐོང་བར་བཏང་
བའི་ཡི་གེ། །

Official Letter from Bkav'blon Yutog to Rantongba on Re-
sisting the British to Enter Lhasa

西藏地方政府为抗英征兵事宜给噶伦的文书

བོད་ས་གནས་སྲིད་གཞུང་གིས་དབྱིན་དམག་འགོག་དམག་བསྡུའི་ལས་དོན་སྐོར་བཀའ་བློན་ལ་བཏང་བའི་བཀའ་ཡིག

Document on the Enlistment for Resisting British Invasion, Issued by Xizang Local Government

《拉萨条约》

《ལྷ་སའི་ཆིངས་ཡིག》

The Treaty of Lhasa

《中英续订藏印条约》

《རྒྱ་དབྱིན་གྱི་བོད་རྒྱ་ཆིངས་ཡིག་བསྐྱར་མ》

New Convention Between China and Great Britain Respecting the Issue of Xizang and India

西藏地方向英印缴清第一期赔款时所备礼单

བོད་ས་གནས་ཀྱིས་དབྱིན་ཧོང་ས་རྒྱ་གར་སྲིད་གཞུང་ལ་སྐྱིན་འདང་དང་པོའི་ཆེས་དགུལ་སྤྲོད་སྐབས་ཀྱི་འབུལ་རོ

List of Gifts from Xizang Local Government, After Paying up the First Instalment of Reparations to British-Indian Government

《中英修订藏印通商章程》

《རྒྱ་དབྱིན་དབར་བོད་རྒྱ་ཆིངས་འབྲུལ་སྐྱིག་ཡིག》

Amending Regulations Between the United Kingdom and China Respecting Trade of Xizang and India

西征军北路督战官命类乌齐"夺宿"地方供应差使谕单

ཕུབ་བསྐྱོད་དཔུང་སྡེའི་བྱང་ལམ་དམག་སྒུལ་དཔོན་གྱིས་རི་བོ་ཆེ་ས་གནས་ལ་བཏང་བའི་ཁྲལ་བསྡུའི་ཡི་གེ

Order to the Region of "Duosu" in Riwoche Concerning Supporting Corvee Officials, Issued by the Commander of the North Route of the Western Expedition Army

西藏地方政府当局制造的钱模与货币

བོད་ས་གནས་སྲིད་གཞུང་གིས་བཟོས་པའི་དགུལ་ལོར་ཁུགས་པར་དང་དགུལ་དངུལ

Molds and Currency Fabricated by Kashag Government

硬币模具

ཐམ་ཁའི་ལྱུགས་པར

Coin Molds

硬币

ཐམ་ཁ

Coins

纸币

དགུལ་དངུལ

Paper Money

纸币模具

དགུལ་དངུལ་གྱི་ལྱུགས་པར

Paper Money Molds

国民政府致祭十三世达赖喇嘛祭文及纪念章

གོ་མིན་སྲིད་གཞུང་གིས་ཏཱ་ལའི་བླ་མ་སྐུ་ཕྲེང་བཅུ་གསུམ་པར་དགོངས་རྟོགས་རྒྱུ་ནུ་ཞུ་བའི་ཡི་གེ་དང་ཉེན་རྟགས

The Funeral Oration and Commemorative Medal for the Deceased 13th Dalai Lama, Which Issued by the National Government of the Republic of China

国民政府相关机构及官员致祭十三世达赖喇嘛祭文及挽联

གོ་མིན་སྲིད་གཞུང་གི་འབྲེལ་ཡོད་ཚན་པ་དང་དཔོན་རིགས་ནས་ཏ་ལའི་བླ་མ་སྐུ་ཕྲེང་བཅུ་གསུམ་པར་དགོངས་རྟོགས་རྒྱུ་ནུ་ཞུ་བའི་ཡི་གེ

Funeral Orations and Elegiac Couplets Presented Respectfully to the Deceased 13th Dalai Lama by Officials of National Government of the Republic of China

致祭十三世达赖喇嘛金灯

ཏཱ་ལའི་བླ་མ་སྐུ་ཕྲེང་བཅུ་གསུམ་པའི་དགོངས་རྟོགས་ལ་ཕུལ་བའི་གསེར་ཀོང

Gold Lamps to the Deceased 13th Dalai Lama

四川善后督办刘湘致祭金灯

ཟི་ཁྲོན་རྗེས་འདྲག་སྐྱོང་དཔོན་ལེའུ་ཞང་གིས་དགོངས་རྟོགས་ལ་ཕུལ་བའི་གསེར་ཀོང

Gold Lamp Presented Respectfully to the Deceased 13th Dalai Lama by Liu Xiang

蒙藏委员会委员长石青阳致祭金灯

སོག་བོད་ལྷུ་ཡོན་ལྷན་ཁང་ཡོན་གྱང་ཕིའི་ཆེ་ཡང་གིས་དགོངས་རྟོགས་ལ་ཕུལ་བའི་གསེར་ཀོང

Gold Lamp Presented by Shi Qingyang, Chairmen of Mongolian and Tibetan Affairs

民国中央政府册封第五世热振活佛铜印和文册

མིན་གོ་ཀྲུང་དབང་སྲིད་གཞུང་གིས་རྭ་སྒྲེང་སྐུ་ཕྲེང་ལྔ་པར་བསྐལ་བའི་ཟངས་དམ་དང་བཀའ་ཡིག

Copper Seal and Volumes Bestowed to 5th Reting Living Buddha by Central Government of Republic of China

刘公亭碑

ལེའུ་གུང་དིང་རྡོ་རིང

Stele of Pavilion Mr. Liu Puchen

戴传贤赠九世班禅"护国济民"印

ཏེ་ཆོན་ཞེན་ནས་པཎ་ཆེན་སྐུ་ཕྲེང་དགུ་པར་བསྩལ་བའི་རྒྱལ་སྲུང་དམངས་སྐྱོང་གི་ཐམ་ཁ

Seals of *Guarding the Nation and Helping the People*, Presented to 9th Panchen Lama by Dai Chuanxian

国民政府颁授第五世热振活佛二等采玉勋章

གོ་མིན་སྲིད་གཞུང་གིས་དུ་སྟེང་སྐུ་ཕྲེང་ལྔ་པར་བསྩལ་བའི་བྱས་རྩེ་རིས་གཉིས་པའི་ཧྲགས་མ།

Second-class Order of Brilliant Jade Awarded to the 5th Reting Living Buddha by Central Government of Republic of China

民国中央政府颁授西藏地方官员三等嘉禾勋章

མིན་གོ་གུང་དབྱ་སྲིད་གཞུང་གིས་བོད་ས་གནས་ཀྱི་དཔོན་རིགས་ལ་བསྩལ་བའི་བྱས་རྩེ་རིས་པ་གསུམ་པའི་ཧྲགས་མ།

Third-class Order of Golden Harvest Awarded to the Officials of Xizang Local Government by Central Government of Republic of China

西藏达赖驻重庆办事处印

ཁྲུང་ཆིང་བཅའ་སྡོད་དྲུང་ལའི་དོན་གཅོད་ཁྲུའུ་ཡི་ཐམ་ག །

Seal of Dalai Lama's Agency in Chongqing

沈宗濂赠送十四世达赖金碗

ཧྲན་ཙུང་ལན་གྱིས་དུ་ལ་སྐུ་ཕྲེང་བཅུ་བཞིར་ཕུལ་བའི་གསེར་ཀྱི་བཞེས་ཆས།

A Pair of Gold Bowls Presented to 14th Dalai by Shen Zonglian

万寿寺法事活动捐资单

བཀྲ་བཤུགས་དགོན་གྱི་ཆོས་སྤྲོད་བྱེད་སྒོར་ཕུལ་བའི་ཞལ་འདེབས་ཀྱི་འབུལ་ཤོ།

Record on the People's Donations for Religious Rituals of the Longevity Temple

木刻神像

ཤིང་བཀོས་ཀྱི་སྐུ་འདྲ།

Woodcarving Statue of Gods

玛瑙透雕花鸟纹盖瓶

མ་ནའི་མེ་ཏོག་བྱ་བྱེའུ་རིས་ཀྱི་བྲུལ་པ་ཞིབས་རང་འཕྲིག །

Agate Openwork Carving Covered Pot Decorated with Design of Flowers and Birds

乾隆御笔玉佛山子

གནམ་སྐྱོང་གོང་མས་མཛད་པའི་གཡང་ཏིའི་སྐུ་སྣང་རྣལ་འབྱོར་པ་དང་ཕྱག་རིས་ཕྱག་བསྐྲས་མ།

Jade Rockwork Engraved with Buddha and Qianlong's Poems

汉白玉卧佛

གཡང་ཏིའི་སྐུ་པ་ཉལ་ཊང་ལས་བདས་པའི་སྐུ།

White Marble Recumbent Buddha

鼻烟壶

སྣ་དུ།

Snuff Bottles

翡翠鼻烟壶

ཧྲུ་ཀྱི་སྣ་དུ།

Jadeite Snuff Bottle

珊瑚鼻烟壶

བྱུ་རུའི་སྣ་དུ།

Coral Snuff Bottle

茶晶鼻烟壶

ཞེལ་གྱི་སྣ་དུ།

Tea-colored Crystal Snuff Bottle

犀角杯

བསེ་རུའི་དུ་ཕོར།

Rhino-horn Cup

镂雕梅花犀角杯

མེ་ཏོག་བཀོས་མའི་བསེ་རུའི་དུ་ཕོར།

Piercing Rhino-horn Cup with Plum Blossom Pattern

牙雕仕女

བ་སོ་བཀོས་མའི་བུད་མེད་མ།

Ivory Carving Classical Lady

牙雕白菜昆虫

བ་སོའི་བཀོས་མའི་པད་ཆལ་དང་འབུ་སྲིན།

Ivory Carving Chinese Cabbage and Insects

牙雕人物花鸟

མེ་ཏོག་དང་བྱ་རིགས་ཀྱི་བ་སོའི་སྤྲིག་ཆས་བཀོས་དགྲོལ་མ།

Ivory Carving Flowers, Birds and Figures

象牙雕庭院楼阁纹盖盒

བ་སོ་བཀོས་མའི་སྒྲོ་དང་ཞིབས་རང་འཕྲིག །

Ivory Covered Box Engraving Courtyard and Pavilion

木雕嵌象牙折扇盒、折扇

ཤིང་བཀོས་ཀྱི་བ་སོའི་ཊྱགས་སྲས་དང་ཙྱར་གཡབ།

Folding Fan and Woodcarving Case Inlaid with Ivory

象牙多穆壶

བ་སོའི་མདོང་མོ།

Ivory Duomu Kettle

珐琅净水瓶

གུ་གུ་ཁྲུས་བུམ།

Enamel Holy-water Vase

珐琅桑布扎

གུ་གུའི་སམ་ཏ།

Enamel Tibetan Writing Board

《西游记》人物挂画

《ནུབ་ཕྱོགས་སུ་བསྐྱོད་པའི་རྣམ་ཐར》ཀྱི་མི་སྣའི་འགེལ་རིས།

Embroidery of *the Pilgrimage to the West*

《八仙图》挂画之"何仙姑"

《གྲུབ་ཐོབ་བཅུད་ཀྱི་རི་མོ》འགེལ་རིས་གྲས་ཀྱི་ཧོའོ་ཞན་ཀོ།

Embroidery of *He Xiangu* in *The Eight Immortals*

织锦《八仙图》之吕洞宾、蓝采和、铁拐李、何仙姑

འཐག་དྲུབས་མའི་《གྲུབ་ཐོབ་བཅུད་ཀྱི་རི་མོ》ལི་ལ་གྱུལ་ཀྱི་ལུ་ཏུང་པིན་དང་། ལན་ཚལ་ཧའི། ཐང་ཀའི་ལི། ཧོའོ་ཞན་ཀོ།

Brocade of Lv Dongbin, Lan Caihe, Tie Guaili and He Xiangu in *The Eight Immortals*

罗汉挂屏

དགྲ་བཅོམ་པའི་འགེལ་རིས།

Hanging Panel of Arhats Figure

"延年益寿"挂屏

"ཚེ་རིང་ལོ་བརྒྱའི"འགེལ་རིས།

Hanging Panel of the Longevity Pattern

明黄色缎绣彩云金龙十二章龙袍

ལུ་སེར་པོ་འབྲུག་རིས་མ།

Yellow Satin Dragon Robe

孔雀翎大褂

རྨ་བྱའི་སྒྲོ་བཙོས་པའི་སྟོད་གོས།

Gown with Peacock Feather

短褂

སྟོད་ཐུང་།

Short Coat

原封匹料

གོས་ཡུག །

Intact Bolts Materials

荷包

ཁུག་མ།

Pouchs

刺绣宗喀巴传记唐卡

ཙོང་ཁ་པའི་འཆེམ་དྲབས་མའི་ཐང་ཀ །

Embroidered Thangka of Tsongkhapa's Biography

堆绣白度母唐卡

སྤེལ་དཀར་གྱི་ཐང་ག་ དྲུབས་མ།

Applique Thangka of White Tara

缂丝三世佛唐卡

དུས་གསུམ་སངས་རྒྱས་ཀྱི་ཐང་ག་བཏགས་བཏགས་མ།

Silk Tapestry Thangka of Buddhas of the Past, Present and Future

堆绣那若空行母唐卡

ན་རོ་མཁའ་སྤྱོད་མའི་ཐང་ག་དྲུབས་མ།

Applique Thangka of Nāroḍākinī

织锦六世班禅肖像唐卡

པཎ་ཆེན་སྐུ་ཕྲེང་དྲུག་པའི་སྐུ་ཐང་འཐག་དྲུབས་མ།

Brocade Thangka of 6th Panchen Lama Portrait

铜鎏金镂雕龙纹高足碗套

གསེར་ཟངས་པོར་འབྲུས་གཡུ་འབྲུག་ཚིགས་ར་དགོས་མ།

Gilded Copper Engraving High-footed Bowl Case

嵌绿松石金执壶

གསེར་གྱི་བུམ་པ་གཡུ་ཡི་རྒྱན་ཅན།

Gold Teapot Inlaid with Jewel

"五福捧寿"漆盘

སྙེང་མ།

Lacquer Plate Decorated with the Design of Five Bats Holding Character "*Shou*"

寿字纹铁质糌粑盒

ལྕགས་ཀྱི་རྩམ་པོར།

Iron Tsamba Box with the Design of Character "*Shou*"

福寿纹葫芦形银质酒壶

ཀ་བེད་དབྱིབས་ཀྱི་དངུལ་གྱི་བུམ་པ།

Gourd-shaped Silver Wine Pot with the Design of Character "*Shou*" and "*Fu*"

万寿纹银镀金供碗

ཚེ་གསུམ་གྱི་དངུལ་བོ་ཆགས་ངེ་མ།

Gold Plating Silver Offering Bowl with the Design of Longevity

嵌宝石金质索拉(盛食器)

གསེར་གྱི་ཟོ་ལག་ལ་རྱུན་ཅན།

Gold Suola(Food Utensil) Inlaid with Jewel

"中华人民共和国各民族团结起来"锦旗

"ཀྲུང་ཧྭ་མི་དམངས་སྤྱི་མཐུན་རྒྱལ་ཁབ་ཀྱི་མི་རིགས་ཁག་མ་ཐུན་སྒྲིལ་མཛོད་ཅིག" ཅེས་པའི་གོས་དར།

The Silk Banner with the Inscription of *All Ethnic Groups Uniting in China*

十七军指战员献给十八军进军西藏锦旗

དམག་སྡེ་བཅུ་བདུན་པའི་བཀོད་འཛིན་ལས་ཕྱག་པའི་དམག་སྡེ་བཅོ་བརྒྱད་པ་བོད་དུ་དཔུང་སྐྱོད་ཀྱི་གོས་དར།

Silk Banner Sent to the 18th Army as Marched into Xizang by the 17th Army

昌都解放委员会布告

ཆབ་མདོ་ཁྲལ་བཅངས་འགྲོལ་ཤུ་ལྷན་ཁང་གི་ཙ་ཚིག །

Proclamation of the Qamdo People's Liberation Committee

十八军《进军守则》

དམག་སྡེ་བཅོ་བརྒྱད་ཀྱི་《དཔུང་བསྐྱོད་བསྲུང་བྱ།》

The 18th Army's *Regulations of Advancing into Xizang*

《十七条协议》藏、汉文本及文具

རྒྱ་ཡིག་དང་བོད་ཡིག་ཡིག་པར་བའི་《གྲོས་མཐུན་དོན་ཚན་བཅུ་བདུན།》དང་ཡིག་ཆས།

Chinese and Tibetan editions of 17-Article Agreement and Stationery

玉提梁壶与和平鸽

གཡང་ཉེའི་བུམ་པ་དང་ཞི་བདེའི་ཕུག་རོན།

Jade Bottle and Dove of Peace

张经武祝贺西藏军区成立锦旗

ཀྲང་ཅིང་ཝུའི་ཡིས་བོད་དམག་ཁུལ་དུ་བཙུགས་པར་ཧེ་འབྲེལ་ཞུ་ཆེད་དུ་ཕུལ་བའི་གོས་དར།

Congratulation Silk Banner on the Establishment of Xizang Military Region Presented by Zhang Jingwu

解放西藏纪念章

བོད་བཅངས་འགྲོལ་གྱི་དྲན་རྟེན་རྟགས་མ།

Commemorative Medal for The Xizang Liberation

毛主席为康(川)藏公路通车昌都题词锦旗

མའོ་ཀྲུ་ཞེས་ཁམས་(ཁྲོན་)བོད་གཞུང་ལམ་ཆབ་མདོ་བར་ཁྱབ་གཏོང་བར་ཧེ་འབྲེལ་ཞུ་བའི་ཕྱག་བྲིས་ཕྱག་བསྟར་མའི་གོས་དར།

Silk Banner Congratulated on the Kang (Sichuan)-Xizang Highway reached Qamdo with the Chairman Mao's inscription

筑路纪念章

ལམ་བཟོའི་དྲན་རྟེན་རྟགས་མ།

Commemorative Badges for the Construction Highway

毛泽东主席庆祝西藏自治区筹备委员会成立贺电

གུའུ་ཞི་མའོ་ཙེ་ཏུང་གིས་བོད་རང་སྐྱོང་ལྗོངས་ག་སྒྲིག་ཤུ་ཡོན་ལྷན་ཁང་དུ་བཙུགས་པར་ཧེ་འབྲེལ་ཞུ་བའི་དྲ་འཕྲིན།

Chairman Mao Zedong's Congratulatory Message on the Establishment of the Preparatory Committee of Xizang Autonomous Region

全国人大常委会赠西藏自治区筹委会成立锦旗

རྒྱལ་ཡོངས་མི་དམངས་འཐུས་མི་ཚོགས་ཆེན་རྒྱུན་ལས་ཤུ་ཡོན་ལྷན་ཁང་གིས་བོད་རང་སྐྱོང་ལྗོངས་ག་སྒྲིག་ཤུ་ཡོན་ལྷན་ཁང་དུ་བཙུགས་པར་བསྟལ་བའི་གོས་དར།

The Silk Banner Presented for the Establishment of the Preparatory Committee of Xizang Autonomous Region by the NPC Standing Committee

中共中央关于西藏民主改革问题的指示电文

ཀྲུང་གུང་ཀྲུང་དབྱང་གིས་བོད་ཀྱི་དམངས་གཙོ་བཅོས་བསྒྱུར་འབྲེལ་ཡོད་གནད་དོན་སྐོར་གྱི་མཛུབ་སྟོན་ཏར་འཕྲིན།

The Telegram from the CPC Central Committee about Xizang Democratic Reform

西藏自治区筹备委员会赠西藏公学与西藏团校锦旗

བོད་རང་སྐྱོང་ལྗོངས་ག་སྒྲིག་ཤུ་ཡོན་ལྷན་ཁང་གིས་བོད་རུན་བོད་སློབ་སྒྲུབ་ཕུལ་བའི་གོས་དར།

The Silk Banner Presented to Xizang Public School and the Youth League School by the Preparatory Committee of Xizang Autonomous Region

山南各界赠送平叛部队锦旗

ལྷོ་ཁའི་ལམ་རིགས་ཁག་གིས་ལྡོག་ངའི་དཀྲུག་ཤོར་འཇོམས་པར་སྤྱིར་སྟེར་ཕུལ་བའི་གོས་དར།

Silk Banner Presented to the PLA Forces of Quelling Rebellion by Lhoka Peoples

昌都军管会平叛布告

ཆབ་མདོ་དམག་དོན་དོ་དམ་ཤུ་ཡོན་ལྷན་ཁང་གི་ཟིང་འཁྲུག་ཞོར་འཇོམས་སྐོར་གྱི་ཙ་ཚིག །

Proclamation on Quelling the Rebellion Published by the Qamdo Military Control Commission

土地所有证

ས་ཞིང་བདག་དབང་གི་ལག་འཁྱེར།

The Land Ownership Certificate

土地分配清册

ས་ཞིང་བགོ་བཤའི་རྩིས་ཐོ།

Detailed List of Land Distribution

西藏军区奖给对印自卫反击战部队的锦旗

བོད་དམག་ཁུལ་ཁང་གིས་ཧིན་རྡུར་འགོག་རྒོལ་རང་སྲུང་དམག་འཐབ་དཔུང་སྡེར་གནང་བའི་གོས་དར།

Silk Banner Awarded to the PLA Forces of the Sino-indian War by the Xizang Military Region

“草原英雄”布德遗物

"རྩྭ་ཐང་གི་དཔའ་བོ་" སྦུས་དག་གི་ཤུལ་བཞག་དངོས་རྫས།

Relics of Bude Known as “Hero of Grassland”

图书在版编目（CIP）数据

雪域长歌：西藏历史与文化：全2册 / 何晓东，尼玛仓
觉主编.-- 北京：中国藏学出版社，2024.4
　　　ISBN 978-7-5211-0474-5

　　Ⅰ．①雪… Ⅱ．①何… ②尼… Ⅲ．①文化史－西
藏－图录 Ⅳ．①K297.5-64

　　中国国家版本馆CIP数据核字(2023)第194946号

雪域长歌：西藏历史与文化

　　　　　　　　　　何晓东，尼玛仓觉　主编

责任编辑　张荣德
藏文编辑　南加才让
装帧设计　雅昌（深圳）设计中心
出版发行　中国藏学出版社
社　　址　北京市朝阳区北四环东路131号
发行电话　010—64892902
印　　刷　雅昌文化（集团）有限公司
开　　本　635×965毫米 $\frac{1}{16}$
印　　张　31.625
图　　幅　818幅
版　　次　2024年4月第1版
印　　次　2024年4月第1次印刷
书　　号　ISBN 978-7-5211-0474-5
印　　数　0,001—3,000
定　　价　890.00元（全2册）